"博学而笃志,切问而近思。"
(《论语》)

博晓古今,可立一家之说;
学贯中西,或成经国之才。

复旦博学·复旦博学·复旦博学·复旦博学·复旦博学·复旦博学

作者简介

孙荣，男，1953年3月生于上海。1983年毕业于复旦大学分校并留校工作。曾任上海大学行政管理学系主任、文学院副院长（主持工作），现为同济大学文法学院教授、中国行政管理学教学研究会常务理事、上海市行政管理学会副秘书长、上海市政治学会副秘书长。主要从事行政学、政治学方面的教学与科研工作，发表《系统论、信息论、控制论在行政管理中的应用》、《官僚主义问题》、《行政管理教学改革刍议》、《我国公民的权利和义务制度》等论文数十篇，出版《行政管理学概论》、《行政公关》、《办公室管理》等著作15种。1993年起享受国务院授予的政府特殊津贴。

徐红，女，1966年12月生于上海。1992年毕业于复旦大学国际政治系，获法学硕士学位。同年起在同济大学文法学院任教，主要从事行政学和比较政治学方面的教学和研究工作。发表过《英、美、法三国议会财政权比较研究》和《行政管理学在MPA教育中的地位与作用探讨》等论文。

公共管理基础系列

行政学原理

孙 荣　徐 红 编著

复旦大學 出版社

内容提要

　　本书紧密结合当代中国行政实践，简明、扼要地分析、评述了行政原理、行政环境、领导、职能、组织、人事、决策、信息、行政心理、行政方法和行政效率等有关行政管理最一般的概念和原则，条理清晰，同时注重阐述这些概念和原则间的内在联系，充分体现本教材的系统性和完整性。

　　本书在写法上颇有特色，在每章开始均以与实际工作相关的提示引出该章的问题、要点，每章后安排一个典型案例及问题,力求使读者通过讨论、回答每章后所附的典型案例、问题，以及其后的每章复习思考题，在弄清原理的基础上，联系实际进行对照思考，从而更深入地理解、掌握行政学的基本原理。

目 录

前 言

第一章 绪论 ··· 1
　提示 ··· 1
　第一节　行政学概述 ··· 1
　第二节　行政学的内容和学习方法 ························ 6
　第三节　行政学的发展简史 ··································· 9
　案例 ··· 20
　复习思考题 ·· 21

第二章 行政原理 ·· 22
　提示 ··· 22
　第一节　行政原理概述 ·· 22
　第二节　系统原理及其相应原则 ·························· 25
　第三节　人本原理及其相应原则 ·························· 30
　第四节　动态原理及其相应原则 ·························· 35
　案例 ··· 38
　复习思考题 ·· 39

第三章 行政环境 ·· 40
　提示 ··· 40
　第一节　行政环境概述 ·· 40
　第二节　行政环境的内容 ····································· 44
　第三节　当代中国行政环境的分析 ······················ 49
　案例 ··· 54
　复习思考题 ·· 55

第四章　行政职能 …… 56
　提示 …… 56
　第一节　行政职能概述 …… 56
　第二节　行政职能转变 …… 59
　第三节　政府职能的定位 …… 60
　案例 …… 65
　复习思考题 …… 65

第五章　行政领导 …… 66
　提示 …… 66
　第一节　领导与行政领导 …… 66
　第二节　行政领导者与行政领导集体 …… 73
　第三节　行政领导艺术 …… 78
　案例 …… 85
　复习思考题 …… 85

第六章　行政组织 …… 86
　提示 …… 86
　第一节　组织与行政组织 …… 86
　第二节　行政组织的结构与体制 …… 96
　第三节　非正式组织 …… 101
　案例 …… 104
　复习思考题 …… 105

第七章　人事行政 …… 107
　提示 …… 107
　第一节　人事行政概述 …… 108
　第二节　国家公务员制度 …… 111
　第三节　国家公务员的管理体制 …… 118
　案例 …… 125
　复习思考题 …… 125

第八章　行政决策 ··· 126
  提示 ·· 126
  第一节　决策与行政决策 ···································· 127
  第二节　行政决策的程序与方法 ··························· 134
  第三节　行政决策的智囊体系 ······························ 140
  案例 ·· 146
  复习思考题 ··· 146

第九章　行政信息 ··· 148
  提示 ·· 148
  第一节　信息与行政信息 ···································· 149
  第二节　行政信息沟通 ······································· 159
  案例 ·· 168
  复习思考题 ··· 168

第十章　行政法制 ··· 169
  提示 ·· 169
  第一节　行政法规与行政程序 ······························ 170
  第二节　行政立法 ·· 177
  第三节　行政执法 ·· 185
  第四节　行政司法 ·· 191
  案例 ·· 197
  复习思考题 ··· 198

第十一章　行政监督 ·· 199
  提示 ·· 199
  第一节　行政监督概述 ······································· 200
  第二节　行政机关内部监督 ································· 204
  第三节　行政机关外部监督 ································· 213
  案例 ·· 218
  复习思考题 ··· 219

第十二章　行政心理 …… 220
提示 …… 220
第一节　行政心理概述 …… 221
第二节　行政个体心理 …… 224
第三节　行政群体心理 …… 230
案例 …… 234
复习思考题 …… 235

第十三章　机关行政 …… 236
提示 …… 236
第一节　机关行政概述 …… 236
第二节　文书档案管理 …… 241
第三节　会议管理 …… 247
第四节　机关事务管理 …… 251
案例 …… 259
复习思考题 …… 260

第十四章　行政方法 …… 261
提示 …… 261
第一节　行政方法概述 …… 262
第二节　行政管理的主要手段 …… 263
第三节　行政技术 …… 274
第四节　公共关系 …… 281
案例 …… 286
复习思考题 …… 287

第十五章　行政效率 …… 288
提示 …… 288
第一节　行政效率概述 …… 288
第二节　影响行政效率的因素 …… 291
第三节　管理者的效率 …… 292

第四节　衡量行政效率的方法 …………………………… 295
案例 ……………………………………………………………… 297
复习思考题 ……………………………………………………… 299

参考书目 ……………………………………………………… 300

前　言

迄今为止的人类社会离不开公共权力对社会生活的组织管理,近百多年来的事实说明,现代人类社会对于这种组织管理的需要呈现出了强化的趋势。社会生产和规模空前扩大,人类对于自然资源的开发和利用竟然发展到有可能危及整个人类的生存,人际之间的交往已经过度地国际化与网络化,人口问题、资源问题、和平问题、贫富两极分化问题等等,已经成为摆在人类面前的共同问题。社会高度地社会化了,社会问题也高度地社会化了。整个社会公共事务的内容和范围空前扩大了,而这些空前浩繁的社会公共事务的管理和人类共同问题的解决,在当前需要国家作为管理力量扩大其职能范围。

当前,无论是对于社会公共事务的管理,还是对国家自身事务的管理,都是以国家政府为主体的组织管理活动。我们称这种组织管理活动为行政管理。马克思所揭示的关于国家的二重职能的理论,指明这种行政管理一方面执行着统治阶级的意志,另一方面执行着一切社会(包括有阶级社会和无阶级社会,包括有阶级社会中的各种历史类型的社会)的公共管理职能。从后一个角度说,政府行政实际上也是一个管理的大舞台,而且是人类社会所有管理活动中规模最为宏大、历史最为悠久、对社会影响最为深远的管理大舞台。

对行政学作有系统的研究,应是威尔逊(Woodrow Wilson)1887年发表的"行政研究"(The Study of Public Administration)一文开创先河。100多年来,行政学历经科学管理、人际关系、行为科学及系统分析等阶段的发展,如今已成为专门而精深的学科,对于激励部属士气,提高行政效率,健全组织架构,恢宏政治功能,皆扮演极为重要的角色。

美国学术界比较重视研究行政学,早在20世纪20、30年代,美国各大学就开始设立研究行政学的系所。相比较而言,中国对行政学的研究,起步较慢,20世纪30、40年代在学术界,逐步有了一些专门从事行政学研究和教育的机构与学者。新中国的成立,从中央到地方都建立了新的行政管理体制,由于学科建设认识上的偏差,1952年全国高等院校院系调整时,行政学的有关专业和课程被取消,本应积极开展的行政学的研究和传播也随之中断。党的十一届三中全会以后，我国进入了社会主义现代化建设的新时期，行政管理的重要性和行政改革的迫切性也随之尖锐地摆在人们的面前，从而推动了人们对行政学的认识。行政学的研究，遂腾飞猛进，蒸蒸日上，有沛然莫之能御之势。可以预料，行政学在我国社会科学领域中将显示出强大的生命力。

　　本书在形式上作了大胆创新，每章都按照"前提示后案例"的体例编写，将行政管理的基础理论与行政管理的实际运用紧密结合，将理论知识、实际问题和具体案例融为一体。每章内容力求简洁，文字明白清晰，一望清理，并给教学授课留下发挥、拓展、提升的空间余地。至于我们这样做的结果是否基本上达到了目的，还有待于教学实践的检验，有赖于专家学者和实际工作者的批评指正。

　　本书是在长期从事行政学教学工作的基础上写就的，运用了多年教学中积累的丰富资料，参考了国内外有关著作的研究成果（见书末参考书目）。由我先拟了一份撰写计划，与徐红几经讨论和修改，取得共识才定了下来。分头撰写时，也共同研讨，互相磋商，发现问题及时调整。第一、二、三、四、十四、十五章由我撰写，第五、六、七、八、九、十、十一、十二、十三章由徐红撰写。全书最后由我定稿。

　　在此要真诚感谢王邦佐、孙关宏、曹沛霖、王沪宁、竺乾威、浦兴祖等诸位师长，没有他们的关怀、引导，我们不可能取得学术上的进步。本书的出版得到了复旦大学出版社的热情支持和帮助，邬红伟先生更是花费了大量心血，谨表衷心的感谢。

孙　荣

公元2001年于同济大学文法学院

第一章 绪 论

【提示】

在一次有关行政管理的讨论中,小周认为当前要抓好行政法规建设,因为行政法规就是依法行政,而依法行政即现代行政管理。所以抓好行政法规的建设与执行就等于抓好了行政管理。据此,他还提出了"行政法规＝现代行政"的公式。小张则认为现代行政的要旨在于擅长于用人之道和保持和谐的组织环境,谁能适时地提拔和启用一批精英人才,能积极发挥工作人员的主动精神,谁就能走上成功的行政之途,他也据此提出了"善于用人＝现代行政"的公式。对这两个公式该如何认识?讨论会上展开了激烈的争论。我们该如何理解行政学和行政管理呢?

行政学是一门以研究国家行政管理活动为对象的学科。一个国家的行政管理水平同社会的经济发展密切相关。每个国家的行政管理都有自己的演变过程,它在国家生活中的地位和作用也不相同。加强行政管理现代化的研究与实施,必然对加快我国建成高度文明、高度民主的社会主义现代化国家发挥有力的促进作用。

第一节 行政学概述

一、管理和管理学的涵义

管理是同人类历史的发展密切相关的。管理第一次同科学发生联系,就对社会经济组织的层次结构加以变革,产生了传统管理方式根本无法比拟的巨大功能。现代管理已是当今文明社会的三鼎足(科技、教育、管理)之一,成为历史车轮运转的重要因素。

1. 什么是管理。管理，算不算科学？管理，是不是生产力？管理的效能究竟是怎样体现的？这是人们长期争论的议题。第二次世界大战结束后，欧洲曾进行过这样的一次讨论：欧洲的科学技术不比美国落后，为什么经济却落后于美国？英国获得诺贝尔奖金的科学家数量并不少，为什么英国的科学在促进本国社会经济发展方面的作用却大大落后于美国。英国政府一个委员会经过两年的调查，发表了《工程技术——我们的未来》这一长达160页的报告，结论是：在管理上英国乃至欧洲同美国存在着差距。

管理为什么会有这么大的作用？这是因为，管理既是一门科学，也是一种生产力。

管理是一门科学。管理在特定的动态系统中能以其必然的规律性对社会劳动、生产能力起放大的作用。作为一门综合性的知识体系，管理在社会这样一个复杂的大系统内可以起到"中枢"协调作用。这就像无数个个体劳动能力的小系统构成大系统那样，管理就是联系这些小系统并使它产生巨大效能的纽带。譬如：现代社会化大生产是由于许多个人在流水线上共同活动才能生产出产品，如果不通过管理的有效指挥、组织、协调，许多人各行其是，或者政出多门，就不可能产生优质产品，也就不可能对社会生产能力起放大作用。所以，管理虽然看起来不能直接生产出知识产品或物质产品，但是，它在生产过程中却可以使劳动生产力放大几倍甚至几十倍，产生"科学奇观"。

管理也是一种生产力。生产力的概念是由许多因素组成的。生产力的传统说法是两因素，即劳动力和劳动工具；或三因素，即劳动力、劳动工具和劳动对象。新的生产力的概念，还包括能源设施、基础设施、材料、科技、信息、教育和管理。大生产、大经济不仅仅表现在生产群体，而且表现为管理过程中生产群体的分工协作和智力的有效发挥，体现在管理过程中生产群体的整体效能。又如，一个具有大学文化的技术人员，即使会操作数控机床，也无法制造出汽车、电视机之类的组合产品。而必须在统一指挥、协调和组织之下，通过管理的流水线才能制造出来。在管理水平上生产力的差距就更加明显。美国佐治亚州亚特兰大市一个电子机械厂，在厂内附设了一个拥有35名女工的装配半导体配电盘车间，在日本东京也设了一个同样的车间，车间人数、装配线、技术完全相同，唯一不同的是东京车间是按照日本的管理方式管理，结果单位时间的产量比美国提高了15%。为什么同样的生产条件、同样一些人员的组合，在不同管理者和管理方式的组织、指挥下，可以产生两种截然不同的结果呢？很显然，这主要是管理的水平不同、管理的方式不同、管理的思想不同所致。因此，管理作为一种生产力可以解决技术上无法解决的问题，甚至超越其他具体科学而显示它的威力。没有科学的管理，就不可能有现代社会经济的一切重大成就，对于企业来说也就不能发挥出技术、装备和人才的优势，取得重大的经济社会效益。

那么，什么是管理呢？所谓管理，就是把人力和资源，通过运用计划、组织和控制等方法来完成一定的组织目标的过程。或者说，通过计划、组织、指挥、协调、控制等基本管理功能，有效地利用人力、物力、财力诸要素，促进它们相互密切配合，发挥它们的最高效率，以达到预期的目标。作为社会劳动过程中的"特殊职能"，管理工作主要包括确定方向、制定计划、健全机构、组织力量、指挥决策、追踪变化、调节关系、控制反馈等八个环节等。归纳起来，可分为计划、组织和控制三种职能。

计划职能。管理的主要职能是计划。计划职能包括决定最后结果，以及获取这些成果的实施过程。这意味着，管理者首先要确定短期或长期目标以及先后次序，进行预测，以便保证在实现管理目标中避免可能产生的影响，并通过预算来执行计划。计划涉及到目的、任务、目标、策略、政策、程序、规则、规划和预算。制订计划一般要遵循以下步骤：分析形势，确定目标，明确计划工作的前提，确定选择方案，评价各种方案，选定方案，制订辅助计划，通过预算使计划数字化。

组织职能。组织是实现管理目标的协调功能。也就是为了达到各种目标，通过分配任务和授予权力，调动每个人的积极因素，确定个人在实施决策中的位置，进行必要的任务划分、工作协调和决策权限确定。组织的基本原则包括：目标任务明确；机构精干、效率高；管理层次要适当；信息畅通；稳定性和适应性统一；重视非组织的作用。

控制职能。控制是管理过程的调整方式。主要通过管理信息运动，进行结果与标准的比较，在发现管理过程的偏差后，及时给予纠正和干预。控制一般是由信息反馈来实现的。控制包括三个基本步骤：确立标准、衡量成效、纠正偏差。

总之，管理就是为实现某个目标，合理地调动人力、财力、物力。对整个管理运动过程的计划、组织和控制。计划是为了获取目标而预先制定的管理流程；组织就是将计划付诸实施时对管理结构的安排；控制就是实际结果与标准结果的比差调整。这三个主要功能往复循环，就构成了管理活动的实质内容。

管理与科学技术一起已成为推动现代经济高速发展的两个车轮。翻开各国经济发展史,如果没有成功的管理作为基础,英国要达到19世纪的工业进步,成为第一个完成工业革命的资本主义国家是不可想象的。美国从建国至今二百余年,大公司创业不过百年,产业革命比英国落后半个世纪,但到了20世纪初期,美国很快取代了19世纪号称"世界工厂"的大英帝国,其中一个重要原因是管理科学发达及其在实际中的有效应用。日本在美国管理科学的基础上,融入本国"终身雇佣制"和"禀议制"的特色,使日本管理水平大大超过美国,取得了令人注目的经济效益。日本人把管理比作"软件",强调管理是一门科学,认为没有先进的管理方法就没有经济的高速度发展,把人们能力的开发、管理技能的发展,看成是当代最迫切的问题。所以,日本人把日本20世纪50年代经济落后的原因归结为:与其说是技术落后,不如说是管理落后,他们把管理科学的普及与应用作为日本民族生死存亡的重要手段,励精图治,振兴经济。因此,在实现我国宏伟战略目标的进程中,同样也要提出管理现代化的问题。

2. 什么是管理学。管理学是一门研究管理本身以及采用先进科学技术对管理工作进行综合研究的科学。

管理学是人类长期进行社会生产实践,对社会生产过程的活动进行组织、指挥、监督和协调的理论总结。它作为一门综合研究的知识体系,根据社会组织结构内在的规律,考虑到人在管理活动中心的活跃地位,揭示了管理在社会生产过程中的重要功能,得出了现代管理的最优理论和方法。

管理学的研究不仅包括生产关系和上层建筑,还包括生产力的合理组织、利用和开发。

管理学从问世起,就有自己的显著特点:

(1) 管理学是一门自然科学和社会科学互相渗透的边缘学科。它综合运用各学科的知识成就,从事于管理内容的研究和处理,承担着从理论上研究管理本身的发展规律和经济生产的关系的任务。

(2) 它是一门影响领导者的科学,与各层次各部门的决策者有密切的关系。它为决策者提供判定管理决策优劣的理论根据和方法,它运用的知识体系体现了各类知识人才的集合。

管理作为一门科学被广泛承认是在第二次世界大战期间。二次大战期间,英国军事部门为了在军事、经济上摆脱困境,在作战中,最高当局对包括作战物资及兵力的配备、战略战术的研究等问题,都采用了当时企业管理的科学方法,并取得了明显的效果。在此基础上形成了运筹学的若干分支。战后,运筹学又被广泛应用于企业管理,同时,统筹法、质量控制、系统工程和行为科学也得到了迅速发展,使管理科学成为现代科学中最令人注目、最具有生命力的新兴学科之一。

作为一门科学,管理学的发展并非一帆风顺。在相当长的一段时间内,管理得不到人们应有的重视。在我国,由于几千年封建社会奉行的"重农抑商",闭关自守,再加上科技的落后,管理对象简单,系统单一,这些都助长了轻视管理的倾向。在现代社会条件下,这种因素依然存在,并且还存在着一些妨碍管理学发展的因素和模糊观点。如一些报刊和管理书籍谈及管理现代化时,唯称计算机化和技术方法论,加上浩繁的计算,给人一种印象似乎管理现代化就是计算机化和方法论,好像这项工作只有数学家、计算机专家才能进行。再加上现代管理面临的模型复杂,对象多样,国外的经验和方法也有其局限性,更使习惯于传统管理的人"知难而退",如果将管理中的核心——人的因素考虑进去,鉴于人在管理过程中的"模糊因素",就会使许多人"望人生畏",乃至轻取它途。这实际是一个观念变革的问题。所以,传统管理向现代管理的转变,最大的阻力来自思想观念方面。要摒弃那些落后的、愚昧的、腐朽的东西,要努力在全社会振奋起积极的、向上的、进取的精神,克服那些安于现状、思想懒惰、惧怕变革、墨守成规的习惯思维。因此,普及、应用、推广现代管理知识与方法,必须具备积极进取的精神,勇于变革那些阻碍实现管理现代化的传统观念,提高广大干部对管理作为一门科学的认识,自觉地学习、掌握和应用现代管理科学的知识与方法。

二、行政和行政学的涵义

行政,按一般词义,可以理解为国家事务的管理活动。但是,随着社会发展,国家事务管理的组织形式和活动方式越来越复杂,这就提出一个问题:行政是指整个国家的管理活动,还是指除立法、司法部门以外的行政部门的活动而言呢?

所谓行政就是指政府行政组织为了公共的利益和目的,以公共权力和法律为基础,对社会公共事务和政府自身内部事务所进行的管理和服务活动。

社会主义国家的政治制度与资本主义国家不同,行政管理也有不同,这表现在管理目的与管理范围的不同。

社会主义行政管理是为了满足不断增长着的人民物质文化生活的需要。

其范围也远远大于资本主义国家,它以公有制为基础,几乎包括整个社会生活。

社会主义国家的行政管理就是:社会主义国家行政机关和企事业部门为实现国家的社会目标,依照法律,在行使执行与指挥职能中而实施的有效活动。

行政学又称行政管理学,在国外亦称公共行政学、公共管理学、国家管理学等。它是探讨行政管理活动的规律,研究如何搞好行政管理的科学,是社会科学中的一门独立学科。行政学研究的目的在于建立科学的行政管理体系,提高行政管理的效能。

第二节 行政学的内容和学习方法

一、行政学的研究内容

行政学是一门发展中的学科,随着社会的发展和进步,国家机关和企事业单位的职能、管辖范围、工作方法、机构设置等等,都在不断地变化。行政学的理论不是僵死的教条,它必须根据社会实践、管理工作的经验教训,不断提出新的理论来丰富和发展,以适应时代进步和社会发展的需要。近百年来,行政学的理论原则、技术方法都在不断地创新,行政学的内容也在不断发展。行政学的研究主要包括下列18个部分。

1. 行政学史。研究行政学学科的发展历史,了解行政学的起源、形成、发展和改革的全过程,从中总结规律以借古鉴今。

2. 行政原理。研究行政管理的一般原理,也就是关于行政学的理论和方法的原则、概念和范畴的逻辑体系,作为各级行政机构采取行政措施的基本准则。

3. 行政领导。研究现代行政领导职能、程序、类型、方法、艺术和行政领导者的素质,是实现行政管理目标的关键。

4. 行政组织。研究行政组织的结构,有效组织的设计原则,组织中的职位设置,组织中的信息传递及组织系统。行政组织的完善与否在行政管理中占重要地位,是影响行政效率的重要因素。研究行政组织对我国领导体制和行政机构改革具有重要指导意义。

5. 行政决策。决策是当代管理科学的一项重要内容,也是现代行政管理的基本功能。决策贯穿在行政管理全过程中。行政学研究的内容之一,就是研究决策的程序、方法、途径、手段和决策者的素质要求。

6. 行政法制。是指在行政管理中运用的行政法律规范。传统的行政学很重视行政法的研究。在我国建立和健全社会主义的行政法规,是有效地实行行政管理的重要保证。

7. 人事行政。研究人事行政的一般原理,包括人事管理的目的、任务、原则、制度,研究行政人员的任用、选拔、调配、流动、培训、奖惩、工资、退休等内容。

8. 机关行政。研究如何提高机关工作效率,如何科学地管理机关行政事务,包括机关公文处理、机关档案管理、机关生活事务管理等。机关是行政管理机构的实体,也是行政管理的主体。行政机关自身建设和管理如何,能否发挥它应有的功能和效率,对整个行政管理具有重要意义。

9. 财务行政。研究国家收入、支出的调整与控制的一般原理。行政管理离不开钱,财务构成行政管理的一个不可缺少的要素。财务行政研究主要内容就是预算、会计、决算和审计。

10. 行政方法。研究行政管理过程中采取的带有技术性的措施和手段。特别是现代行政管理学不断引进一些新的科学管理方法,例如控制论、系统论、信息论、运筹学、投入产出、数理统计、模拟、教育激励等等。

11. 行政心理。是研究行政管理中具体的社会心理现象及其与制定政策的关系。

12. 行政信息。行政管理从某种意义上来说就是信息管理。信息在行政管理中至关重要。要研究行政管理与信息的关系、行政信息管理及其机构设置、行政信息管理的内容和过程、信息管理人员的素质和培养。

13. 行政监督。监督各级行政机构和工作人员遵纪守法,严格履行职责,维护国家的法律和人民的权利,这是行政管理的又一主要课题。因此,必须研究行政监督的性质和作用,行政监督的形成、内容和机构。

14. 行政改革。实践证明,行政体制改革是经济体制改革的保证,不改革目前那些落后的行政管理体制和管理方式,四化建设和经济改革将流于形式。而改革行政管理体制的中心环节,就是实现行政管理科学化。

15. 行政环境。凡是对行政系统发生作用,并为行政系统的反作用所影响的条件和因素,都属于行政环境的范畴。行政管理存在和发展的全部价值,就在于它在适应行政环境的基础上,积极地促进其所赖以建立的经济基础和国家政权的巩固和发展;在于它对行政环境的能动的改造。

16．行政职能。是行政机关在管理活动中的基本职责和作用,主要涉及政府管什么、怎么管、发挥什么作用的问题。行政职能是国家职能的具体执行和体现。

17．行政文化。行政管理是一种文化现象,这是因为任何管理的形成,都必须以特定的文化背景为基础。实践证明,一种管理理论最终能否取得成功,并不取决于其选择的具体内容和方法是什么,而是取决于这种内容和方法同特定的文化背景与传统的耦合程度。

18．行政效率。这是行政学研究的出发点和归宿点。要探讨行政效率的涵义,寻找提高行政效率的途径和衡量行政效率的方法。

以上18个部分是各级各类行政机构普遍遇到的共同问题,这些共同问题在行政管理中属于"普通行政"的主要内容。本书分十五章具体阐释这些共同问题的绝大部分,以便读者能对"普通行政"的主要内容有一个基本的理解与掌握。近年来,行政学的研究领域逐渐扩大,除了以上讲的这些"普通行政"以外,还有各种"专业行政"。例如中央行政管理、地方行政管理、城市行政管理、农村行政管理、军事行政管理、外事行政管理、经济行政管理、教育行政管理、科技行政管理、公安行政管理、卫生行政管理、交通行政管理、外贸行政管理、工业行政管理、商业行政管理、农业行政管理、民政行政管理等等。

二、行政学的学习方法

要结合教材和授课内容,紧密联系我国行政管理的实际进行学习和研究,加深对行政管理工作规律的理解。自学是学习的基本方法,要围绕每章后的复习思考题,明确重点,弄懂难点,具体来讲,要注意以下三点。

1．弄清原理。行政学中的一些原理、原则是阐明行政管理的客观发展的规律。与学习其他课程相同,要学好行政学,首先必须认真学习教材。弄清教材中所阐述的重要原理、原则,了解所有章节的基本内容和内在联系,明白每个概念的含义,这是学好行政学的基本环节。在此基础上,适当地再找一些有关行政学的书籍和文章,与教材对比阅读,分析各自的得失。此外,还要读一些相关学科,如行政法学、政治学、经济学等方面的文章和书籍,以扩大知识面,加深对行政学的理解。

2. 联系实际。在弄清原理的基础上,要用所学到的行政学的原理原则,紧密联系自己的直接行政管理经验,或者其他人员的间接行政管理经验,以理论为指导,对直接与间接的行政管理实践经验进行对照思考。这种思考,必将有利于提高行政管理的理论水平和实际工作能力。

3. 积累案例。为了加强理论联系实际,积累案例是行之有效的办法。可将报刊中有关行政管理方面的典型事例(成功的或失败的),以及亲身经历或耳闻目睹的典型事例,一一记录下来,这种典型事例就称为案例。行政学是一门应用性很强的学科,积累案例,就是一种极好的实践活动,对每一案例用行政学的理论进行分析研究,就能增强自己分析问题和解决问题的能力,把行政学这门课程学得生动活泼。

第三节 行政学的发展简史

一、管理理论的历史与发展

管理有悠久的历史。从人类生产劳动出现协作和分工开始,就有人们的组织和指挥这类管理活动。所以,管理自从有文字记载历史起就出现了,它可以追溯到远古。历史上许多卓越的工程,像埃及的金字塔、中国的万里长城,都是生产管理和组织才能的明证。但是,管理作为一门科学是以相应的层次从简单到复杂、由低级向高级发展的,是随着近代工业生产技术的进步,社会化生产程度的提高而不断发展形成的。

管理理论的发展,大致经历了三个阶段。

第一,以美国泰罗为代表的,着重生产过程和行政控制的古典管理理论。第二,以梅奥为代表的,着重于人际关系和行为科学的管理理论。第三,以西蒙为代表的,着重于管理科学和系统分析的现代管理理论。

1. 古典管理理论。18世纪下半期,即资本主义发展最初阶段。在世界工业革命的发源地——英国,生产的组织结构发生了重大变革,产生了工厂制度。英格兰古典政治经济学家亚当·斯密在1776年所写的《国富论》里,第一个提出了生产经济学的概念,开创了工业管理的先河,因而这部著作在当时轰动一时。在这本书中他指出了劳动分工所带来的经济效益,提出了生产合理化的概念,并通过观察得出由于劳动分工而产生的三个基本的经济上的优点。

第一，重复地完成单项作业会使技能熟练并得到提高。第二，分工节约了通常由于工作的变换而损失的时间。第三，当人们在限定的范围内努力使作业专门化时，通常会造出工具和机器来。他还指出，装备机器除赚回本金，还可提供正常利润，因而提出计算投资效果的概念。因此，美国经济学家埃·伯法称亚当·斯密的《国富论》是"生产经济学发展中的一个里程碑"。其后，英国剑桥大学教授、曾设计了世界上第一台计算机的数学家查尔斯·巴贝奇进一步发展了斯密的论点。发表了《机器与制造业的经济学》，影响极广。他在劳动分工理论的基础上，对专业化有关问题进行系统的研究和分析，以及以专业技能作为工资和奖金基础的原理，成为后来"科学管理"的基础。

但是，他们在管理方面的贡献仍然只限于个人的技能和经验基础，在整个19世纪，生产组织管理被称为传统管理，它无助于生产率的更大提高，只是维护和扩大企业主的权益，因此，迫切需要一种新的管理方法来取而代之。

这个新的理论的代表人物就是美国的弗雷德里克·泰罗。1911年他发表了《科学管理原理》一书，提出了"全面的智力革命"的问题，他认为他的管理原理适用于一切管理问题，"一切管理问题都可以而且应当通过科学的办法加以解决"，他把管理职能归纳为：

(1) 以科学的方法对工人进行严格挑选和培训，发挥他们的最大能力；

(2) 整理、收集企业的经验数据来发展科学管理方法；

(3) 在工人与管理者之间提倡对话，培养合作精神，保证工人采取科学的方法工作；

(4) 在工人与管理者之间进行明确的、适当的分工，以保证管理程序的进行。

由于推广了以泰罗为代表的科学管理，美国劳动生产率大大提高，英国统计学家艾利斯·帕克在20世纪初对美英30种职业的调查分析表明，在使用机器大致相同的情况下，美国工人平均生产额比英国高出三倍。

这些原则大大地推动了资本主义生产的发展，对资本主义生产管理作出了重大的贡献，因此泰罗被称为"科学管理之父"。

对于泰罗制，列宁曾经指出：资本主义在这方面的最新发明——泰罗制——也同资本主义其他进步的东西一样，有两个方面，一方面是资产阶级剥削的最巧妙的残酷手段，另一方面是一系列最丰富的科学成就。即按科学来分析人在劳动中的机械动作，省去多余的笨拙的动作，制定最精确的工作方法，实行最完善的计算和监督等等。

泰罗的管理理论尽管提出了某些原则,也明显地存在着两方面的缺陷:一是忽视了管理组织的作用和低估了"统一指挥"在管理系统中的作用;二是没有像后来"行为科学"学派那样从社会学和心理学等角度来考察企业中的"人际关系"。虽然泰罗之后还有吉尔布雷斯夫妇、甘特、爱默生等人继续泰罗的理论研究,但在这方面没有多大的进展。

古典理论研究的另一个内容,就是管理的行政方面。它的主要代表人物就是法国的亨利·法约尔。亨利·法约尔在1908年就提出了一般行政管理的原则,首创经营管理理论。

1916年他发表了《工业管理和一般管理》一书,第一个提出了"管理的要素"并论述了经营的六种职能活动,即技术活动、商业活动、财务活动、安全活动、会计活动和管理活动。对管理活动过程,又提出"计划、组织、指挥、协调、控制"五种因素。把五种因素"计划、组织、指挥、协调、控制"定义为管理。在对这些因素进行详细论述后,他提出十四条管理原则,作为管理教育的内容和管理企业的指导方针。

在组织管理方面,德国社会学家韦伯提出了行政组织体系论。韦伯认为行政机构的各种职责都要遵循分级原则,为实现一个组织目标,要划分职责。授予成员的各种公职和职位是按照职权的等级原则组织起来的。对每一个职位用明文规定权力和义务,形成一个指挥体系和阶层体系。韦伯还在其行政机构的特性和概念里提出通过正式考试和教育训练来任用人员,并指出,管理者须严格遵守组织中规定的纪律和规则。韦伯认为,这种理想的行政组织体系能提高工作效率。在精确性、稳定性、纪律性和可靠性方面大大地超过其他组织体系。这些理论都集中表现在他的代表作《社会组织与经济组织论》一书中。

2. 行为科学管理理论。1828年,英国空想社会主义者罗伯特·欧文,第一个在他发表的有关管理的著作里,把生产率的提高归结为人的因素,主张更多关心工人。他说,花在改善工人待遇和劳动条件上的投资,它给你的报偿,有时不是以百分之几或几十,而是以百分之几百来计算。这些思想为后来人际关系和行为科学理论提供了基础。20世纪20年代中期,原籍澳大利亚后移居美国的哈佛大学教授梅奥和他的哈佛研究小组继续欧文的研究,并在西方电气公司的霍桑工厂先后两次进行著名的"霍桑实验"。

他们认为生产不仅受物理的、生理的因素影响,而且受到社会学、社会心理学的影响。梅奥为此在1935年写了《工业文明的人性问题》和《工业文明的社会问题》等著作,建立了"人际关系"学说。

1936年,梅奥在哈佛大学开设"人际关系"课。1946年,"人际关系"被列为必修课。从此,"人际关系"逐渐闻名于世。

但是,"人际关系"在实际应用上并不理想,加之"人际关系"的提法易引起误解,因此,1949年左右,芝加哥大学的一群教授将"人际关系"研究改称为行为科学。从此,行为科学就成了现代管理理论中一个重要的组成部分。

所谓行为科学,就是通过研究人的行为,调节人际关系,借以提高劳动生产效率的科学。它所研究的主要内容是:人的本性和需要,行为之动机,尤其是生产中的人际关系(包括领导和下属的关系)。行为科学认为,人由于受到内部或外部的因素刺激,精神和肉体的刺激,都会作出某种反应,这种反应都会对人从事工作的效率产生影响。因此,行为科学主要是从社会学、社会心理学、心理学的基础方面来研究管理。重视社会环境和人群关系对提高工作效率的影响。

第二次世界大战期间,美国著名的心理学家和行为科学家马斯洛对人的需要和动机进行了研究,提出了"人类需要层次论"。马斯洛认为:人的满足只有达到更高一级的需求,才能进一步提高其积极性。他指出,在经济不发达国家,生理需要占主要地位,人们为生活而奔忙。在经济文化发达国家,不仅对生理和安全需要,而且对尊重和自我成就的需要也是强烈的。因此,管理者只有对自己的职工的基本需求层次有充分的了解,才能不断满足他们的需求,以达到提高生产率的目的。"层次论"在国外还有争议,但三十多年来在西方流行甚广。

50年代中期,美国麻省理工学院教授麦克格雷戈提出了企业管理方面的"X理论—Y理论",也就是同企业管理有关的所谓"人性"问题。麦克格雷戈把传统的管理概念概括为"X理论",是以对工作管束和强制为主的。而"Y理论"主要是以诱导为主,鼓励职工发挥主动性和积极性。麦克格雷戈认为"Y理论"能够造成自动积极的工作态度,满足组织和个人两方面的要求,是管理上成熟的标志。

70年代,日本经营方式在美国获得了成功,取得了奇迹般的效益。威廉·大内研究了日本在美国所办的企业的管理经验,提出了Z理论,基本出发点是:不论是X理论还是Y理论,都是从管理者与职工对立的基本前提出发的,而Z理论则认为管理者与职工是一致的,两者的积极性可融为一体。Z理论的基本要点是:

第一章 绪 论

（1）企业对职工的雇用是长期的，无论发生什么情况，一般不解雇职工，只采取减少工时，削减奖金津贴的手段来渡过难关，这样，使职工看到职业有保障，从而激发他们积极关心企业的利益和发展。

（2）企业经营管理采取下情上达方式。任何重大的决策，都由第一线的职工提出建议，然后再由决策者集中。

（3）基层管理者对上级命令不机械照办硬套，可以发挥主观能动性，碰到问题，通过协商来统一思想。

（4）上、下级关系要尽可能融洽、协调。管理者应处处显示对下级的关心，如厂长能叫出职工的名字，为职工过生日，逢年过节送礼等。

（5）不但要求职工完成生产任务，且使职工在工作中得到满足，心情愉快，在职工培训上，注意让职工得到多方面工作经验和锻炼的机会。

（6）对职工考查长期而又全面，不仅看技术，而且看社会活动和其他能力。

行为科学盛行了许多年，对企业厂矿的影响越来越大。这是因为一是资本家以此欺骗和麻痹工人；二是现代化管理的大生产需要各层次管理者和全体职工参与管理。因此行为科学理论为后来的管理学者接受并更加深入地进行研究和应用。

3．现代管理理论。第二次世界大战以后，管理理论发生了很大变化。由于管理理论的应用和发展，加之战争中为英国防空需要而产生了"运筹学"，新的数学分析和计算技术应运而生。像统计决策、线性规划、排队论、统筹法和模拟分析等等，在企业加以应用就产生了"管理科学"。1950年，美国成立了运筹学协会和管理科学研究所，使管理理论和实践都进入了一个崭新的阶段。

但是，现代工业的迅速发展，国际资本对世界市场的激烈争夺，生产管理越来越需要把注意力集中于经济前景的预测，并据此作出正确的决策。决策对了，管理效率就高，经营水平就提高。决策错了，管理效率越高，经营就越是糟糕，其结果呈现负数。因此，决策就成为管理的核心。这包括决策程序，或管理决策科学。这样，"现代管理"理论就出现了。

现代管理理论包括许多内容，主要有：

（1）运筹学。

（2）模拟法。即把作为对象的某一系统的"模式"进行实验，然后再依据实验结果与原来的系统互相比较，而决定如何改进原有系统的方法。

（3）统计分析法。包括回归分析、时系分析、实验计划、因素分析、成本分析、价值分析以及相关分析等。

(4) 经济分析与预测。根据经济观念,运用经济理论和技术,对问题作有系统的全面研究与分析。通过调查,研究其发展目标,找出达到目标的各种预选方案。

(5) 系统分析,对特定问题,利用计量数据资料,运用适当的管理科学技术方法实施研究。

(6) 工作研究,包括时间研究与动作研究。

(7) 决策理论。决策理论有一整套决策程序和决策技术手段。

(8) 管理信息系统(MIS)。就是利用电子计算机将企业内外的所有信息加以系统管理。

(9) 管理会计学。是管理与会计的综合。

决策科学是"现代管理"理论最重要的学派,它的著名代表是美国卡内基——梅隆大学的赫伯特·西蒙等人。西蒙认为:管理就是决策。决策是现代管理的主要功能。决策决定管理的效能和效率。决策贯彻于管理的全过程。西蒙强调指出,要搞好管理,最重要的是把管理的目的和个人的目的协调一致。

西蒙还对决策的过程、决策的准则、程序化的决策和非程序的决策进行了分析。他提出,必须有一整套正确的决策新技术,以此来选择最佳的可行方案。由于西蒙在决策科学理论研究上作出了贡献,他获得1978年度的诺贝尔经济学奖。

西蒙管理理论有几个显著的特点:

(1) 西蒙将泰罗"古典管理理论"和"人际学说"结合起来;

(2) 西蒙的管理理论适用于大工业、大生产和跨国公司的生产发展;

(3) 西蒙的管理理论不仅为管理提供理论。而且为统治者维护自己的统治提供了新的理论根据。

西蒙之后,"现代管理"理论还产生了系统管理理论等十多个学派,他们都不及西蒙管理理论的影响大。但目前,现代管理的研究正朝着统一的系统理论发展。

此外,现代管理的研究,还把信息科学技术与管理结合起来。这也是现代管理的重要发展。信息技术作为现代通信的一种手段,对管理现代化有着十分重要的作用。它是企业计划决策的依据,是对生产过程进行有效控制的工具,是保证企业管理诸内容井然有序的组织手段。所以,有人把企业管理的决策机构比作企业的大脑,把信息流比作企业这个大系统中的神经系统,如果神经系统错乱,就会导致整个企业的混乱,甚至产生瘫痪。

二、西方行政学的产生与发展

行政学作为一门现实性、政治性很强的应用学科,起源于19世纪末,形成于20世纪20年代。

19世纪后期,西方资本主义国家经过工业革命的洗礼,生产力和城市建设蓬勃发展,生产的社会化要求国家行政管理科学化、效率化,同时,由于政党分赃制和封建衙门习气的影响,在资本主义政治体制中,行政权力日益扩大,机构臃肿、部门林立、政府官员腐败无能和效率低下等弊病,已成为资本主义经济发展的障碍。因此,加强国家行政机关对国家事务、社会事务的有效管理,已是势在必行,行政学应运而生。而把行政管理当作一门科学,国外是从研究法学和政治学起步的。1845年,法国的安培第一个向政府提议建立国家管理学,但未引起人们的重视。直到19世纪后期,行政管理学才作为法学的一部分出现于社会科学舞台。1865年至1868年,德国学者史坦因发表了七卷本的《行政学》著作。虽名为"行政学",但其研究的对象和内容局限于行政法的范围,即研究行政管理与法学的关系。

行政学从政治学中分离出来,作为一门科学的理论,独立的学科,严格地说是起源于美国,它是随着资本主义的发展而发展起来的,美国行政学的发展,可以分为萌芽准备、正式确立和改革发展三个阶段。

1. 萌芽准备阶段。美国的公共行政研究可以追溯到开国之初,联邦党人的著名代表汉密尔顿就曾对公共行政发表过一些论述。他认为:"决定行政管理是否完善的首要因素就是行政部门的强而有力","使行政部门能够强而有力所需要的因素是:第一,统一;第二,稳定;第三,充分的法律支持;第四,足够的权力"[①]。

美国南北战争以后,为适应资本主义的发展,美国在1883年建立了文官制度。尽管这一文官制度基本上是沿袭英国,尽管它的建立没有行政学原理的指导,但它至少在行政机构和人事行政方面为今后行政学的形成与研究提供了一个基础,它预示着有系统的行政学研究即将来临。

---

① 引自汉密尔顿等著:《联邦党人文集》,程逢如等译,商务印书馆1982年版。

1887年,美国的伍德罗·威尔逊(后曾任普林斯顿大学校长和美国第28届总统)在《政治学季刊》上发表了《行政研究》一文。他认为"执行宪法比制定宪法还要困难","应该建立一门行政科学力求使政府少走弯路,避免杂乱无章、不成体统的现象发生,使政府在评价工作时得到尽责的声誉。"这篇文章被认为是美国行政学研究的开山之作。威尔逊的《行政研究》一文标志着行政学研究在美国的兴起。

继威尔逊之后,美国的另一个著名行政学家、霍普金斯大学校长佛兰克·古德诺在1900年写了《政治与行政》一书。古德诺提出了"政治是决定政策,行政是执行政策"这一著名的论点。他倡导了"政治与行政分离"的二分法观点,从而使威尔逊开创的行政科学正式从政治学中分离出来,并引起人们的广泛重视和研究。

威尔逊和古德诺两人的贡献在于开创一个新的研究领域。可在当时,行政管理学本身的研究内容还是局部的,不系统的。

2. 正式确立阶段。行政学作为一门独立的学科出现,则是在20世纪20年代中期,一般以罗纳德·怀特在1926年发表美国第一本大学教科书《行政学导论》和韦劳毕在1927年发表另一本大学教科书《行政学原理》为标志。怀特采用理论研究的方法来研究行政学,他把行政要素划分为四大部分:① 组织原理;② 人事行政;③ 财务行政;④ 行政法规。除了一般公共行政原理外,着重研究组织结构。韦劳毕的主要贡献是发现政府机构活动中的一些基本原则。他在研究一般公共行政原理的同时,将重点放在公共行政的财务和预算上,注重宪法权力。

怀特和韦劳毕的著作勾画了行政学研究的大致范围,包括研究对象、内容和研究方法,使得行政学作为一个开始为人们所接受的新的研究领域从政治学中独立出来,并进入了大学课堂,1939年,美国成立了全国行政学会,交流、发展、传播公共行政的知识与资料,以增进公共行政的研究。至此,公共行政学作为一门独立的学科已被确定下来了。

行政学作为一门学科在美国形成不是偶然的,它显然有两个主要背景:一是美国政府对社会经济和世界事务的干预和插手,使得它的机构急剧膨胀。在1923年美国政府进行了一次规模较大的文官制度的改革。因此,如何研究出一套切实有效的原则和法规以提高行政效率,已经客观地被提上日程。二是近代科学管理的创始人泰罗在1911年发表了名著《科学管理的原理》,"泰罗制"风行于美国的工商企业。泰罗制以提高作业效率,降低生产成本为目的,它的出现促使工厂生产的管理从只凭经验管理走上了科学管理的道路。不久,泰罗的科学管理原则就波及到政府的公共管理,他的管理思想影响了一代的行政学者。

早期美国行政学者研究目标是提高政府工作效率和节省政府开支,研究的重点放在行政部门的功能上,他们所采用的研究方法主要是理论性的,企图建立适应于一切行政工作的普遍原理、原则或定律。这在很大程度上是受到泰罗的科学管理思想的熏陶。

3. 改革发展阶段。第二次世界大战后,早期行政学者的理论体系和方法论受到了挑战。产生这一挑战的直接原因是战争开拓了人们的视野,战争期间所使用的如运筹学等一系列新的科学技术从军事单位转向民间和政府部门,从而使人们在认识上发生了一些较大的变化,用传统的观点和方法来研究行政已显得捉襟见肘。一批新的行政学者应运而生。

首先,作为早期行政学者指导思想的"政治与行政分离"的论点遭到否定。这一时期出现的马歇尔·狄莫克的《行政学》就是对"分离"思想的否定,他的《行政学》包括:① 政府做些什么,包括政治的影响,权力的基础,工作范围,行政目标,政策计划的决定。② 政府如何进行组织,如何用人、用钱。③ 行政人员如何合作与协调。④ 如何使行政人员负责和相互督促等。

其次,早期行政学者忽视对人的研究的做法遭到了非议。人是整个机构中最有活力的部分,人的行为在很大程度上影响行政的效率。因此对人的行为研究是非常必要、不能忽视的。罗伯特·达尔在《公共行政科学三个问题》中提出的第二个问题就是,公共行政学科必须研究人类行为方面的一些不可避免的事实。应当说,达尔指出这一问题还是比较早的,后来形成的行为主义学派只是 20 世纪 70 年代才达到它的鼎盛时期。

第三,传统的理论研究方法受到了批评。新出现的一些行政学者用实证的研究方法代替传统的理论方法。实证的研究方法注重案例的研究。所谓案例研究,就是从行政管理的真实事件中找出其规律和原理。这种案例研究,在近二三十年,对美国青年学者产生很大的吸引力。

特别要指出的是,赫伯特·西蒙在 40 年代最负盛名的著作《行政行为:行政组织中决策程序的研究》中也对传统的研究方法提出了异议,但是西蒙并不全盘否定早期行政学者的贡献,西蒙本人的贡献在于将社会科学中的决策概念引入公共行政,从而开创了一个崭新的"决策派"。西蒙认为:"如果把所有的理论都考虑进去,那么决策是行政的中心。"① 在西蒙看来,管理就是决策。西蒙的决策理论综合了自然科学的定量分析、社会心理学、人类学、逻辑学、社会学、政治学等多方面的成果,将他们熔于一炉,在整个管理学中独树一帜。由于西蒙建立了一个较为完整的决策理论,因而使得整个管理,包括公共行政的管理,由科学管理阶段开始走向管理科学阶段,发生了一个从定性到定量的转变过程。

从第二次世界大战结束到现在,世界出现了以电子计算机为标志的新的科学技术革命,社会科学、自然科学高度分化、高度综合,国家政务日趋复杂,国际交往日益频繁,行政管理学因此进一步得到完善和广泛应用。在这个阶段,行政管理学广泛吸收了政治学、社会学、心理学、人类学、运筹学、系统论、控制论、信息论等学科的理论知识,使自身成为一门自然科学和社会科学相互渗透的综合性很强的应用学科。在美国已有500所大学开设了行政管理课程,成立了60所专门研究行政管理的学院和机构。

近年来,美国行政学方面最重要的是对组织理论、比较行政学和新的技术与方法的研究。

二战后美国的行政学研究可以讲是跟在企业管理学研究的后面亦步亦趋的。本来管理学的研究就是由工商界进入公共行政界的,这一现象在二战后变得更为显著了,两者之间的差别越来越小,二战后美国行政学研究呈现一片学派林立的现象,新观点层出不穷,没有一个占压倒优势的学派,真可谓:八仙过海,各显神通。

美国开展行政管理学研究带来明显的社会效益,激发了西方国家研究行政管理学的广泛兴趣。近半个多世纪以来,各发达国家的行政管理学方兴未艾。至20世纪70年代,世界上就有100多个国家兴办各种类型的行政学院或研究机构。1946年和1969年法国和英国创办了国立行政学院和文官学院。德国60年代也开办了行政学院和高级行政研究所。

国外行政管理学的研究目前呈现两种趋势:一种是纵向发展的趋势,即由静态转向动态,以事为中心转向注重以人为中心的研究;另一种是横向的发展趋势,即由"普通行政"转向"专业行政",由注重行政机械效率转向社会综合效益观的研究。

国外行政管理学的两种发展趋势,预示了行政管理学发展的广阔前景,标

---

① 赫伯特·西蒙著:《行政行为:行政组织中决策程序的研究》,第14页。

志着行政管理学已成为社会科学中一门新兴的、有远大发展前途的科学。

三、中国行政学建立状况

我国古代已有出色的管理,但把管理作为一门学科对待,是在西方资本主义出现以后的事。随着近代西学东渐,西方行政学逐渐在中国传播。

从五四运动到建国以前三十年中,我国的行政学研究呈现两种基本情况。

一方面,在学术界,逐步有了一些专门从事行政学研究和教育的机构和学者。1934年旧中国行政学会在重庆成立。政治色彩浓,成员大多是国民党政府高级官员。1944年由学者张金鉴、唐振楚等人成立行政学会,并出版《行政学季刊》,同时出版了一些有关行政学方面的教材、专著和译著,如张金鉴的《行政学之理论与实际》、《行政学提要》,江康黎著的《行政学原理》等,怀特的《行政学导论》等西方著名行政学著作也被翻译成中文,介绍给国内读者。这些著作中虽然也有某些中国情况的反映,但主要内容体系和形式,基本上都没有超出西方行政学的框框,但作为对西方行政学在中国进行比较系统的介绍和传播还是起了一定的作用,这是不容抹煞的。

另一方面,以毛泽东同志为代表的中国共产党人,经过极其复杂、曲折、艰苦的革命实践,以独创的农村革命根据地,丰富和发展了行政学的内容,并使之更富有中国气派和特色。管理的总目标主要是党政军都为了争取战争的胜利,组织机构实行精兵简政,厉行节约,具有同群众紧密联系的特色和办事雷厉风行的高效率。

在建国以来的三十多年中,我国的行政学研究却走着一条曲折、缓慢的发展道路。一方面,毛泽东同志提出的关于完善国家制度、精简国家机关、搞好党政关系的指示;关于反对官僚主义和提倡劳动人民参加国家管理的思想;关于调动一切积极因素,化消极因素为积极因素,团结全国人民进行社会主义建设的战略思想等等,丰富发展了行政学说。另一方面,解放以后,正当行政学在世界上获得普遍重视并迅速发展的时期,我国对行政学的独立研究,却基本上是一片空白。在某种意义上,行政管理是一个不能研究的禁区。

粉碎"四人帮"以后,特别是党的十一届三中全会以来,经过拨乱反正,总结历史经验,我国恢复和加强了行政学研究。自1982年起这门学科发展非常迅速,并且已经受到各级领导的注意和重视。1984年8月,国务院办公厅和劳动人事部在吉林联合召开了行政管理学研讨会,发表了《行政管理学研讨会纪要》，使我国的行政管理学研究，一开始就走上了理论与实践紧密结合的正确道路。9月，国务院办公厅还专门发了文件，要求各省、直辖市、自治区政府高度重视行政管理学的研究，开创研究行政管理学的新局面。在中央领导同志的关心下，1988年10月正式建立了中国行政管理学会。国家人事部成立了中国行政管理学研究所。全国有关行政学的文章和著作也日益增多。起步虽晚，发展很快，中国行政学发展的春天已经到来。目前，一个学习、研究、宣传、运用行政学的热潮正在我国兴起，广大理论工作者和实际工作者紧密结合为其显著特点。特别是各级领导干部和管理人员对它产生极大的兴趣。可以预料，行政学在我国社会科学领域中将显示出强大的生命力。

【案例】

1969年7月16日，在美国佛罗里达州东海岸的卡纳维拉尔角，一枚36层楼高的巨型火箭耸立在肯尼迪宇航中心的发射场上，火箭顶部放置着"阿波罗"飞船。在飞船的指令舱里，搭乘着三名宇航员：阿姆斯特朗、奥尔德林和柯林斯。他们正准备实现人类第一次登月飞行。

一切准备就绪，电子计算机发出了点火命令。第一级火箭的五台发动机喷出巨大的火焰，三千多吨重的庞然大物腾空而起，火箭上升后约10秒钟，五公里外的看台上立即感到强烈的震波。起飞后约12分钟，第三级火箭把飞船送入地球轨道。飞船在地球轨道上经过检查和调整，第三级火箭重新启动，将飞船加速到第二宇宙速度，于是"阿波罗"飞船逸出地球轨道，奔向月球。

1969年7月21日，格林威治时间3时51分，"阿波罗"飞船的指令长阿姆斯特朗爬出舱门，在5米高的小平台上呆了几分钟，然后他伸出左脚，慢慢地走下扶梯，4时零7分，他用左脚疑虑地、小心翼翼地触及月面，接着他鼓起勇气将右脚也站到月面上。事后，阿姆斯特朗说："对一个人来说，这是迈出的一小步，而对于人类来说，则是伟大的一步。"

这就是历史上人类第一次登上月球的记载。

"阿波罗"登月计划是美国总统肯尼迪于1961年提出的。当时他要他的科学顾问查一查执行这样一个计划是否可能。经过详细地调查研究之后，科学顾问作出了这样的回答：从设计、制造、发射到回收等阶段看，在工程技术上是没有问题的，都是已有的科学技术能解决的，但是问题可能出在管理上。因为阿波罗计划是人类历史上空前庞大的一项计划，它要动员2万多家工厂，120所大学参加，参与这项计划的人数多达400多万，要生产300多万个零部件,耗资250亿美元。计划的每一个主要步骤都要经过周密的计算,而每个主要步骤又需要次级计划和第三级计划的支持。这些人力、物力、财力都需要周密的组织。为了顺利地完成设计、制造、发射、回收,人们要进行精确无误地控制。这一切工作都需要有一个机构进行强有力的领导。因此,如果管理工作搞得不好,那就很难保证计划顺利完成。于是美国人全力以赴地在管理上想办法,最后终于把人送上了月球。

请问:上述这则案例说明了什么问题?

复习思考题

1. 管理和管理学的涵义是什么?
2. 管理有哪些主要职能?
3. 行政和行政学的涵义是什么?
4. 行政学的研究内容有哪些?
5. 运用行政学的研究方法要注意什么问题?
6. 简述管理理论的历史发展概况。
7. 试述西方行政学发展简况。
8. 我国行政学发展的简况如何?

第二章 行政原理

【提示】
　　一家晚报曾透露了这样一件事：某单位负责人为了使一位有身份的外宾观赏一处有名瀑布的壮丽景象，竟下令瀑布上的水库开闸放水。瀑布景色顿时显得极为壮观，那位外宾满意地笑了。开闸放水40分钟，6万元资财尽付东流。从行政原理的角度分析，这个单位领导人违背什么原理呢？

　　原理是一个学科的灵魂，对所涉及的理论进行高度的概括，属于理论形态，在学科的理论体系中处于指导的地位。行政学揭示行政管理的客观规律，支配和统帅行政管理的全过程。由于它是一门综合性的新兴的应用学科，不仅吸取了有关学科的理论精华，而且从长期的实践中，不断探索和发展自身的原理。

第一节　行政原理概述

一、行政原理的涵义

　　行政原理是行政管理规律的升华，是研究对象和内容的本质反映，是科学理论宝库的组成部分，具有抽象性和普遍性。行政原理与行政管理体制存在理论与实践的关系，行政原理指导行政体制建设，行政体制落实行政原理。各国行政体制取决于经济体制和政治体制，都有自己的特色。我们在行政实践中运用、检验和发展行政学理论应该与中国国情紧密地结合起来，不能生搬硬套国外的行政原理。

　　在前人研究成果的基础上，我们分析、考察现代管理工作实质内容，应从对管理的对象、管理的核心和动力、管理的过程以及管理的根本目的这样四个方面的统一理解中去概括和把握。舍此无它。而且,只有把握了管理的实质内容,才能真正认识管理工作的内在规律,并准确地表述反映客观规律的原理。所以,基本原理与实质内容之间有着内在的、逻辑的对应关系。以下我们将要分别地从对管理对象的认识和分析入手,来认识和表述管理的"系统原理";从分析管理的核心和动力中,了解和掌握管理的"人本原理";从对管理过程的运动规律中把握"动态原理"。从考察以往管理活动的根本目的中进一步认识"行政原理",并在此基础上逐步具体化为与它们相应的若干条原则。

认真研究和掌握管理的基本原理,对做好管理工作有着普遍的指导意义。但是,认识了规律、掌握了原理,能指导工作,并不等于就能做好工作。要做好工作,必须进一步结合管理工作实际,将原理展开、细化,具体化为管理工作中可以遵循的若干规范,即与管理基本原理相应的若干管理原则。什么是原则?原则就是反映客观事物的本质和运动规律,要求人们共同遵守的行动规范。我们说的相应管理原则,是指依据管理原理在实际管理工作中应该遵循的那些主要的规范,根据对"任何管理对象,归根到底是一个特定的系统"的理解,得到对管理系统原理的认识之后,将系统原理应用于实际管理。可以具体化为两个原则,一是从整体上把握,对管理对象进行科学的分解、合理的分工,并在此基础上进行综合管理的"整分合原则";二是在系统对外开放,加强与外系统交流、联系的前提下,严格系统内部的闭环管理,注意内部各个环节之间回路畅通的"相对封闭原则"。对于"充分调动和发挥各类各级人员的主动性、积极性和创造性是做好一切管理工作的根本"这样一条"'人本'原理"来说,应用在实际工作中的相应原则就有三个,一是根据人的能力大小安排其工作、级别的"能级原则";二是管理者需对不同的对象给予相应的不同动力的"动力原则";三是管理者要分析被管理者的行为依据和明确自己应以什么样的行为来引导、影响被管理者的行为的"行为原则"。相应于动态原理的有两个:一是跟踪反映动态和适应动态的"反馈原则";二是管理要留有余地的"弹性原则"。

二、行政管理的特点

行政学以行政管理活动全过程为研究对象,而某具体部门的行政管理是社会管理、国家管理等外在大(高级)系统的一个小(次级)系统,又是行政组织、行政人事、行政财务、行政决策等小(次级)系统的较大系统。中央、省、县、乡人民政府按照大系统→子系统→分子系统→子子系统建立,一级统帅一级,都是由组织、制度、程序组成的人工系统。我们必须从系统的结构与功能的观点出发,研究整个行政管理过程,才能显示其客观规律。

行政系统整体包括管理的次级系统、目标和价值的次级系统、结构的次级系统、技术的次级系统、心理的次级系统等。每个次级系统都是按次序、层级组成,并分成若干子系统。如结构的次级系统分为中央、地方结构;组织、人员结构等。其中组织结构系统包括决策指挥、参谋咨询、贯彻执行、综合反馈、监督检察等子系统。其他系统莫不如此,由多种相关的要素组成。纵向呈层级系统,横向呈职能系统。层级系统决定职能系统,职能系统辅助层级系统。高、次级系统联结成为整体,整体大于、统帅和规定各个部分,各部分互为条件,相互作用,反过来又影响整体的性质及其功能。不仅如此,各部分相对独立,自成体系,各有各的功能,不能相互取代。它们分别发挥服务、维持、保卫、管理、教育、救济、建设、外交等作用,从而实现行政管理总目标。如人事管理中的职位分类、选任、培训、考核、奖惩、福利待遇、工资、离休、退休等环节,分工协调,相辅相成,一环失误,影响全局。同时,从行政行为来看,它也是作为系统而存在的。行政行为是行政工作者和环境交互作用的产物和表现,包括思维、语言以及一切可以观察和记录的活动。这种社会实践活动有其行为结构和行为路线,各种行为要素都是有秩序地联贯着,行动是行为的子系统,动作是行动的子系统。

此外,行政系统不是一个闭关自守的系统,而是与外界紧密联系并随着环境变化而变化的开放系统,它不断地从外界获得舆论的支持和各种资源的援助,同时经过"加工"又为外界服务。它与社会环境存在"取"与"予"的关系,"取"之于社会、"予"之于社会。即是说,人民为国家献力,政府为人民造福,政府满足人民需要愈多,人民对国家贡献愈大,反之亦然。政府离开人民便失去根基,人民离开政府就没有保障,两者互相依存,缺一不可。

综上所述,行政系统是由多种相关的要素组成的有机整体,各个部分(子系统)互相影响,其中高级行政系统中各种要素作统一和协调的整合,具有总体的功能和特性;次级行政系统按照整体目标确定其功能特性。行政系统结构如人体内器官一样严密,彼此制约,并与环境保持功能平衡。一切行政行为或过程是行政行为人(有关权力者)相互影响的网络。因此,行政管理学研究首先要强调行政管理的整体性、适应性、开放性和制约性。

第二节 系统原理及其相应原则

一、系统原理概述

任何管理对象都是一个特定的系统。所谓系统,是指由若干要素按一定结构相互联系组成的具有特定功能的统一整体。它在更大的系统内,一定与其他相关系统有输入与输出关系。正因为任何管理对象都是一个特定的系统,所以它的每一个基本要素都不是孤立的,它们根据整体目标的要求,相互联系,按一定的结构组合在一起,即在自己的系统之内,作为整体又与其他系统有输入、输出的关系。为了达到优化目标,必须对管理对象进行细致的系统分析,这就是管理的系统原理。

系统有如下三个特征。

1. 目的性。每个系统都应有明确的目的;不同的系统有不同的目的。目的不明确,或者混淆了不同的目的,都必然导致管理的紊乱。系统的结构不是盲目建立的。根据系统的目的和功能设置各子系统(或称作单元),建立各子系统(单元)之间的联系,在组织、建立、调整系统的结构时,要强调子系统(单元)服从系统的目的。

由于历史和其他的原因,在已有的系统中常常存在着没有明确目的性的单元,这些单元的存在,往往就是产生内耗的根源,是降低系统可靠性的不利因素,对实现系统的目的十分不利。因此,必须对系统中的单元及时进行调整,使每个单元都有确定的功能,为实现系统的目的发挥应有的作用。那些起着后备应急、检查督促、反馈联络等作用的人和机构,是为使系统可靠地实现自己的功能,并对环境有较大的适应性而设立的,这些单元是系统合理结构的一部分,把这样的结构破坏与排除,同样会产生严重的后果。

一个系统通常只有一个目的。如果一个系统有多个目的,必然在人、财、物、时间、信息等各方面相互干扰,达不到优化。

2. 整体性。正是因为系统的目的性,使系统内各因素围绕共同目标构成不可分割的整体。小生产时代,整体的联系较少,局部有利大致上就是整体有利;在现代化生产的条件下,局部与整体有着复杂的关系与交叉的效应,局部与整体的利益并不总是一致的,从局部看有利的事,从整体看不一定有利。

对于一个简单的系统来说,如果每个子系统(或单元)的性能都是好的,整体的性能也会比较良好,但如果系统庞大复杂,即使每个子系统(或单元)的性能都是好的,这个系统也未必能很好地工作。在结构上如果各子系统(或单元)都力争自身的最佳效益,未必一定能保证系统整体的效益。系统强调整体性能,并不是要抹煞子系统(或单元)的性能。从根本上看,整体的效益与子系统(或单元)的效益应该是一致的,否则单元就失去了存在于整体之间的基础。系统分析主要就是研究单元的性能怎样通过合理的结构转变成系统的性能。任何系统都有结构,结构就是系统内部各要素的排列组合方式。在一个管理系统中,每个单元只有通过系统的结构才能表现自己的性能。因此,必须用系统的思想、方法组织各个单元,建立合理的系统结构,提高整个系统的可靠性和效率。当改善某个子系统(或单元)的性能时,必须考虑它对系统的影响。任何这方面的措施都必须有利于系统性能的改善,否则,是不可取的。在经济体制改革中,扩大企业自主权能够改善子系统的性能,这是非常必要的,同时还要考虑采取其他相应措施,防止发生本位主义、分散主义和自由化等倾向,以免妨害全国经济这个大系统的效益。发挥地区优势,能够改善该地区的性能。但采取这项措施时一定要从全国一盘棋考虑,才能避免重复建设,避免以小挤大,否则,一些地区发挥了自己的优势,反而压抑了大城市的技术优势,使大城市的性能恶化,造成对整个国民经济大系统的严重损害。工厂技术革新往往花去大量的人、财、物,使某些单项工序或设备自动化,其性能甚至能达到世界先进水平,但在其他工序或设备落后的情况下,这样做并不能提高整个工厂的劳动生产率,这样做得不偿失。现代管理所追求的,不是某个局部的"夺魁",而是整个系统的经济效益。

管理必须有全局观点。必须有一个系统的运筹规划,必须有一个考虑了尽可能多因素的模式。头痛医头、脚病治脚、拆东墙补西墙的办法,都是现代化管理的大忌。

正因为任何特定系统的整体都是由不同的多要素构成的,各要素又都有自己的特性和功能,所以管理中切忌简单化、"一刀切",而一定要坚持具体问题具体分析,一切从实际出发。

3. 层次性。层次性是系统原理的一个重要概念。任何复杂系统都有一定的层次结构。

系统间的运动能否有效,效率高低,很大程度上取决于能否分清层次。每一层次都应有各自的功能,规定明确的任务和职责、权利范围。同一层次的各子系统之间横向的联系,应由各子系统本身全权进行,只有在他们不协调或发生矛盾时,才需要上一层次出面解决。

上一层次系统的主要任务有两个:一是根据系统的功能、目标向下一层次发出指令信息,最后考核指令执行的结果;二是解决下一层次各子系统之间的不协调,上一层次只管下一层次,下一层次只对它的上一层次负责。在我们现实生活中,管理层次混乱,你做我的,我干你的,打混仗是常见的事。上一层次不只对下一层次下指令,还指定谁干,应该怎样干,干的过程中,还要随时做出具体指示,这种干扰下一层次,甚至更下一层次的做法,是"乱插一杠子",会严重地挫伤下一级的积极性、主动性和责任心,结果是领导天天忙于应付具体事务,也失去了指挥者的作用。领导只做领导的事,各层做各层的事,这才是有效的管理。

整个国家管理的大系统也是有层次的。所谓宏观管理、中观管理、微观管理就是这个大系统中的三个不同层次的管理。宏观管理主要是指国家或政府一级对面上的管理,以确定方针、制订政策、进行规划为主。宏观管理必须统一、集中、相对稳定,切忌政出多门,权力分散,政策多变。微观管理主要是指具体单位在统一方针指导下,根据政策的许可范围,从本单位的实际情况出发,在"小系统"上进行经营。微观管理应当从实际出发,灵活、能动、多样,切忌不顾实际,"一切照办",搞"一刀切"。

从实际工作来看,还存在一个介乎上述二者之间,承上启下,既有宏观管理内容,又有微观管理内容,把二者连接起来的管理层次,暂称中观管理。宏观管理和微观管理的界限不是绝对的。中观管理的范围很广,它有如下特点值得研究:

(1)中介性。具有过渡、连接的性质。它不只是对一个单位的具体管理,而是多单位的。在中观管理中,不能单纯考虑个体的特点,而需要注意各单位的共性。中观管理又不是各系统的,不能只看"普遍的共性",应当特别注意的是"共同的特点"。因此,中观管理既具有宏观又具有微观的性质。以往这一部分笼统地归于宏观管理的范畴。实际上,微观的许多事情它几乎都要管,只是面宽,管理上与微观又不一样。

(2)两重性。中观管理对宏观,它是微观;对微观,它是宏观。对上,它要"吃透"精神,坚持统一、集中、相对稳定性,它的任务是贯彻执行,具体落实;对下,它要"熟悉"情况,给以充分、灵活、多样的机动性。它的工作是指导、组织、服务、协调。

(3) 相对独立性。作为一个层次的管理,中观管理同样是为了实现既定目标,而不断进行计划、组织、控制的反复过程。它作为中介具有两重性,并不只是"上传下达,没有权力"。中观管理具有相对的独立性,是有"权"的,在计划领域内,它有权确定重点,包括布局的安排、局部政策的制订等;在组织领域内,它有权调配力量,包括队伍的组织,结构的调整,生财分财,物资的调拨、配备和运用等;在控制领域内,它是对上反馈、对下协调的关键部位,显然也是有权的。了解中观管理的特点有助于我们在相互制约中大胆、果断地按照科学规律开展工作。

了解系统原理的如上特征,可以帮助管理者从思想上明确:自己负责控制的对象是一个整体的动态系统,而不是一个个孤立分割的部分,应从整体着眼对待部分,使部分服从整体;同时还应明确,不但自己管理的对象是一个整体系统,而且这个系统还是一个更大系统的一个构成部分,因此还必须考虑更大的全局,摆好自己系统的位置,为更大系统的全局效益服务。社会主义国家的管理工作者,如果不是很自觉地按系统原理去做,不仅不能管理好自己负责控制的对象,也摆不正本系统在国家整个大系统中的恰当位置,局部违背整体,可能给国家事业造成很大的危害。地方主义、本位主义、"单纯利润观点"等,实质上都是违背系统原理的结果。

如何运用系统原理分析具体管理工作的问题呢? 一般说来,系统分析应包括如下几个方面:

(1) 了解系统的要素。分析系统是由什么组成的? 它的要素是什么? 可以分为怎样的一些子系统。

(2) 分析系统的结构。分析系统的内部组织结构,系统与子系统、子系统与子系统之间是如何联系的? 组成系统的各要素相互作用的方式是什么?

(3) 研究系统的联系。研究此系统同其他系统在纵、横各方面的联系,该系统在更大系统中的地位、作用如何?

(4) 把握系统的功能。弄清系统及其要素具有什么功能? 系统的功能与各子系统的功能有什么样的影响、制约的关系。

(5) 弄清系统的历史。本系统是如何产生的? 它经历了哪些阶段? 它发展的历史前景如何?

(6) 研究系统的改进。弄清维持、完善与发展系统的源泉和因素是什么? 研究改进系统的方案、措施及后果。

管理的决策和措施就是建立在这样的系统分析基础之上的。

二、整分合原则

系统原理是贯穿整个管理过程中的第一个基本原理,这个原理在管理过程中,可具体化为若干相应的管理原则。其中最主要的是整分合原则和相对封闭原则。

整分合原则可以表述为:要提高工作效率,必须首先对如何完成整体工作有充分细致的了解(这就是"整"的意思),在此基础上,将整体科学地分解为一个个组成部分、基本要素,据此明确分工,使每项工作规范化,建立责任制(这就是"分"的意思);然后进行总体组织综合,实现系统的目标(这就是"合"的意思)。整体把握、科学分解、组织综合,这就是整分合的主要含义。管理者的责任在于从整体要求出发,制订系统的目标,根据科学的分解,明确各子系统的目标,按照确定的规范检查执行情况,处理"例外"事件,考虑发展措施。这里,分解是关键,分解正确,分工就合理,规范才科学、明确。没有合理的分工,也就无所谓协作,其结果只能是"吃大锅饭"。在合理分工的基础上组织严密有效的协作,才是现代的科学管理。

分工不是现代化管理的终结,分工也不是万能的,分工的各个环节,容易在相互联系方面产生新的脱节,在相互影响方面产生新的矛盾,在需要协调方面产生新的问题。因此必须进行强有力的组织管理,使各个环节同步协调,有计划按比例综合平衡地发展,才能创造出真正新水平的生产力。这就是有分有合,先分后合。如果只分工而不进行强有力的组织管理,其效能可能还不如一个自给自足的"大而全"、"小而全"的组织。

现代管理强调分工,但分工只是围绕目标对管理的工作进行分解,而不是对管理功能的分解。每个独立功能单位实行分工以后,它就必须具有完全的管理功能。它所管理的内容(人、财、物等)是不能分解的,必须在一条管理线上,集中于它这个独立功能单位内。

三、相对封闭原则

管理对象是一个系统,这个系统在更大的系统中与其他相关系统有输入和输出的关系。因此,管理中应有两部分:一部分对内;一部分对外。对于管理内部的结构而言,必须各个环节首尾相接,形成回路,使各个环节的功能作用都能充分发挥。对于系统外部,任何闭合系统又必须具有开放性,与相关系统有输入、输出关系。这就是管理的相对封闭原则。"管理"主要是解决内部关系,而外部关系的解决,主要是"经营"的任务,属于"领导"的范畴。

既然所有管理在内部都应是封闭的,所以管理过程中的机构、制度和人都应是封闭的。不封闭的管理等于没有回路的输电线,线再粗也输不出电。

法规也应该符合这个回路加以封闭。不仅要有一个尽可能全面的执行法,而且应有对执行的监督法,还必须有反馈法,它包括执行过程中产生矛盾的仲裁法,对执行发生错误的处理等等。法不封闭等于无法,若有空子可钻,有错也不能真正纠正。法不成网,纵密亦漏。建立岗位责任制建立了管理法规,如果不监督执行,执行与不执行无人过问,执行好坏没有赏罚,这个法就不封闭,就是写成大字,贴在墙上,也徒有形式而已。

管理中人也应该是封闭的。要一层管住一层,一层对一层负责,形成回路。封闭的管理,应该是民主选举厂长,厂长任命车间主任,车间主任任命班、组长,这样一级对一级负责,厂长对职工代表大会负责,就构成了回路。管理中的扯皮现象自会消失。

不封闭的管理害处甚多,如管理系统缺少反馈机构,那反馈的职能只能由执掌机构代为行使,变成自己执行自己检查,其弊症是:① 执行者忙于日常事务,无暇顾及深入的调查研究和分析评价,反馈的信息多是支离破碎的表面现象,不成系统,如果依据这些反馈信息去修正管理,难免头痛医头、脚痛治脚。② 执行者自己检查执行情况。由于与切身利益相关,容易姑息自谅,报喜不报忧,造成假象,使决策面对的情况不明,胸中无数。③ 执行机构的功能不同于反馈机构,它要坚决地、不折不扣地贯彻决策中心的指令,才能使管理秩序井然。反馈机构却需要根据调查情况提出自己不同的看法,送请决策者参考。由于两种机构的功能不同,所以不能越俎代庖。

第三节 人本原理及其相应原则

一、人本原理概述

现代管理的核心和动力是人与人的积极性。因此,一切管理均应以调动人的积极性、做好人的工作为根本。这就是管理的"人本"原理。

"人本"原理要求每个管理者必须从思想上明确,要做好整个管理工作,要管理好财、物、时间、信息等,都必须紧紧抓住做好人的工作这个根本,使全体人员明确整体目标、自己的职责、工作的意义、相互的关系等。能主动地、积极地、创造性地完成自己的任务。

遵循"人本"原理就是反对和防止见物不见人,见钱不见人,重技术不重人,靠权力不靠人等错误的认识、做法。违反"人本"原理,不可能做到科学管理。

现代管理思想是把人的因素放到第一位,重视如何处理人与人的关系,尽量发挥人的自觉性和自我实现精神。

人是管理对象的重要成分,是生产力中最活跃的因素。人的能动性发挥得如何,不仅直接关系到生产力水平的提高,而且关系到现代科学技术的发展。

而要做到在管理中以人为"本",充分调动和发挥人的积极性、创造性,一个很重要的问题是培养人才、开发智力。在现代化管理过程中,管理人才的培养和较高素质的职工队伍的形成,始终是头等重要的,其作用是决定性的。

二、能级原则

能是物理学上的概念,表示做功的量。在现代管理中的机构、法和人同样都有一个能量的问题。既有能量,就有大小,能量大,具有较大的做功本领;能量小,做功的本领就较小。能量既有大小,就可以分级。所谓分级,就是建立一定的秩序,一定的规范,一定的标准。这就是管理的能级原则。

人的级别要同人的能力相适应,这样人的能力可以得到充分的发挥,而且能够逐步提高。

管理的能级是不依人们的意志转移而客观存在的,正是能级构成了管理的"场"和"势",使管理有规律地运动,以获得最佳的管理效率和效益。现代管理的任务是建立一个合理的能级,使管理的内容能动态地处于相应的能级中去。

那么,怎样实现能级原则呢?

1. 能级管理。现代管理中的"级"不是随便分设的,各个级也不是可以随便组合的。稳定的管理结构应当是正三角形,或正宝塔形。管理的结构形态应该体现能级原则,没有能级,就没有管理运动的"势",那就极易导致管理的失败。

"人多好办事"是造成非稳定能级结构的一个重要原因,现代化管理应该是:"用最少的人办最多的事,多一个人就是多一个故障因素。"所以,管理应贯彻能级原则。

2. 不同能级应该表现不同的权力、物质利益和精神荣誉。权力、物质利益和精神荣誉是能量的一种外在体现,只有与能级相对应,才符合相对封闭原则。有效的管理不是拉平或消灭这种权力、物质利益和精神荣誉上的差别,恰恰必须对应合理的能级给予相当的待遇。

只要有管理,就应有能级;优化的管理就是建立合理的能级。真正的平等不是消灭管理能级,"人无贵贱之分",每个人达到相应的能级的权利与机会均等,不能有垄断,不能有特权,更不能世袭。

3. 各类能级必须动态地对应。人有各种不同的才能,各种管理岗位有不同的能级。现代科学管理必须使有相应才能的人处在相应能级的岗位上,人尽其才,各尽所能。这样的管理体制才能形成稳定的结构,才能持续而高效地运转。

人有各种不同的才能,现代管理必须知人善任。根据相对封闭原则,各类管理人员应具备怎样的才能呢？指挥人才,应具有高瞻远瞩的战略眼光,具有出众的组织才能,善于识人用人,善于判断决断,有久不衰竭的事业进取心。反馈人才,思想活跃敏锐,知识兴趣广泛,吸收新鲜事物快,综合分析能力强,敢于直言,必须具有追求和坚持真理的精神,没有权力欲望。监督人才,公道正派,铁面无私,熟悉业务,联系群众。执行人员,忠实坚决,埋头苦干,任劳任怨,善于领会上级意图等等。现代科学管理必须善于区别不同才能和素质的人,不要用错。只有混乱的人才管理,没有无用的人才。"垃圾是未被利用的财富",从这个意义上讲,被放错能级的人,可能还不如垃圾有用。

怎样才能实现各类管理能级的对应？绝对的对应是不可能的,靠主观愿望或刻板的计划也是无法实现的,应当允许人们在各个能级中不断地自由运动。通过各个能级的实践锻炼,检验他们的才能,发挥他们的才能,使之各得其位。何况,岗位能级是随客观情况不断变化的。不同历史时期,任务不同,岗位能级也就有差异。人的才能通过学习和实践会不断提高,年老体弱智衰,能量自然下降。因此必须动态地实行能级对应,才能发挥最佳的管理效能。今天你的能量高,你应登上高的能级,经过一段时间,你的能量下降了,或有更高能量的人才涌现,你就应当转移到你相应的能级中去。

目前存在的干部只能上不能下，只能官不能民，"论资排辈"等，都是违背能级原则、影响管理效能的。

总之，现代管理的岗位能级必须合理有序，人才运动则必须无序，这样才有合理的管理。

三、动力原则

管理必须有强大的动力，正确地运用动力，使管理持续而有效地进行下去，这就是动力原则。这里讲的动力具有广义的概念：它不仅是管理的能源，而且是一种制约的因素，没有它管理就不能有序运动。一般地说，在管理中有三种不同而又相互联系着的动力。

1. 物质动力。物质动力就是以适量的物质刺激来调动人的积极性。辩证唯物主义告诉我们，物质是第一性的，物质的存在决定人们的意识。物质动力是根本动力。物质动力不只是物质鼓励，更重要的是经济效益。

当然，物质动力不是万能的，使用不当，就会产生副作用。解决这些问题的办法，除了用合理的管理法规加以封闭，用物质的办法来解决物质问题外，还必须充分发挥其他两种动力的作用。

2. 精神动力。所谓精神动力，就是用精神的力量来激发人的积极性、主动性。精神动力主要是指共产主义理想、国家主人翁的荣誉、同志的友谊、组织的关怀等。

精神动力是客观存在的。管理是人的活动，人有精神，必有精神动力。精神动力不仅可以补偿物质动力的缺陷，而且其本身就具有巨大的威力。

人是社会的人，而不是纯粹的"经济人"，都要在群体生活中得到感情的满足。同志的友谊，组织的关怀，也会激发一个人的热情和干劲。有人曾在某厂搞了一个调查，其中有一个题目：当你遇到问题、困难不能解决时，是找领导、组织，还是找爱人、朋友？调查结果，有70%的人说找爱人、朋友。为什么不找领导呢？恐怕是因为该厂的领导对人关心不够吧。高效的管理，要求组织内要创造一种有原则的、和谐的，相互了解、信赖和支持的气氛，同时，要使每个人都感到他的存在，他的价值，他受尊重并被人关心。要使他知道，他的努力在受到社会的承认。当他做出成绩时，要使他感到对社会有贡献；提出建议时，要使他感到建议已受到重视；在他有困难时，会得到帮助和支持；他犯错误时，会受到公平对待，如此等等。这就会产生向心力，使人产生归宿感，产生自觉维护荣誉的力量，形成集体意识和巨大的群体力量，就能更好地克服困难，完成任务。

所以，作为管理者，必须懂得人的思想规律，做好思想政治工作。

3. 信息动力。所谓信息动力，是通过信息的交流产生的动力。比如，参加了一次学术讨论会，学到了新的知识，产生了行动，改进了工作。这一动力是通过信息交流实现的。从管理角度看，信息作为一种动力，有超越物质和精神的相对独立性。在现代社会化生产的情况下，没有信息的传导是不可想像的。对于个人也是如此，科学技术工作者常常从信息中找到自己的动力方向和力量的源泉。

信息动力应包括更广泛的概念。作风、传统也是一种传递的信息，党有党风，厂有厂风，都是无形的力量。爱好、志趣、好奇心等等也可能是一种信息动力，对于科技工作者，这点更不可忽视。当科技人员废寝忘食、如醉如痴地从事研究活动时，根本没有时间去想到什么精神鼓励和物质刺激。所以管理者可充分发挥信息动力的作用，激发科技人员巨大的创造潜力。同样，应当重视和积极组织学术交流活动，给科技人员创造更多参加学术活动的条件，不要总以为科技人员参加讨论会是游山玩水。实际上，讨论会的形式，用科学的术语叫"弹性碰撞"，信息交流也是思想碰撞，一碰就会迸发思想火花，产生新的东西。这是无形的，却是非常有用的。还应当允许并鼓励科技人员广泛涉猎知识，不能把科技人员看点"闲书"当作不务正业，要尊重他们的个人爱好。当然，有效的管理者既应该且可能使两者获得某种统一，把狭窄的个人爱好纳入到广泛的社会责任中去，从而大大提高管理的效益。

在运用信息动力时，要注意信息量的适度，事实上，信息量不一定越大越好，适当的信息量可以成为促进个人与机构发展的动力。信息量过多，也可能导致行动无所适从。科学的管理不一定要获得一切信息，而需要的是足够的适当的信息量，有时最大的失策，往往是来自信息的混乱和信息量过大造成的失真。

以上三种动力都有正确运用的问题。动力得不到正确的运用，不仅会使其效能降低，有时，甚至起到截然相反的作用。

四、行为原则

管理者对管理对象中的各类人员的各种行为进行科学的分析和有效的管

理,最大限度地调动各级各类人员的积极性,这就是管理的行为原则。

在我们国家里,科学管理应该遵循行为准则,其根本的目的是要最大限度地调动、巩固和充分发挥人们的社会主义积极性。为了达到这个要求,有三点值得注意。

1. 要尽力解决自己下属人员的正当、合理的物质和精神方面的客观需要。每个人有他自己的客观要求,对于那些正当的、合理而又可能解决的物质和精神需要,管理者有义不容辞的责任尽力解决。这是调动人的社会主义积极性的根本前提。在社会主义国家里,以下四种应该是人们正当、合理、普遍性的客观需要:① 真实的、不是名不副实的按劳分配,多劳多得;② 国家主人翁荣誉感的受尊重;③ 同志式的友谊和组织温暖;④ 积极进取行为的被鼓励。

2. 务必使每个人都有确定的、可以考核的具体责任。根据不同的情况,实行适当的责任制,是做好现代科学管理的关键。任何产业、企业、事业都必须实行适合自己情况的责任制,任何责任制最后都必须落实到每个人身上,这是行为原则的一个根本要求。

3. 一定要对每个人所负的责任履行得如何进行认真的检查。也就是说,必须对每个人的工作效率、结果进行严肃认真、毫不含糊的考核和鉴定,根据规定给予应得的奖惩。这是科学管理中运用行为管理原则的一个重要环节,没有这个环节,上面所说的"需要"、"责任"等就会落空。一个人工作的真正好坏,只能以最后的实际效果来判定。良好的动机固然重要,但必须同良好的效果统一起来。工作上任劳任怨是好的精神,整天忙忙碌碌却不一定能办成多少事。一个好的管理者,在"管好"人这个核心问题上,不能时时刻刻盯住下属,看其"如何工作",弄得他们谨小慎微,缩手缩脚,更重要的是检查他们最后的"工作如何"。这是一种重要的行为管理方法。这样做可以进一步激发人们工作的责任心、主动性、创造性。

第四节 动态原理及其相应原则

一、动态原理概述

管理既然是一个过程,就一定是动态的。因为过程本身就是运动的一种形式。更何况任何管理对象都是一个复杂的、多因素的系统,各因素内部及各因素之间的关系始终处于不断的发展变化之中。这就要求管理者在管理运动中,把握管理对象运动、变化的情况,不断调节各个环节以实现整体目标,这就是管理的动态原理。

动态原理要求每个管理者从认识上明确,管理的对象、目标都在发展、变化,不能一成不变地看待它们,用一个不变的老框子去套。管理过程的实质,就是要把握管理对象在运动、变化的情况下,如何注意调节,实现整体目标。这就是现代管理复杂、多变的特点。重视搜集信息,经常注意反馈,随时进行调节,保持充分弹性,及时适应客观事物各种可能的变化,有效地实现动态管理。

二、反馈原则

面对瞬息万变的管理对象,管理者要把握动向、控制局面以保证不偏离目标,就需要遵循与动态原理相应的反馈原则和弹性原则。

反馈是控制论中一个极其重要的概念。反馈,就是由控制系统把信息传送出去,又把其作用结果返送回来,并对信息的再输出发生影响,起到控制的作用,以达到预定的目的。反馈在原因和结果间架起了"反向"的桥梁,在因果性和目的性之间建立了紧密的联系,这种因果关系的相互作用,不是各有目的,而是为了完成一个共同的功能目的。在人体运动中,大脑通过信息输出指挥人的多种活动,同时,大脑又接受来自人体各部门与外界接触发回的反馈信息不断调节,发出新的指令,如果没有反馈信息不断输入大脑,人体运动就不能协调。同样,没有反馈,管理就没有效能。如在质量管理中,没有试制过程的反馈,就不能保证设计的完美无缺;没有原料质量管理过程中的反馈,原料的质量缺陷就会导致产品的质量缺陷;没有制定质量管理要求过程的反馈,就不能充分有效地行使各项质量管理职能;没有由检验到制造过程的反馈,就无法保证产品制造的无缺点和供应品质量的无缺陷。一句话,没有有效的反馈,就没有有效的管理。一般地说,决策的反馈在政策研究中,工作的反馈在检查中,生产的反馈在销售中。国外几乎所有成功的名牌企业都有产品技术服务部,这个服务部一方面是为用户提供技术咨询和产品维修服务,另外,通过为用户服务,了解产品情况,工作就是依靠这些反馈对产品不断进行改进、提高或者更新换代,从而保证工厂的持续发展。

三、弹性原则

由于动态管理必须留有余地,与其对应的则是弹性原则。

弹性原则要求我们的管理过程或者管理措施都要有适应客观情况变化的能力。因为环境经常变化,考虑计划时就要注意到这一点,防止到时候计划安排不周,失去了工作方向。

为什么管理必须遵循弹性原则呢?

1. 管理所碰到的问题,从来不是单因素的,也不是少量因素,总是要涉及诸多因素,毫无疑问,人们想要完全掌握所有因素是不可能的,也就是说,百分之百地反映客观规律的管理是不存在的。因此管理必须留有余地。

2. 一般的科学研究方式,特别是自然科学,总要想法排除一些次要因素,力争抓住主要因素。做实验,总是先把其他一些因素固定下来,再探求主要因素之间的因果联系和规律;创理论,往往都要给出假定和边界条件,然后再作出相应的结论。科学管理更是要考虑尽可能多的因素,综合平衡,才能求得最佳效益。忽视某一因素,也会造成全局失败,"棋输一着",是管理活动中常常碰到的事。在实践中明察秋毫,谈何容易!事实上,百分之百地抓住细节,既不可能,也不必要。因此,智者举事宁可留有余地。

3. 世界上一切事物都在运动变化之中,管理更带有不确定性。不只是管理的因素多,更由于管理是人的社会活动。人作为有思维活动的生命,意想不到或一些"反常行为"都是常有的。某种管理办法,也许可以适应一种情况。在这种情况下可以获得最佳效益,如果把这种办法僵化起来,没有一定的弹性,在其他变化了的情况下,就会导致效益下降,或者管理本身脆裂。管理一定要注意弹性,不可绝对。

4. 管理是行动的科学,它有后果问题。由于管理因素多,变化大,一个细节的疏忽都可能产生巨大的影响,"失之毫厘,差之千里","一失足成千古恨",因此,只靠谨慎不行,应该使管理从开始就保持可调节的弹性,即使出现差之盈尺、失足灭顶的情况,也可及时应对,应付自如。

管理弹性分两类:局部弹性,是指任何一类管理必须在一系列管理环节上保持可以调节的弹性,特别在重要的关键环节上要保持足够的余地。整体弹性,是指整个管理系统的可塑性或适应能力。如一个人的政治觉悟和智力水平高,知识渊博,基础好,适应性强,干什么事都可干出一点名堂来。反之,整体弹性就会下降。

在应用弹性原则时要严格区别消极弹性和积极弹性。消极弹性的根本特点,是把留有余地当作"留一手"。计划订得松些,指标定的低些;费用预算,"头顶三尺帽,准备砍一刀";人员积压,不能发挥作用也不放,怕放走了,到用时,又要不到。现代管理应着眼于积极弹性。它不是"留一手",而是遇事"多一手",充分发挥其智慧,进行科学预测。在关键环节保持可调性,事先预备可供选择的多种调节方案,充分分析事态的多种可能发展趋势及应急措施。因此,应该大量加强管理的积极弹性。

【案例】

　　加拿大总理让·克雷蒂安其貌不扬。他从小口吃,幼年因病导致左脸局部麻痹,嘴角畸歪且一耳失聪。在这个英语和法语均为官方语言的"双语"国家里,他的英语、法语都讲得不怎么样,尤其是英语,不仅带有法国腔,而且经常是句子不完整和不合文法。他具有这么多弱点,却能克服重重困难,在政治上纵横驰骋,于1993年10月率自由党一举结束了9年的在野日子,登上了总理宝座,并在1997年6月的大选中再次获胜,保住了执政党的地位,连任总理,成为加拿大跨世纪的领导人。

　　同克雷蒂安打过交道的人都感到他平易近人,同他在一起没有拘谨感。他听别人谈话时神情专注,有时略显腼腆,但言谈举止中流露出非凡的智慧。他惯于凭直觉行事,是一个务实的人。

　　克雷蒂安小时候得病给他外貌带来了缺陷。他有这种缺陷却不自卑,在演讲时恰到好处地利用诙谐、幽默的语言来弥补这一缺陷,并不失时机地提高嗓音,以达到理想的效果。

　　1993年10月大选时,保守党为了"证明"克雷蒂安没有资格当总理,竟利用电视广告来大肆夸张他的脸部缺陷,克雷蒂安处之泰然,毫不隐讳自己身体上的缺点,反而博得选民的极大支持。保守党领袖坎贝尔女士自觉理亏,被迫收回这个电视广告,并向克雷蒂安公开道歉,据估计,这个电视广告使得保守党至少失去了10%选民的支持。

　　大选揭晓后,轮到坎贝尔被人嘲笑了。保守党中有人指责她应对大选惨败负责,要她马上辞去党魁一职。而克雷蒂安并没有对坎贝尔的一箭之仇耿耿于怀,他拨给坎贝尔一间办公室和一个秘书。坎贝尔后来应邀在美国哈佛大学当了一年研究员,回到加拿大后没有工作了。不计前嫌的克雷蒂安又向她伸出救援之手,让她在驻俄罗斯大使和洛杉矶总领事二者之间挑选,坎贝尔选择了后者,从而拿到了一份12万加元的年薪,享受上了部长级待遇。克雷蒂安这种容人的雅量令政敌们汗颜。

请问:克雷蒂安知人善任,用人不"避敌",不"避亲",成就了他的事业。他的成功经验从行政原理角度分析给人哪些启迪?

复习思考题
1. 行政原理的涵义是什么?
2. 行政管理的原理有哪些?与其相对应的原则是什么?
3. 您在工作中将如何运用行政原理?

第三章 行政环境

【提示】
　　某乡地处大别山区,森林资源丰富,农作物种植面积较少,农民吃饭问题一直没能很好地解决。为解决这一难题,乡领导决定伐林造田。两年之后,大部分森林被砍伐,代之以层层梯田。不幸的是,一场罕见的暴雨把新修的梯田大部分冲毁,造成严重的经济损失。后来该乡多次修复梯田又多次被洪水冲毁。使得该乡成为当地有名的贫困乡。该乡伐林造田失败的原因何在?

　　行政管理活动总是要在一定环境中进行,行政组织和行政人员只有在一定的环境中,才能求得生存和发展。构成行政环境的要素层次多、范围广,既有政治、经济、文化、自然等各个方面的宏观环境,又有涉及人们思想观念、活动方式和心理状态的微观环境。它们与行政管理活动之间呈互动状态,即行政环境影响、制约行政管理,行政管理反过来影响、改造行政环境。

第一节　行政环境概述

一、行政环境的涵义

　　"环境"一词,主要有两层意思:一是指环绕所辖的区域。二是指某一主体周围的境况,如自然环境、经济环境等。在这里是指后者。
　　行政环境是指直接或间接作用或影响行政管理主体及其活动过程、活动方式的外部要素的总和。这些外部要素,既有物质的,如经济发展水平、设备材料等;也有精神的,如宗教信仰、风俗习惯等。既有社会的,如社区自治能力;也有自然的,如河流山川、沙漠平原等。既有国内的,也有国外的;既有有形的,也有无形的,等等。它们共同构成行政管理的外部要素、境况,影响制约着行政管理的思想观念、方式方法等,并不断地处于发展变化的动态过程之中。

二、行政环境的特征

1. 广泛性。行政环境是行政系统赖以存在和发展的外部要素的总和。因此,凡是作用于行政系统的外部条件和要素,都属于行政环境的范畴。从地形分布、山川河流,到气候特征、自然资源;从人口数量、民族状况,到阶级状况、历史传统;从文化教育、科学技术,到社会制度、经济状况,乃至人际关系、道德水准等等,无一例外。

2. 复杂性。行政环境是一个复杂的开放系统,它对行政管理的影响与作用不仅是广泛的,更重要的是在此基础上体现出来的复杂性。各种要素本身,以及这些要素之间构成纵横交织的关系,可见行政环境是极其复杂的。

3. 差异性。构成行政环境的综合要素,对行政主体来说没有一个是完全相同的。各个地区的自然环境千差万别,有的是山区,有的是平原,有的是丘陵;有的降雨量多,空气湿润,有的长年无雨,空气干燥。各个地区的经济状况、物质条件、风土人情以及文化传统也不尽相同。国与国之间、民族与民族之间、沿海与内陆地区之间、东部与西部地区之间的行政环境都存在着各种不同的差异。各种不同管理体制、管理模式的形成和发展,正是这种差异性的具体体现。

4. 变化性。世界上没有一成不变的东西,任何事物都是处于不断变化之中的,行政环境更是如此。行政环境的变化,直接或间接地影响着行政系统各个要素的变化与变革。

5. 互动性。行政环境各要素通过一定的方式、途径作用于行政管理;行政组织通过各种行政管理方式、途径反作用于外部环境因素,从而改造着客观世界。这就使行政环境与行政管理呈互动性。

三、行政环境理论的发展

对行政环境进行研究的直接源头来自于生态学。生态学是研究各种生物之间以及与环境之间相互关系的一门科学。它认为任何一种生物都不是独立的,在某些方面,它必须依赖其他生物与非生物环境才能生存。生态学研究的主要目标就是有效地管理世界上的生物与非生物环境。行政生态学研究的特点是：跳出行政自身圈子研究行政，从整个社会环境系统和自然环境系统的大范围内，系统地研究国家行政管理，为行政学的研究发展开辟了一条新路，使行政学研究的视野更广，角度更高，从封闭式研究走向开放式研究，突出行政管理与行政环境的关系，强调行政的权变管理。

1936年，高斯教授发表了《美国社会与公共行政》，将行政管理活动与社会环境各因素综合起来加以研究。1947年，他又发表了《政府的生态学》，以生态学的理论和方法，研究行政现象，强调结合外界客观环境因素及作用来研究国家行政管理。1961年，利格斯教授发表了《行政生态学》，根据社会制度在功能方面的分化程度，把行政系统分为三种类型：即与农业社会环境相适应的"融合型"行政模式；与从农业社会向工业社会过渡的社会环境相适应的"棱柱型"行政模式；与现代工业社会环境相适应的"衍射型"行政模式，并阐述了三种行政模式的各自特征，为行政学研究开创了一个新的分支学科——行政生态学，对行政环境问题进行专门研究。此后，许多管理学专家、学者在其著作中都涉及到环境与管理的理论问题。1970年，卡斯特和罗森茨维克合作发表了《组织与管理》，提出了管理组织与外界环境之间既具有界限，又互相渗透，组织从外界输入各种信息、支持、资源等，经过组织转换，然后输出；论述了组织系统与外界环境系统互动过程及其特征。1976年，卢桑斯教授发表了《管理学导论》，提出了管理系统与环境系统之间，具有整体性、开放性、反馈性、权变性等特征，说明行政管理系统只有适应环境系统，才能生存和发展。上述行政环境问题理论研究过程，说明行政环境问题的理论研究方兴未艾，正在向纵深方向发展。

四、研究行政环境的意义

研究行政环境，对于行政系统更加正确地认识、利用和改造客观环境，适应环境以求生存和发展，适时进行行政改革，提高行政管理水平，实现行政目标，都具有十分重要的理论意义和现实意义。

1. 研究行政环境是发展现代行政学的需要。行政环境是现代行政学理论的重要组成部分，也是现代行政发展的一个重要领域。每一门科学的理论研究，都有其研究的逻辑起点，行政学研究的逻辑起点，就是从研究与行政有关的客观外部环境入手，以此展开行政管理的各个逻辑环节。通过对行政环境问题的科学研究,深入探究行政环境运动、变化、发展的规律,充分认识和把握行政环境系统对行政系统的决定作用,行政系统对行政环境的能动反作用之间的相互关系、相互作用方式、途径,才能阐明并指导行政管理的活动及其发展。

2．研究行政环境是认识和改造环境的需要。对行政环境研究的目的在于认识、利用和改造客观环境,促进行政系统与环境系统保持动态的平衡。

3．研究行政环境是提高公务员管理水平的需要。行政环境决定行政管理,它向行政管理提供条件和要求;但行政环境又是行政管理的客体,是行政主体的改造对象。这种主客体之间的辩证关系,要求公务员必须认真研究管理对象的特点和所提供的条件和要求,研究它的运动、变化和发展规律。因此,对行政环境的研究,有助于公务员全面把握行政环境各因素,不断提高公务员的行政管理水平,提高行政效益,促进经济和社会的向前发展。

4．研究行政环境是创造良好环境的需要。国家的经济建设和各项事业的发展,都需要有良好的环境,包括良好的国际环境和良好的国内环境。如和平发展的国际环境,国内安定团结、长治久安的政治环境,科技、教育和文化发展的环境。经济投资也需要创造各种良好的环境,包括硬环境和软环境的建设。

五、行政环境分类

行政环境具有客观性、广泛性的特征,其构成因素众多,它们既相互联系又相互制约,各种关系错综复杂。为了便于对行政环境进行分析研究,必须对众多的环境因素进行分类。

1．从总体上划分,可分为国际环境和国内环境。包括国际、国内的社会和自然环境。这是国家行政管理所处的外部环境和内部环境。

2．从内容结构上划分,可分为政治法律环境、物质经济环境、文化环境和社会具体环境。这些环境因素决定、制约、影响着国家行政管理。

3．从社会环境层次上划分,可分为一般社会环境、特定社会环境和团体社会环境。一般社会环境是指对一切社会组织都产生作用的各种因素,主要有：政治、法律、经济、科技、教育、文化、人口、自然资源、社会,它决定着组织功能、结构和运行。特定社会环境是对行政组织有直接影响的工作环境,它是一般社会环境因素的具体体现。团体社会环境是指行政组织之外的各种团体对行政组织的决定和影响作用。

第二节 行政环境的内容

一、政治环境

行政的政治环境,是指在国家政治体系中,除行政管理因素之外的其他因素的总和。它主要包括国家的国体和政体、政党政治、法律制度等。

1. 国体与政体。国体就是社会各阶级在国家中的地位。它说明的是一个国家究竟掌握在哪个阶级手里,即由哪个阶级来管理国家的问题。我国是工人阶级领导的以工农联盟为基础的人民民主专政的国家,人民是国家的主人,通过各种途径和形式管理国家事务。这是我国国体的基本特征。

任何国体都有与它相适应的政体。所谓政体指的是政权构成的形式问题,即占统治地位的阶级采取何种形式去组织反对敌人保护自己的政权机关。国体与政体的关系,也就是内容与形式的关系。内容决定形式,国体决定政体。

从政治制度的角度看,一个国家实行民主政体还是专制政体,就是政治环境中对行政活动起重要影响的因素。如果是专制政体,那么它的行政活动总是围绕着独裁者的利益来进行的。缺乏民主,为政腐败,使行政活动失去应有的生机和活力,行政效能低下;反之,民主政体就为行政活动的开展创立了一个良好的环境。

2. 政党政治。当今世界各国大都实行政党政治。因此,行政管理与政党政治的关系极为密切,也是影响行政活动的因素之一。政治权力的行使,在正常的情况下都是通过政党政治实现的。执政党的主要作用就是通过组建政府、制定政策来实现国家权力。

3. 法律制度。法律制度系指由国家制定或认可,体现统治阶级意志,以国家强制力保证实施的行为规范的总和,是管理国家事务的法律依据。它包括制定法律和执行法律两个方面。拥有立法权的国家机关依照法定程序制定完备的法律是行政管理的根本依据;以执行为主要职能的行政机关依法办事,是行政管理的根本保证。

二、经济环境

行政的发展取决于经济的发展。以经济条件为其生存和发展的环境。行政的经济环境乃是指对行政活动有更大影响的各种经济因素的总和。它包括一个国家的物质技术力量、经济制度等方面。

1．物质技术力量。国家的物质技术力量是由该国的生产力发展水平决定的,它造就一个国家行政管理的物质技术环境。生产力水平较高,社会能够给行政系统提供的物质技术条件就优越;反之,生产力水平较低,行政管理的物质技术条件就落后。

2．经济制度。经济制度是人类历史发展一定阶段上的经济基础,即生产关系的总和。从社会再生产过程划分,经济制度包括生产制度、分配制度、交换制度、消费制度等。其中分配制度,特别是生产资料的分配在整个社会再生产过程中具有更重要的意义。因为个人消费品的分配取决于生产资料的分配,谁掌握生产资料,谁就占有消费品的支配权。

生产资料的分配形式亦即所有制形式。不同的所有制形式产生不同的行政管理模式。所有制首先表现为人们对生产要素的占有、支配和使用形式。它根源于生产力发展水平和生产社会化程度。一种新的所有制形式是随着生产力的发展而产生的。在生产力还没有达到足以用新的所有制形式代替旧的所有制形式以前,旧的所有制形式不会退出历史舞台。就现有生产力发展水平和生产社会化程度来说,社会不可能是单一的所有制。多种所有制形式并存的经济结构,是由生产力发展水平和生产社会化程度决定的客观存在,只是在不同的社会制度中,占主导地位的所有制不同而已。

保持多种所有制形式并存的经济结构的稳定性,是建立良好的社会经济秩序、稳定经济发展的物质前提,也必然对行政管理起着一定制约作用。

三、文化环境

文化是人类社会发展过程中所创造的物质财富和精神财富的总和,包括物质文化、社会文化和精神文化三大部分。行政的文化环境主要是指精神文化方面。包括人们的道德、理想和世界观。

道德是一定社会调整人们之间以及个人和社会之间关系的行为规范总

和。它作为一种意识形态,由一定社会的经济基础所决定,并为一定的社会经济基础服务。道德行为、道德关系渗透着人们的意识,在不同的道德意识的支配下,人们以不同的方式同人的素质以及人在周围世界中的地位和作用问题相联系,左右着人们的评价标准。但道德不是永恒不变的,在有阶级的社会中,道德具有强烈的阶级性,每个阶级都有自己的道德标准和行为规范。

理想是指人们对某种奋斗目标的向往。不论人们自觉与否,他们的生活、学习、工作,总是同理想相联系。在有阶级的社会里,理想必然受到一定阶级利益的制约。一个国家社会成员自觉的理想与行政组织的理想是否一致,对行政管理有着重大影响。

世界观是人们对于整个世界的总的看法和根本的观点。每一个人都有自己的世界观,在某种世界观的支配下观察问题和处理问题。世界观是社会存在的反映,在有阶级的社会里有其鲜明的阶级性。不同阶级的人们,由于在社会实践中所处的地位不同,逐渐形成不同的世界观。

四、社会环境

行政的社会环境是一种特定的环境,是区别于上述一般社会环境的狭义概念。它是指国内的人口、民族、社会历史、社会制度、社会分层结构、贫富差距、社区发展、社会变迁、社会管理方式等因素。

人口因素是国内特定社会环境中的一个重要因素,人口太多或太少又增长太慢,甚至下降,都会给国家行政管理造成问题与困难。民族因素是国内社会环境另一个不可忽视的因素。客观存在的民族和民族问题,对行政管理具有影响和制约作用,它要求政府必须重视民族因素,正确处理民族矛盾,尤其是民族语言、风俗习惯、宗教信仰等几个敏感民族问题。社会变迁的目的是从传统社会走向现代社会,在社会变化的除旧布新过程中,行政管理必须取得与社会变迁的动态平衡。

五、自然环境

自然环境是指国家所处的地理位置和所拥有的自然资源。它包括国境大小、地形、气候、土壤、山林、海洋、水系、矿藏、动植物分布等各种自然物和生态物。自然环境是指人类生存的基础,是人类社会生活的有机组成部分。它构成国家的基本国情之一,是国家行政管理的出发点。

我国所处的自然环境具有如下特点:从国土条件看,我国国土面积有960万平方公里,在世界上是一个大国,海岸线长,海洋资源丰富。从气候条件看,各地区气候差别大,北方风沙大,雨量少,气候寒冷;南方风沙小,雨量大,气候炎热;东部潮湿,西部干旱,各地区年降水量极不平衡,造成不少地区旱涝灾情常有出现。从地形地势看,地势明显呈西北高东南低的走势,山地高原丘陵居多,可耕地面积少,就地形地势而言我国可划分为东部沿海地区,中部地区和西部地区。从自然资源看,土地资源特别是可耕地资源紧缺;矿藏资源丰富,矿物种类多,分布广阔,储量大,有些矿物储量居世界前列,水利资源丰富,江河湖泊众多,可为水利电力开发、生产生活用水提供方便,可供发展水产养殖和舟楫交通之便。但也有一部分城市水资源缺乏和供电不足,影响生产和生活,一部分农村农业生产还得靠天吃饭。从生物资源看,我国动植物资源比较丰富,各种自然植物和人工经济作物、野生动物和人工饲养动物品种繁多。总之,我国的自然资源比较丰富,但我国人口多,资源的人均占有量不高。因此,人口多、底子薄、不平衡是我国的基本国情。从生态环境看,我国曾是富饶美丽的国家,但由于对自然资源开发利用缺乏科学的认识和一些决策上的失误,造成了一些生态失衡和环境污染的现象,如滥伐森林,使森林资源急剧减少,导致水土流失严重,江河淤积,沙漠蔓延等。在工业建设中,有些工厂只注意生产,不注意环保,造成严重的空气和水污染。部分城乡卫生的脏乱差,造成城乡的环境污染。在环保问题上,我们付出了重大的代价才换得对环保问题的清醒认识。

六、国际环境

国际环境是指一个国家与世界各有关国家、地区之间在政治、经济、文化、自然地理方面的相互关系及其国与国之间的交往关系。它体现了国与国之间的相互联系、相互作用、相互制约、相互促进的关系。

国际环境包括国际社会环境和国际自然环境。国际环境是一个国家行政管理所处的外部条件,是一个国家变化发展的外因。因此,国际环境中各要素的变化发展,特别是社会的政治、经济环境因素的变化发展,会直接或间接影响一个国家的行政管理,其影响作用的大小,则取决于一个国家对这种变化发展的输入—转换—输出的程度和平衡状况。

当代复杂多变的国际环境具有以下基本特征。

1. 政治环境。世界原两极格局已经终结,需要重建国际新秩序。当代世界正处在大变动的历史时期,各种力量重新分化组合,世界正朝着多极化方向发展。重建国际新秩序形成新格局将是长期的、复杂的过程。

和平与发展仍然是当今世界的两大主题。发展需要和平,和平离不开发展。缓和的因素在增长,战争因素在减弱,在今后一个较长时期内,争取和平的国际环境,避免新的世界大战,是有可能的。同时也要看到,目前国际形势仍然动荡不安。国际环境变化的总趋势是世界要和平,国家要发展,社会要进步,经济要繁荣,生活要提高,这已成为各国人民的普遍要求。

2. 经济环境。当代国际经济发展的一个显著特征是经济竞争日趋激烈,国际经济在竞争中得以发展。国际投资、经营,发展外向型经济,加强国际间的平等互利的经济贸易和经济交往,无论在深度与广度上都超过以往的年代。

科学技术特别是发展高科技,将成为经济发展的决定因素。许多国家以寻求本国经济技术发展为战略中心,并制定了雄心勃勃的科技发展规划,加强对科技的投入,以加快科技的发展,促进经济的腾飞,提高本国的地位和竞争能力。

国际经济发展的不平衡性将进一步加剧。在国际经济格局中,由于各种历史和社会的原因,造成了区域经济及国家间的经济发展不平衡,这种不平衡的状况正在加剧,南北经济差距在继续扩大,不合理的国际经济秩序造成富国愈富、穷国愈穷的现象,这对世界的和平与发展是极为不利的。因此,建立和完善合理的国际经济秩序,是国际经济发展的前提条件。

3. 文化环境。国际文化的特点是文化的丰富性、多样性。由于各国历史背景和意识形态的不同,形成各具特色的文化内容和形式,不断丰富着人们的精神生活。国际上各友好国家之间的文化交流与合作日益发展,这是文化环境的一个重要特点。

当今世界,科学技术研究在飞速发展,科技水平不断提高,科技在经济和社会发展中的功能愈来愈大,科技的开发和运用日益普及,这是人类社会不断发展进步的象征。许多国家都通过各种形式开展广泛的科技交流与合作。

发展教育,培养人才,已成为许多国家的基本国策,在普及国民基础教育的同时,注重培养高层次人才。

4. 社会环境。人类社会活动愈来愈频繁,人类社会生活在逐步提高,国际社会环境在不断发展。但是,国际性的人口爆炸,资源不断消耗,局部战争不断发生,社会贫富不均,社会就业不足,社会中的犯罪与社会秩序的不稳定等全球性问题,仍是国际社会环境中的困境所在。

5. 自然环境。自然界是人类生存和发展的基础,是人类生产和生活必不可少的客观环境条件。大自然为人类提供了土地资源、矿藏资源、水利资源、海洋资源和生物资源等各种自然资源以及阳光、空气等人类生存的各种条件。但是自然界也产生狂风暴雨、海啸地震等天灾祸及人类。人类社会一方面不断向大自然索取以造福人类;另一方面又人为地造成生态环境的恶化,环境污染已对人类的生存造成巨大的威胁。只有各国政府共同采取措施,全球人民共同努力,不断改善生态环境,才能减少灾害,保证人类更好地生存和发展。

第三节　当代中国行政环境的分析

一、政治法律环境分析

国家的政治活动从总体上看处于相对稳定的发展过程和状态,这是世界上任何一个国家、任何一个历史时期都极力争取和维护的一种状态。因为,国家和人民的各项建设都不可能在动荡中获得进步和发展。建国五十多年来,中国一直致力于政治的稳定,尽管曾经出现过一些曲折反复、左右摇摆的现象,但政治稳定的基本格局没有改变,特别是党的十一届三中全会以来,随着经济体制改革进程的发展,这一局面得到进一步巩固和发展。

邓小平理论作为马克思主义同当代中国实践和时代特征相结合的产物,是马克思主义在中国发展的新阶段。经过几年来的学习和教育,这一理论逐步为广大干部和群众所掌握,成为改革开放和现代化建设的根本指针,成为中华民族振兴的强大精神支柱。这一理论也为行政管理和行政改革提供了理论指导。

十一届三中全会以来,中国一直把下放权力,扩大自主权,调动中央和地方两个积极性,当作一项重要的战略任务来抓,如逐级下放干部任免权,赋予地方人大制定、审查、批准地方性法规的权力,赋予少数民族区域自治的权力,赋予经济特区和开放城市更大的自主权和更多的优惠政策等等。这些都极大地增强了中国社会的活力,使地方各级政府逐步成为各具特色的独立利益控制主体。高度集中的管理体制逐步打破,中央与地方、上级与下级的权力关系日趋合理。

二十多年来,全国人大及其常委会在宪法的基础上,制订了四百多部法律,通过了经修改、补充的有关法律的决定一百多个。同时,国务院还制定了一千多个行政法规,各省、市、自治区制定了近两千个地方性法规。加上修改、补充的建国前三十年制定的二十三个法律,使中国法制建设中的立法状况大大改善。可以自豪地说,中国在政治生活、经济生活、社会生活的基本的、主要的方面已经有法可依了。

十一届三中全会以来逐步发展形成的党的基本路线,是指导我们一切工作的灯塔。那就是:领导和团结全国各族人民,以经济建设为中心,坚持四项基本原则,坚持改革开放,自力更生,艰苦创业,为把我国建设成为富强、民主、文明的社会主义现代化国家而奋斗。二十多年来,无论国际风云如何变幻,我们党和国家坚持党的基本路线的决心始终没有改变,并且明示要坚持一百年不动摇。这些都为制定国家政治、经济和文化发展的大政方针,保持其完整性和一贯性,奠定了坚实的基础。农村联产承包责任制的推行与完善,企业经营机制的转变,多种经济成分的共存,各种社会保障体系的建立,等等,无一不体现出坚持党的基本路线基础之上的政策的连续性、稳定性。

中国是一个拥有56个民族的大家庭,少数民族人口7 000多万,居住在占全国面积50%—60%的土地上,而且绝大部分在边疆地区,不少民族还是跨境的,他们之间的经济和社会发展也很不平衡。但是,由于我们非常重视民族问题,尊重各民族的经济、社会文化特点,注意保护少数民族的特殊利益,56个民族能够和睦相处,保持稳定,为我们从事政治、经济和文化建设创造了安定团结的局面。

但是,同时我们也应当清醒地看到,政治环境中还存在着许多不稳定因素。由于生产力还不够发达,人民群众日益增长的物质文化生活需要与落后的社会生产力之间的矛盾难以在短期内解决;由于不平衡的利益需求而导致的地区与地区之间、集团与集团之间、人与人之间的矛盾和摩擦有增无减;民主法制还不够健全,有法不依、执法不严、违法不究的现象还大量存在;权钱交易、以权谋私、贪赃枉法的腐败现象屡禁不绝;敌视社会主义制度,危害人民群众生命财产安全的刑事犯罪活动仍很猖獗,治安难度越来越大,等等。这些无疑构成了当前我国政治环境的消极因素。

展望新世纪的宏伟目标,要使我国有良好的行政环境,必须按照江泽民同志"三个代表"的思想,加强和改进党的建设。江泽民同志在庆祝中国共产党成立八十周年大会上的讲话中指出:"在我们这样一个多民族的发展中大国,要把十二亿多人的力量凝聚起来,向着社会主义现代化的目标前进,必须有中国共产党的坚强领导。""代表中国先进生产力的发展要求,代表中国先进文化的前进方向,代表中国最广大人民的根本利益,是统一的整体,相互联系,相互促进。"[①] "三个代表"要求,是我们党的立党之本,执政之基,力量之源,也是我们在新世纪全面、不断推进理论创新、制度创新和科技创新,不断夺取建设有中国特色社会主义事业新胜利的根本保证。

二、经济物质环境分析

生产力发展水平是一个国家经济水平的根本标志,反映一个社会的总体生产能力和社会占有物质财富的水平。经济成分是构成国家总体经济的各部分之统称,其数量及种类的多少,以及每种成分在整体国民经济中所占的比重,反映了社会阶级或阶层的构成,直接影响政治体系的社会基础。同时,经济成分的不同,也意味着政府经济职能、经济管理方式存在着差异。经济体制是在特定地域内进行决策并执行有关收入和消费决策的机制和制度。经济体制与政治体制有着密切的关系,国家的综合国力必然要通过一定的经济状况体现出来。从长远或从根本上来看,经济发展是政治发展的前提条件和动力,经济水平的提高是政府能力发展的根源之一。

党的十一届三中全会以来,通过改革,实行了以社会主义公有制为主体、多种所有制经济共同发展的所有制结构,实行了以按劳分配为主体、多种分配方式并存的分配制度,确立了社会主义市场经济新体制。邓小平理论在当代中国得到了创造性的运用,由此也带来了经济建设上的辉煌成就。

目前,中国的国民生产总值居世界第7位,钢产量居第1位,煤产量居第1位,发电量居第3位,粮、棉、肉、油的总产量均居世界第1位,综合国力上升到世界第6位。

经济管理体制改革取得突破性进展。中共十一届三中全会以前,中国实行的是集中统一的计划管理模式——政府行政集权型体制。产供销、人财物,统统纳入国家计划,权力主要集中在中央,地方管理权限十分有限,企事业单位基本上没有自主权。在人们心目中政府就是"神圣和万能的"。二十多年的

---

① 引自2001年7月2日《人民日报》。

经济体制改革,打破了政府万能的神话,确立了市场机制在经济发展中不可或缺的作用,划清了政府与市场在资源配置上的不同功能和相互关系,使政府日益摆脱微观经济事务的纠缠,逐步走向以宏观调控为主的健康轨道。

城乡人民生活水平不断提高,各项社会事业全面发展。

尽管中国的经济环境有了较大改善,但同发达国家相比,社会生产力水平仍然很低,经济环境依然严峻。在生产能力上,手工生产力、机器生产力与现代生产力三元结合;在生产水平和国民收入上,国民经济各项指标总量大,人均量小,无论是生产力水平还是人民的生活水平,与西方发达国家相比仍有较大差距;在经济结构和生产力布局上,国民经济结构不合理,地域和部门之间发展不平衡,人口结构、产业结构、消费结构、技术结构等内部及相互之间的比例不合理,东部、中部和西部地区经济发展快慢不同,差距不断拉大。同时,产权关系不明,所有权虚置,资源浪费,国有资产流失;政企不分、政经一体的现象依然存在;"后门经济"、"贿赂经济"、"寻租经济"呈泛滥之势。此外,还有眼前的一些特殊困难,如:相当多的国有企业生产经营困难,下岗和失业人员增多,就业压力加大;农业基础仍然薄弱,经济建设中盲目投资、重复建设现象比较普遍,国民经济整体素质和效益不高;金融监管不够健全,金融秩序在某些方面还比较混乱,等等。解决好这些矛盾和问题,是中国政府今后一个时期紧迫而又重要的任务。

三、精神文化环境分析

在长期的革命和建设实践中,马克思主义在我国有了创造性的运用和新的发展,形成了具有中国特色的毛泽东思想和邓小平理论。在现阶段,全国人民在中国共产党的领导下正在为实现社会主义现代化而奋斗。但是,我国目前尚处在社会主义初级阶段,旧社会遗留下来的旧思想、旧观念还没有完全消除,千百年来封建主义传统习惯还有影响,资本主义的腐朽思想还有市场,对我国的行政管理而言是一种不可忽视的消极的环境因素。除了社会主义与非社会主义两种不同思想的撞击和冲突之外,还有传统思想与现代思想的交织与融合。在改革开放的大气候下,许多新思想、新观念、新方法应运而生;同时,数千年文明史又使各种传统思想文化大量积淀下来,而且其中具有民主性精华的东西在今天的思想文化环境中仍产生巨大作用。这就形成了多元交织的复杂的思想文化环境。

由于人们所处的社会层次不同,思想文化水平不同,其道德观念也有层次差异。特别是由于数千年的封建统治,封建社会的伦理道德观念仍在一定范围内、一定程度上产生影响,资产阶级道德观念也在发生不良的作用。因此,在我国现阶段还残存着宗法观念、平均主义、特权思想、专制作风、拉帮结伙、男尊女卑等封建主义的道德观念;在一定范围内存在着损人利己、损公肥私、金钱至上的资产阶级观念。这些都是我国行政管理环境中的消极因素。

特别值得注意的是,我国的传统文化对现实行政管理影响极大。例如,传统文化中的经学思维方式,将圣人之言的经传所云,视为行政行为规范和治理国家准则,对上面的指示、指令机械地照抄照转,似乎职务越高者,其言真理性越强。再如,传统文化中的价值观,对行政决策往往只重视有利于有效地贯彻上级指示,而不注重实际社会效应;对行政效率的评价标准,往往只注重对分配任务的完成情况,不注重该行政活动产生的实际效果等等,所有这一切,都是我国社会主义行政管理民主化、科学化的重要障碍。

建国以来,我国科技队伍不断扩大,科学技术水平迅速提高。重大科学技术研究成果层出不穷,特别在原子能技术、生物科学、农业科学、高能物理、计算机技术、运载火箭技术、卫星通讯技术等方面,已达到或接近世界先进水平。

新中国成立50多年来,我国的人民教育事业在"一穷二白"的基础上,虽几经磨难,但仍获得蓬勃发展,成就显著,有力地促进了全民族的科学文化素质的提高和社会主义的两个文明建设,这些成就的取得是我国历史上任何时期都无法比拟的。

我国教育、文化和科学事业发展极不平衡。某些尖端技术和科学文化的某些领域的发展有较高水平,有的已接近或超过世界先进水平;但从整体上看发展又非常落后,还是底子薄,起点低,水平差。这种不平衡性还表现在地区和城乡分布上的差距,以及社会成员在教、科、文享用方面事实上的不平等。我国教育科学文化的发展不平等,特别是教育的落后,要求政府职能中应把发展教育科学文化放在重要地位,否则实现现代化将是不可能的。

总之,精神文化环境作为上层建筑的一个重要组成部分,对我国行政管理的作用和影响是巨大的,"而发展社会主义文化,必须继承和发扬一切优秀的文化,必须充分体现时代精神和创造精神,""结合人民群众精神文化生活的需要,……把亿万人民紧紧吸引在有中国特色社会主义文化的伟大旗帜下。"[①]

[①] 引自江泽民同志在庆祝中国共产党成立八十周年大会上的讲话。

【案例】

　　地处鄂西北边际的十堰市,长期以来,"边远、贫困、落后"像三块大石头,压得这里的干部群众抬不起头,挺不直腰。

　　这样的穷山恶水,到了20世纪90年代后期,经过广大干部群众解放思想,努力奋斗,竟成了优势。十堰市有"八大资源":即国土资源,全市国土面积23 658平方公里,占全省1/8强,人口密度仅为全省1/3;山林资源2 472万亩,人均7亩,活立木蓄积量人均6立方米;药材资源,计1 360余种,且多系名贵产品;水域资源145万亩,星罗棋布的库塘可发展淡水养殖;草场院资源,有草山草坡1 400多万亩,理论载畜量达80万个牛单位;水能资源,水电理论蕴藏量500万千瓦,利于梯级开发;矿产资源,已探明的矿藏有50多种、70大类,矿产储量潜在价值达4 000亿元以上;旅游资源,更是得天独厚,以道教圣地武当山为主的名山、以丹江口水库为代表的秀水及6大类25处各具特色的景点遍及全市。同时十堰又是一座新兴的现代工业城市,市政建设在全国中等城市中堪称一流,东风汽车公司就其经济实力、科技开发能力和技术装备水平在全国也是数一数二的;在精神文明建设中,竹山县十星级文明农户创建活动在全国率先扛旗。十堰处在中西部的结合部位,同时也是鄂豫陕渝交汇地区的中心城市。随着火车提速、(武)汉——十(堰)一级汽车专用公路的修筑,南水北调中线工程上马,资源开发和经济发展的条件将会越来越好。市领导认为,只要全市上下统一思想,共图发展,全面振兴十堰的愿望就一定能变成现实。

　　1997年,十堰市的干部群众坚持难中求进,紧中求活,抢抓机遇,加快发展,大打农村扶贫攻坚、农业产业化经营、工商企业改革、文明城市创建四个硬仗。农业产业化取得明显成效,烟草、黄姜、魔芋、食用菌等十二大龙头产业初具雏形;加快推进一人一亩当家田地、一人一亩高效经济林、每户年均出栏一头牲畜、一户向二三产业转移一名劳动力、为每户培养一个科学种田明白人的"五个一"工程建设,动员4.8万多名干部帮扶贫困户,全年搬迁贫困人口2.7万人,又有15万贫困人口解决了温饱;采取大动作,实施"一二三四五工程"整体推进企业改制,即市、县党政一把手挂帅,抽调2 000名工作人员,用三四个月时间实施500家企业改制。在改制中坚持思想认识、组织领导、改制形式、股金募集、法人代表、社会保障、优惠政策、依法建制"八个到位",实现了改革的大突破。在城市建设中,办了

10件实事,实施了10项整治,市政设施进一步完善,市容市貌有了较大改观。

请问:1. 影响行政管理的环境因素有哪些?案例中,列举的优势包括了哪些环境因素?
   2. 行政管理为什么要能动地利用和改造行政环境?案例中十堰市的干部群众是如何能动地利用和改造十堰市行政环境的?

复习思考题
1. 行政环境的涵义是什么?有哪些特征?
2. 行政环境有哪些类型?
3. 行政环境的内容是什么?
4. 试分析当代中国行政环境。

第四章 行政职能

【提示】

九届全国人大要求国家行政机关根据精简、统一、效能的原则进行机构改革,建立办事高效、运转协调、行为规范的行政管理体系,深化行政体制改革,实现国家机构组织、职能、编制、工作程序的法定化,严格控制机构膨胀,坚决裁减冗员。这次政府机构改革与以前历次机构改革的主要不同点是以政府职能的转变为核心,为什么要以此为核心呢?

行政职能,即政府职能,是阐述政府在社会政治经济发展过程中所扮演的角色、所履行的职责和所起的作用,也即政府"做什么",它反映着政府活动的基本方向。不同国家或地区,以及同一国家在不同的历史时期,其行政职能的表现和作用方式是不完全相同的。环境和条件发生了变化,行政职能也要相应地作出调整。

第一节　行政职能概述

一、行政职能的涵义与类型

1. 行政职能的涵义。所谓行政职能,是指政府在国家、社会生活中所起的基本作用,它是国家职能的重要组成部分。国家职能包括立法职能、司法职能和行政职能三大部分。行政职能受国家职能的制约,是国家职能的具体执行和体现,也是实施国家职能的关键。国家职能与行政职能,都是由国情环境、国家的根本制度和社会发展形势等客观条件所决定的,而不是由人的主观所决定的。

2. 行政职能的类型。从行政管理所具有的政治性和社会性两重属性来看,行政职能可以分为政治统治职能和社会管理职能。这两者相互统一,互为前提,不可偏废。失去了政治统治职能,统治阶级的地位和利益就不能维持;同样,离开了履行社会职能,政府也就不能统治下去。

从政府运作的过程和履行职能的方式来看,行政职能可以分为计划职能、组织职能、指挥职能、协调职能、控制职能等。这些职能构成行政管理周而复始的循环过程,它们不仅存在于不同类型的国家,而且作用于行政管理的不同层次和不同领域。

从政府发挥作用的领域来看,行政职能可以分为政治职能、经济职能、文化职能、社会职能。这四大方面集中了政府在全部国家社会生活中所起的整体作用,因而又被称作政府的基本职能。

二、行政职能的作用

行政职能是国家职能的具体执行和体现,它反映了国家的性质和政府活动的方向,是政府开展行政管理活动的依据和前提,行政管理各个环节和层面的活动,都可以说是行政职能的运用和展开。行政职能在行政管理中的地位至高无上。研究政府职能,其作用表现在如下几个方面。

1. 行政职能是决定政府角色地位的大问题,事关国家的兴衰成败。
2. 行政职能是行政组织设置的依据、前提和基础。没有一定的职能就没有一定的机构,有什么样的职能就需要设置什么样的组织机构。职能决定着机构的规模、层次和数量。职能变了,机构也应随之调整或改革。
3. 行政职能决定着行政管理的内容和方式。政府的各项活动应该是在行政职能规定的范围内进行,不能超越这个范围,管理的内容不同,其管理方式也应有所不同。
4. 行政职能的实现是衡量行政管理效率和效能的重要标准。评价行政效率和效能高低的标准很多,但最重要的标准就是看政府是否有效地履行了各项职能。
5. 行政职能的界定是正确处理党政关系、政企关系、政社关系的前提,是我国当前行政改革的重要内容。

三、行政基本职能

1. 政治职能。所谓政治职能,是指政府所承担的维护和实行阶级统治、

保卫国家和社会安全的职能。这是政府最主要的职能之一。政治职能的内容比较广泛和复杂,主要有如下几项:

(1) 阶级统治职能。任何掌握统治权的阶级为了维护它的政治统治和阶级利益,总要对敌对势力行使专政的职能,即镇压职能。这种职能依国内外阶级斗争形势而定,有时强化,有时弱化,但绝不会放弃。

(2) 保卫职能,即保卫国家的独立和主权,保卫公民的合法权益和生命安全,对外维护世界和平,反对霸权主义等,为本国经济建设和各项事业的发展创造良好的外部环境。

(3) 社会治安职能,即制裁危害社会治安、扰乱社会秩序的各种违法行为,坚决打击和惩办各种犯罪分子,为社会主义经济建设和其他各项事业的发展创造良好的社会环境。

(4) 民主职能。加强政府的民主职能,有利于增强人民对社会的责任感,提高人民的社会主义建设的积极性和创造性,并且能与其他政府职能相配合,产生整体效应。

2. 经济职能。所谓经济职能,是指政府所承担的组织和管理社会经济建设的职能。这是政府最重要的一项职能。

当代资本主义国家的政府经济职能,由于国家垄断资本主义的出现,政府加强了对资本主义再生产过程的计划、控制和调节。我国政府的经济职能,过去曾经受到高度集权、以政代企的计划经济僵化模式的影响,没有能适应社会生产力发展的要求,没有发挥应有的作用。在当前我国全面改革开放、大力发展市场经济的新时期,有必要重新认识和调整政府的经济职能。

3. 文化职能。所谓文化职能,是指政府指导和管理文化事业的职能。它是国家行政管理最古老、最重要的职能之一,并且在不同时代,不同国家有着不同的内容和方式。我国现阶段的文化事业一般包括教育、科学、文学艺术、新闻出版、广播影视、卫生、体育、文物、图书馆、博物馆等。

4. 社会职能。所谓社会职能,是指政府所承担的社会服务和社会保障职能。它是行政管理中内容最为广泛、丰富的一项基本职能,凡致力于改善、保障人民物质文化生活、体现人道主义思想的各类事项,都属于社会职能的范围。

政府的社会职能:一般是通过建立专门机构,在我国如民政部门、城乡建设、环境保护部门等,对社会福利、社会救济、社会保障事业实施管理来实现的。

第二节 行政职能转变

一、行政职能转变的必然性

所谓行政职能的转变,是指行政职能重点的转移、政府履行职能方式的转变,具体表现为行政职能数量上的增加或减少,质量上的弱化或强化,以及结构上的集中或分散。总的来看,除原始社会之外,任何时期、任何形式或性质的国家都同时具备政治、经济、文化和社会这四大基本职能,只不过某一时期政府的某一职能强一些,某一时期又会弱一些。

行政职能的转变,既是政府内部各种管理因素变化的结果,又牵涉到政府和外界环境之间相互关系的调整。其形式上表现为政府管理内容和方式的变化。实际上,行政职能转变的本质是行政权力的转移,因为权力总是和职能、职责紧密联系在一起,不可分离。

行政职能转变的必然性,可以从如下几方面理解。

1. 上层建筑和经济基础的关系。改革开放以来,随着我国经济体制改革的开展和深化,传统的计划经济逐渐被社会主义市场经济所代替;经济基础发生了变化,政府管理经济的内容和方式随之也要调整,作为上层建筑的政府职能就要相应转变。

2. 社会矛盾运动的表现和要求。社会主义初级阶段我国社会的主要矛盾仍是落后的生产力和不相适应的生产关系之间的矛盾。

3. 事物本身发展的规律。行政职能也有一个不断产生、壮大、衰减或消失的过程。随着社会经济的日益发展,行政管理事务日益复杂化,一些新事物的出现,如环保问题必然导致政府某些职能的增加,同时某些职能也必然相对弱化。

此外,从政府机构改革的实践发展来看,行政职能转变是我国政府机构改革成败的关键。政府机构和人员编制由政府职能所决定,只有在职能分解的基础上,顺应政府职能转变的要求,才能真正搞好机构改革,建立起充满活力的高效的行政管理体系。

二、行政职能转变的主要内容

我国政府部门对经济的管理活动,从过去的微观管理为主,转向宏观管理为主;从直接管理为主,转向间接管理为主;从纵向管理为主,转向横向协作为主;从以行政手段为主,转向以法律和经济手段为主;从指令计划为主,转向服务监督为主。从而形成与社会主义市场经济相适应的经济管理体制。当前,应抓住经济职能转变这一关键,深化经济改革,建立和完善现代企业制度,围绕转变企业经营机制这个中心环节,逐步建立起社会主义市场经济新的基本框架。主要应从如下几方面入手。

1. 理顺党政关系。党和政府各自的性质、功能、组织形式和工作方式都不尽相同,但在相当长时期内,我国出现了以党代政、党政不分、权力过分集中的现象,政府职能没有得到应有的发挥。首先要理顺党政关系,把以往党组织包揽的本属于政府的职能归还给政府,保证各级行政机关在党的领导下独立行使管理社会公共行政事务的权力。这是转变政府职能的前提条件。若不还政于"政",则根本无行政职能可言。

2. 政企分开。当前,在社会主义市场经济条件下,政府职能转变的中心内容是政企分开,建立现代企业制度,把企业经营管理权交还给企业,实行经营权与所有权相分离,使企业真正成为自主经营、自负盈亏的市场主体。

3. 简政放权。主要表现在两方面:一是在政府和事业单位的关系上,做到政事分开,要将经营权、管理权下放给事业单位,有些事业单位要逐步走企业化道路,加大各类事业单位改革的力度。二是在政府和各类社会组织的关系上,要充分发挥群众团体和基层群众性自治组织的作用,逐步做到群众的事情由群众自己去依法解决。特别是要充分发挥各类社会中介组织的作用,充分利用其介入和管理社会公共事务方面的优势,逐步走向社会自治。

第三节 政府职能的定位

一、补充市场不足

中国政府职能转变的目标是结合体制转轨,实现政府职能的市场化。与政府相比,市场机制在微观经济方面有着很大的优势,能以较低的成本调动人的积极性,合理配置稀缺资源,从而保证经济繁荣和促进社会全面健康的发展。

市场有着政府所替代不了的职能,这是不可否认的。但市场有其限度,政府应当弥补其不足。这主要表现在下列三个方面。

1. 市场以价格机制调节市场参与者的供求行为,但这种调节对市场参与者的意愿没有直接影响,它只是通过价格机制对参与者的经济行为的结果加以评价、奖惩,从而间接地影响市场参与者的意愿。如果市场参与者的经济行为非理性化达到一定程度,市场机制只能通过剧烈的价格波动,才能调节市场参与者的经济行为,使其重新理性化。为了避免造成巨大的损失,政府就有必要采取强有力的经济措施,纠正市场的这一倾向。

2. 市场的范围有一定的限度,市场的原则是市场参与者具有利润动机,并且具有承担成本与风险的能力。如果某些事情无利可图、或风险太大,那么这类事情即使非常重要,恐怕也无人会做。如基础性科研项目、国防建设、基础设施建设、失业保障等等。

3. 某些经济活动由于唯利是图,使社会或他人为此付出不应付出的代价,受到不应有的损失。环境污染便是典型的例子。而合法的制度化的强制力只掌握在政府手中,所以政府有必要承担起环境治理的责任。实行市场化经济改革以来,中国的传统职能开始收缩,市场开始承担一部分原来由政府承担的责任。但市场同样不是万能的,市场也有其限度,这些限度仍然需要政府去弥补。因此,市场经济建立以后,补充市场之不足仍然是中国政府义不容辞的责任,政府必须把它纳入到公共行政权的内涵之中。

二、管理宏观经济

宏观经济以稳定与增长为目标,宏观经济的稳定与增长是政府固有的责任。在市场体制中,政府则应当运用法律手段,对经济活动和当事人的行为加以规范化约束;以市场为中介,通过指导性计划,运用价格、利息等经济杠杆,制定财政、货币政策,通过影响经济活动参与者的经济抉择及其行为,来实现宏观经济目标。概括起来,就是政府运用法律、指导性计划、财政政策、货币政策以及提供信息服务等手段来管理市场经济。

三、中国政府职能角色定位

首先,应该承担补充市场不足以及管理宏观经济的职能。提供公益物品,如国防、公共交通、环境保护等;保持宏观经济的稳定性;使经济生活中的"外部性"内在化;制约经济生活中自发的无效率垄断,保证公平竞争;调节经济资源配置,调节收入和财富的分配,使成本配置与收益分享在全社会范围内符合自然公正的原则;弥补特种市场因为时间原因而无法完善的缺陷(如未来市场和现实市场就是这类市场,这两类市场对于完备的市场经济是不可或缺的,因为它们可以指导现实市场的长期投资,从而使现实市场的运转具有更强的可行性);弥补市场交易中可能出现的信息不对称的缺失,使市场信息的分布尽可能的均衡、对称,以便保护经济主体尤其是消费者的利益。

1. 中国在建设市场经济环境方面的主要特色。中国的特殊性不表现在市场经济方面,而是表现在中国所特有的建设市场经济的起点、过程以及所面临的经济条件、经济问题等方面。

中国的市场经济与西方的市场经济在其具体运行上应该是基本趋同的,正是这种共同性,使得中国在建立市场经济时,可以借鉴西方的关于市场经济的理论和实践经验,也可以吸取西方确立市场经济的教训而少走弯路。

但是,中国的市场经济实践有其特定的问题,而这些问题在西方市场经济实践中是没有的,或者即使有,不是不如中国的问题复杂,就是在重要性序列上处于较次要的地位。

中国的特色主要表现在如下五个方面:

(1) 从地域上来看,中国的地理条件非常复杂,由于地理条件的复杂性,中国经济生活的地域多元化也非常明显,地区之间的不平衡程度也非常之大。

(2) 中国在现代化过程中,人口问题日趋严重。由于人口众多,就业压力非常大。在一般国家可以通过经济手段得到解决的经济问题,在中国经常需要通过政治手段来解决,否则就可能产生政治动荡,导致政治不稳定,从而最终破坏经济的发展。另外,随着社会经济的发展,中国人口结构也将发生巨大的变化,老龄化问题将日益突出,社会保障的负担也将日趋沉重。这些问题只靠刚刚建立的、并不怎么完善的市场机制是无法完全解决的,而且有些问题市场机制根本不可能解决。因此,中国政府就应该义不容辞地承担起解决这些实际问题的责任。

(3) 中国的经济建设由于刚刚进入起飞阶段,在这一阶段,需要大量的经济资源投入,同时也需要大量的环境资源的投入。这就不可避免地导致了中国自然环境日趋恶化的恶果。许多发达国家的现代化经历都证明,经济现代化过程中产生的对自然资源和环境资源的掠夺性开发、使用,依靠市场机制是很难解决的,必须通过中央政府的公共利益代表地位,利用政府所具有的合法强制力,来消除特殊利益集团的压力,代表公共利益,对于自然资源和环境资源采取强制性的保护性措施,在合理保护的同时,进行合理开发。

(4) 中国市场经济建设的起点是计划经济、命令经济。在市场经济建设的开始阶段,政府必须主动放弃计划经济年代所掌握的管制经济的某些权力,同时又必须运用公共权力来建设必备的专业市场:如股票证券市场、期货市场、能源市场等。而市场法规的完善、市场经济所必须的金融条件、通讯条件、投资环境的改善等等,离开中国政府的努力恐怕也难以成功。

(5) 中国是个大国,在社会主义市场经济中,中央政府与地方政府的职能角色如何合理配置问题也非常突出。要解决问题,就要根据中国的国情,在总结西方市场经济大国的经验教训,尤其是总结自己多年的经验教训的基础上,确立自己的解决方案。

在社会主义市场经济条件下,中国政府应当居于主导地位,这种主导地位并不是计划体制的主导地位。它与计划经济中的政府主导地位相比有其本身的特色:

政府的主要职能角色由市场经济建设的需要来确定,也就是说市场经济建设的需求是政府职能合理角色的基本理由。

政府在市场经济生活中的主导地位,是由中国现代化过程中所面临的独特问题所决定的,这些问题的解决需要中国政府的努力,也就是说现代化过程中的特定问题也是中国政府职能合理角色的基本理由。

政府职能角色存在的理由处于变化之中,因为市场经济建设的需求和特定问题的需求是变化的。所以,中国政府职能角色也不是一成不变的,它也应该随着具体情况的变化而变化。

2. 定位的标准。中国政府有责任满足市场经济建设的需求和特定问题解决的需求,但这种满足并不是没有边界、没有标准的。需求满足的界限和标准,表现为下列四个方面:

(1) 技术因素。中国政府在技术上是否有能力满足这些需求?如果有能力,那么政府有了满足特定需求的责任能力,政府就可以承担这部分的职能;

如果政府没有能力，那么政府就没有满足特定需求的责任能力，其结果可能会好心办坏事，这时政府最好不要贸然出手干预。

(2) 经济因素。如果政府在技术上有能力来满足特定的需求，而其他社会组织或市场机制也有能力来满足这一需求，那么就应该有一个成本收益比较问题。也就是说如果政府能够以较低的成本来满足特定的需求，那么就可以由政府来承担这方面的责任；如果政府不能够以较低的成本来满足特定的需求，那么政府就不必承担这方面的责任，可由能够以较低成本满足特定需求的社会组织或市场机制来承担这方面的责任。

(3) 伦理价值的因素。如果政府、社会组织或市场机制在技术上都有能力，并且在经济上都能够以较低的成本来满足特定的需求，那么在伦理方面由谁来满足需求，从而能够在伦理价值方面更符合自然公正的原则，就应该由谁来承担这一责任。

(4) 政治的因素。中国的市场经济要建设好，中国特定的现代化问题要解决好，需要一个相对安定的政治环境。所以，中国政府职能角色的定位也应该以政治稳定为前提。这就是市场条件下中国政府职能角色的理论定位。

上述这四个方面的标准可以确定政府职能的合理边界。但是要取得良好的结果，仍需要我们多方面的努力。

公共选择的经济学家已经告诉我们，政府也是经济人。而在事实上，在很多情况下，不管是什么政府，也的确可能是经济人，因为政府除了追求公共利益之外，总有其不同于公共利益的自身利益。政府也常常因为政治条件的限制，而无法根据合理的标准自我约束，使自己向社会索取的成本与其所创造组织的收益相对称。

在经济生活领域，越是经济人，对整个社会的贡献就越因为在市场经济机制转换之下，经济人制度化的自利行为可以转化为制度化的利他行为，从而为社会服务。但是，政府的职能是补充市场之不足，市场机制作为化"私"为"公"的有效机制，对政府的"自利"性行为却是无能为力的。于是，具有经济人特性的政府，就很可能因没有自然的约束，而滥用社会赋予的权力，浪费社会给予的财力支持。

为了使政府能够以合理的标准约束自己的行为，使政府的职能定位在较为合理的水平，必须建立并完善一种制度化的机制，使也可能是经济人的政府行为得到制度化的约束，保证它自觉为公共利益服务，不滥用社会赋予的权力，不浪费社会给予的财力支持。也就是说，我们应该在经济分析的基础上，

第四章 行政职能

发展并运用一套有效的伦理政治分析的方法,精心设计一种既具有普遍性又符合经济原则的政府行为规范;然后以此为依据,建立一种既经济又切实可行的政治制度,以保障政府职能的合理性。

【案例】

A湖是某市的一大风景点,又是市民主要的生活饮用水源。1987年发现其西北岸边几百米的湖面被蓝藻覆盖,水生生物被窒息,水质恶臭,水厂被迫停止供应市民用水。省、市政府对此非常焦虑,决心治理A湖。省政府派一位副省长带领有关人员到主要污染源之一的南西河去检查,见到钢铁厂、化工厂、造纸厂等流出的污水都向A湖流淌。省政府很快就保护A湖水资源问题制定出规章。市政府为治理A湖成立了常设性机构,划定五公里以内保护区不准建污染水源的工厂,责成环保部门加强治理蓝藻的科研工作,通过多种渠道向市民进行环保教育。经过一年多努力,A湖流域500万人民群众恢复A湖秀丽姿色的期望,逐渐成为现实。但也有些人对政府治理A湖污染的工作提出异议,说:政府何必花这么大财力、精力来管理这本该是那些污染水源的工厂应负责的事;重重处罚那些工厂,问题就可以解决;A湖污染治理,一般市民没有责任,何必老是向市民大作宣传呢?

请以行政职能的原理来分析省、市政府关于治理A湖污染的工作,并回答对案例中那些异议应如何认识?

复习思考题

1. 行政职能的涵义是什么?
2. 行政职能的类型有哪些?
3. 行政职能的作用体现在什么地方?
4. 行政职能的基本职能有哪些?
5. 如何理解行政职能转变的必然性。
6. 政府职能应如何定位?

第五章 行政领导

【提示】
　　老张担任处长多年,一直为与下属处不好关系而头疼。前几天,老李处理公文出了明显差错,老张气得当众数落了他一顿;处里的小王和老张一起出去办事,他给老张出了不少好点子,但老张固执己见,结果把事情给办砸了,可老张就是不承认自己犯了错,"要是在下属面前承认自己做错了事,那多没面子啊!"平时,老张对处里的年轻人要求非常严格,常要他们承担一些超负荷的工作,本意是想培养他们,没想到竟遭到下属的消极抵抗。"做领导为什么这么难啊?"该如何消除老张的困惑呢?

　　在任何一个行政系统中,行政领导都处于中心地位,那是由于作为行政管理的"首脑",行政领导的组成、职权乃至能力,都是影响行政活动能否顺利进行的关键。因此,研究行政领导是行政学涉及的一个重要问题。

第一节　领导与行政领导

一、什么是领导

　　领导,在英文中称为 Lead,Leader,或 Leadership,它既是一个动词,又是一个名词,因此,我们对领导这个概念的理解就应该包含领导和领导者两个含义。如"灾区各级领导要坚决贯彻执行党的方针政策,领导人民共渡难关"。这句话里前一个"领导"是指领导者,后一个"领导"是指领导活动或领导行为。领导活动是自人类社会产生以来就存在的。马克思曾指出:"一切规模较大的直接社会劳动或共同劳动,都或多或少的需要指挥,以协调个人活动,并执行生产总体的运动——不同于这一总体的独立器官的运动——所产生的各种一般职能。一个单独的提琴手是自己指挥自己,一个乐队就需要一个指挥。"①随着人类社会的不断发展,从原始部落的首领到奴隶社会的国王,再到封建时代的帝王及现代国家中的总统,领导者的身份不断变化,领导活动的方式与内涵也发生了很大的变化。一个问题日益摆到我们面前:在现代行政学中,领导的含义到底指什么?

1. 领导的几种不同定义。几千年来,古今中外的许多著名人物,如柏拉图、孙子、诸葛亮等都曾对领导一词给过答案。如《孙子兵法·计篇》中说:"将者,智、信、仁、勇、严也。"《孙子兵法·地形篇》中说:"视卒如婴儿,故可与之赴深溪;视卒如爱子,故可与之俱死。厚而不能使,爱而不能令,乱而不能治,譬若骄子,不可用也。"最近几十年来,西方出版了大量专著讨论领导学问题。因此在现代行政学中,对领导的定义有好多种,其中比较有影响的主要有:

(1) 领导是解决问题的初始行为。它是从行为学的角度出发,强调领导不过是在解决问题时所采取的最初的行动。如在突发事件产生后,首先站出来的临时指挥者,不管他的身份如何,在这一行为中体现了领导的内涵。

(2) 领导是指挥部下的过程。它强调领导就是指挥,领导的权力是由他的职位所授予的,如军队中的指挥员一样,他下达的命令是部下必须服从的。

(3) 领导是在服从组织常规指令之外施加的影响力。它认为,领导是在正式命令之外的影响能力,这种能力并不是职权所天然授予的,领导应该是一种引导和鼓励部下的过程,而以身作则和善于鼓舞士气是领导成功的重要手段。

(4) 领导是一个动态的过程,该过程是领导者个人品质、追随者个人品质和某种特定环境的函数。它侧重了构成领导行为的几个决定因素,也重视了动态性的分析,但并没有对领导的本质作出明确的解释。

领导到底是什么呢?综合上述的几种定义,我们可以得出一个综合性的概念,那就是:领导是指挥、引导和鼓励部下为了实现组织目标而努力的过程。这个概念强调了三个基本要素:第一,领导者必须有部下或追随者,没有部下的领导者称不上领导。第二,领导者必须拥有影响部下的能力,这种能力既包括由组织赋予领导者的权力,也包括领导者个人的影响力。第三,领导的目的是指挥或引导部下达到组织的目标。

2. 领导与管理。所谓管理,它强调的是一种正式的组织机构中进行的、

---

① 《马克思恩格斯全集》第23卷,人民出版社1972年版,第367页。

有报酬的和在强制性权力基础上发布命令的行为,被管理者必须按管理者的指示行事,但被管理者能否尽最大的努力完成任务则是另一回事了。据有关资料统计,因上级领导的职权而发挥出来的普通职工的才能约占60%,而因上级领导引导和鼓励而激发出来的普通职工的才能约占40%。可见,最好的管理只能发挥职工能力的60%左右。而领导则不同了,领导可能是建立在正式的、有报酬的和强制性权力基础上,但更多的是建立在个人的影响力、声誉和能力基础之上。一个人可能是个领导者但并不是个管理者,像非正式组织中的领导者就是典型的例子。一个人也可能是个管理者但并不是个领导者,因为他没有得到被管理者的追随和服从,没有部下的服从,那些大权在握的管理者算不上是真正意义上的领导者。

3. 领导的新含义。陈旧的观念认为,领导就是权力的行使,就是上级命令下级服从。其实,这不是领导,而只是驱使,是带有封建官僚色彩的行为。现代的领导观念认为,领导是服务、责任和权力三位一体的科学活动。服务是领导的本质,责任是领导的使命,权力是领导的手段,而实现组织的目标则是领导的目的。首先,领导就是服务。领导者是人民的公仆,而不能处处以人民的"父母官"自居,领导者的一切工作都是为人民服务,而不是为了谋取私利。其次,领导就要负责。责任是领导者的根本属性,一个领导者担任了某项职务,就意味着他必须承担这个职务所应承担的责任,如果没有尽到自己的责任,则意味着失职,意味着领导的失败。现代西方国家在国家元首和政府首脑担任职务时要举行隆重的宣誓就职仪式,就是为了体现责任与权力之间密不可分的联系,目的是促使这些领导者明白责任的概念对于他们工作的重要意义。这里所说的责任,包含着领导者对工作的失败既要负道义责任,也要负法律责任。再次,领导必须有权。权力是领导职务的需要,没有权力,领导者根本就无法履行他的职责,可以说,权力是尽到责任所必需的手段,但是,就责任和权力两者而言,责任始终应该在权力之上。

二、行政领导的职位与职权

1. 行政领导的含义与特点。行政领导是领导活动的一种,是国家行政管理系统中的领导。具体说,所谓行政领导,是指为实现一定的行政目标,由国家行政机关和企事业单位的行政领导者通过行使行政职权,组织管理行政事务而进行的决策、指挥、组织、控制、协调等行政活动的过程。行政领导是多种

第五章 行政领导

要素有机结合产生的活动。其基本要素包括：第一,行为主体：行政领导者,包括个体领导者和群体领导者。第二,行为客体：行政领导者的下属和行政管理的对象。第三,行为内容：包括决策、指挥、组织、控制、协调、监督等行政活动,这些活动贯穿于整个行政管理的各个层次和各个方面。行政领导在整个国家和政府的管理过程中始终处于极其重要的地位,其作用的效果直接关系着国家和政府职能的有效发挥,关系着国家的前途和命运。

所谓行政领导者,就是指从事行政领导工作的人,他可以是政府部门的领导者,也可以是非政府部门中从事行政工作的领导者。在我国,各级国家行政机关和企事业单位的领导者统称为行政领导者,它可以是一个集合概念,指一个领导集体;又可以是一个个体概念,指某一行政首长。当然,在行政机关体系中,由于领导层次不同,其行政领导者的职务名称也不相同,如国务院有总理、部长、委员会主任等职务名称,省政府有省长、厅长等职务名称。有些职务名称虽然相同,但由于职级不同,其职位、职权、职责也不同,如国务院各委员会的主任就不同于省政府、县政府各委员会的主任。

行政领导作为国家行政管理系统中的领导,在内容和形式上具有以下一些重要特点：

(1) 行政领导具有政治性。行政领导作为一个历史范畴,它的内容随着国家的发展变化而变化,不同历史时期不同国家的行政领导内容、地位、方式方法是不同的。在原始社会虽已产生领导现象,但内容比较简单,在领导活动过程中,领导者和被领导者的关系是平等的,不包含有任何强制性权力。随着阶级和国家的出现,剥削阶级领导实际上意味着对劳动人民的权力和统治。在资本主义社会,随着资本主义民主制的建立,行政领导的方式有所改变,但就其实质而言,仍然是少数人对多数人的权力统治。社会主义国家的行政领导本质上是为人民服务的,这与以往一切剥削阶级占统治地位的行政领导是有根本区别的。可见,行政领导具有鲜明的政治特点。

(2) 行政领导具有强制性。行政领导是一种国家领导,它在整体上纳入了国家权力的强制范围,是依据法律,行使国家权力来组织和管理社会公共事务。法律和权力的强制性、权威性决定了行政领导的强制性、权威性。行政领导者颁布的命令、指示,被领导者必须执行,否则就要受到惩处。

(3) 行政领导具有综合性。由于行政领导涉及国家政治、经济、文化、科学、教育等各个方面,是一种全方位的领导活动,并且贯穿于整个行政活动的各个环节和全部过程的始终。随着社会和经济发展,行政事务正日益增多,行政领导面临如此繁杂、广泛的事务,必然具有政治领导、经济领导、文化领导、业务技术领导等综合特性。

2. 行政领导者的职位、职权与职责。

(1) 行政领导者的职位。凡是行政领导者,都拥有行政职位和行政职权,行政领导者的职位、职权和职责是统一的。职位高,职权就大,职责也就大,三者成正比关系。所谓职位,就是指行政组织的基本单位和行政领导的工作岗位,它是权力机关或人事部门根据有关法律或规定,按程序选举或任命行政领导者担任的职务。每个职位都有适当的工作量和职责范围,以及相应的职权,可见,职位是行政领导者行使职权、履行职责的前提。没有一定的职位,就不存在职权和职责,职位是职权和职责的载体。"不在其位,不谋其政"说的就是这个道理,没有一定行政职位的人,就不可能行使行政职权,也不可能负行政责任。所谓行政职位,是指行政领导者在国家行政机关所处的法律地位和担任的行政工作职务。我国最高行政职位是国务院总理。依照宪法规定,国务院是最高国家行政机关,总理领导国务院工作。所以,总理在最高国家行政机关中拥有最高地位,担负着国家最高的行政职务。

在行政管理的实践中,行政领导职位的设置必须确定职位的工作范围与工作量、职权标准、职位的组合要求等。任何个人无权任意设置或废除改变行政职位。在我国,行政领导者所具有的领导职位和所承担的领导职务,是为人民服务的岗位,有上下之别,无贵贱之分。

(2) 行政领导者的职权。所谓职权,是指处在一定的职位上所相应拥有的权力。行政领导者的职权,是行政职位所赋予的权力,是由于行政领导者担任一定的职位而获得的具有法律效力的权力。职权由职位派生出来,职权与个人因素无关,不论谁掌握它,权力都是一样的。职权又是一项法定权力,也就是说,它是依法定程序被授予的,也可以依法定程序被收回,任何人不得以任何形式把它转让。根据行政学的原理,行政领导者拥有的职权及其行使都有严格的限制。一是国家各级行政领导者职权的大小,要受到所处的行政管理层次、领导者职位的高低和所担负的职责轻重所限制;二是行政领导者职权的行使,要受到职务范围、职责目标、行政区域的限制;三是行政领导者组织、领导行政活动,要受到党组织、国家权力机关、上级行政领导机关和国家法律、行政法规的监督、检查和制约,同时还要受到人民群众和社会舆论的监督和约束。在我国行政机构中,必须要明确的是,行政领导者的职权,代表的是国家和人民的利益,不是行使职权者个人的利益,绝不允许利用职权谋取私利。为此,每一个行政领导者,都必须正确地了解自己的职权并正确认识其职权范围,为国家和人民掌好权和用好权。具体来说,职权的内容大致包括决策权、用人权、指挥权、协调权、奖惩权、代表权、提案权和控制权等等。

(3) 行政领导者的职责。所谓行政职责是指行政领导者在国家机关中处于一定的职位所承担的一定工作任务及应负有的责任。行政职责有两方面的含义:一是指具体工作责任,二是指在法律上应负的行政责任。对于行政领导者来说,责任始终是第一位的,权力则是第二位的,权力不过是尽责的手段,责任才是行政领导的真正属性。任何有权无责的现象都是不能允许的。

在我国,行政领导者的职责所包括的内容是非常丰富的,主要有:负责贯彻执行党的路线、方针、政策和国家法律、法规;主持制定本部门的工作计划和作出行政决策;选拔、任用合格的人才从事行政机关工作;对本部门和下属工作单位进行监督、协调工作;对工作中的失误和错误负行政责任,等等。

三、行政领导方式

领导者采取什么方式领导下属,各种领导方式的利弊得失究竟如何,这是每一个成功的领导者必须考虑的问题。领导方式不同,效果也不同,有的可以使工作成绩卓著,有的则必然使工作归于失败。常见的领导方式主要可以分以下几类。

1. 按权力控制程度,可以分为集权式领导、分权式领导和均权式领导三种。集权式领导方式主要表现在领导者的支配欲很强,对下属不予信任,总是把一切权力紧紧握在自己手里,事无大小,事必躬亲。这种领导方式会压抑下属的主动性和创造性,使组织目标难以得到完成。分权式领导方式正好相反,领导者只是决定组织的目标和任务,对于实现的手段则充分地授权下属,由他们自己定夺,领导者只问工作的效果,不问工作的过程和细节。这种领导方式有利于充分发挥下属的主动性、积极性和创造性,领导者只是按职督责,使每个人各尽其责、各展其能,以创造最好的成果,但这种分权式领导方式只适用于领导那些独立工作能力强、业务水平较高的下属。均权式领导方式既不偏重于集权,又不偏重于分权,它强调分工负责和分层负责,首先对领导者与下属的职责权限一一加以明确划分,使下属在自己的职权范围内拥有很大的自主权,不必事事向上级请示,以提高工作效率,对于有一定工作能力的下属,采用这种领导方式比较合适。

2. 按决策权集中程度,可以分为专断式领导、民主式领导和放任式领导三种。专断式领导把一切决策权集中在自己一人手里,下属只能奉命行事,没有任何参与决策的机会,如因客观困难不能执行领导者的命令时,领导者往往不去查明原因,也不准下属说明,只是一味地进行惩罚;对下属的奖励与惩罚也没有客观公正的标准,而是完全按领导者的好恶来决定;领导者高高在上,避免同下属发生比较亲密的个人关系。专断式领导方式的优点是领导者的办事效率较高,缺点是缺乏上下级之间的感情交流,下属的满意度较低。民主式领导同下属之间互相尊重、彼此信任,常常通过交谈和开会等方式同下属进行沟通,与他们一起商讨决策并尽量授权,培养其主人翁精神,使每个下属都能在自身的职责范围内努力工作;实行奖惩时严格按客观标准办,绝不凭个人好恶办事。放任式领导则对权力看得很轻,对组织不确定明确的工作规章,让下属自由摸索,自行发挥,领导者要么同下属维持一种良好的关系,常常不讲原则地满足下属的不合理要求,专做"老好人";要么对下属很少过问,只在出现问题的时候才关注一下下属的工作,导致整个组织处于一种无目标、无规章的松散状态,工作效率极低。这种方式必将造成领导的失败。

3. 按领导的工作重心划分,可分为重事式领导、重人式领导和人事并重式领导。重事式领导强调以工作为重心,重视工作效率,常以工作的数量与质量来评价工作人员成绩的优劣,以工作成果的好坏作为评价单位成绩的唯一指标,这种领导方式往往对工作抓得很紧但对工作人员关心不够。重人式领导尊重下属的人格发展和精神需要,注重积极的鼓励和奖赏,不主张轻易地制裁和惩罚,给下属以合理的生活待遇和良好的工作环境,解决其后顾之忧,以最大限度地发挥工作人员的主动性和积极性。人事并重式领导认为,重视人和重视工作两者不可偏废,既要充分发挥人的主观能动性,改善工作条件,使下属具有主动负责的能力,又对工作本身提出严格要求,以创造出最佳的工作成绩。

4. 根据领导对象的不同进行应变领导,可以具体分为按机关性质应变领导、按教育程度应变领导和按上下级关系应变领导三种。按机关性质应变领导是指按机关和单位本身的性质与任务的不同而采取不同的领导方式,如对军事机关的领导,要强调指挥统一、行动迅速,强调下级服从上级,因此适宜采用集权式领导方式;对于学术单位,则要强调独立探索和自由发挥,适宜于采用民主式的领导方式。按教育程度应变领导是根据被领导者受教育程度的高低而采取不同的领导方式,如被领导者是受过高等教育的知识分子,有较高的自觉性和自主性,看问题有一定的深度,对他们应采取民主式和重人式的领导方式;如被领导者是没有受过教育、比较粗野,缺乏自觉性、主动性和分析能力的人,则适合于采取集权式和重事式的领导方式。按上下级关系应变领导是根据上下级之间的不同关系来确定领导方式,如上下级关系良好,下级对领导者比较信赖和尊敬且乐于接受命令,则适合于采取民主式和分权式的领导方式;如下级人员素质较低,上下级沟通较困难,则适合于采取集权式领导方式;如领导者能力弱、威望低,则适合于采取民主式领导方式;如领导者能力强、威望高,则可以采取均权式领导方式。

第二节　行政领导者与行政领导集体

一、传统的领导理论

古往今来,关于怎样才算一名好的领导者的争论经久不衰。传统的领导理论往往把领导者的个人品质或特征作为决定领导效果的关键因素,不少人认为,领导者的品质是天生的,与后天的培养、训练和实践无关,这种传统的特性理论也被称为"伟人说"。例如,吉普曾对天生的领导者提出了一系列的标准,主要包括:① 善言;② 外表英俊;③ 潇洒;④ 智力过人;⑤ 具有自信心;⑥ 心理健康;⑦ 有支配他人的倾向,外向而敏感。另一位学者吉沙利提出了领导者品质理论,并就每个品质测算出其相对重要性。主要内容包括:① 监督能力:100;② 职业成就:76;③ 智力:64;④ 自立:63;⑤ 自信:62;⑥ 决断力:61;⑦ 冒险:54;⑧ 人际关系:47;⑨ 创造性:34;⑩ 不慕财富:20;⑪ 对权力的追求:10;⑫ 成熟:5。从这一观点看,吉沙利对领导者注重的是性格、能力方面的因素,他的观点对培养领导者具备基本的素养是很有参考价值的。

然而,仅仅具备这些外在特征和内在品质并不一定会成为一个杰出的领导者,传统的领导理论在重视个体因素的同时,完全忽略了外部环境对一名领导者的产生所具有的重要影响。我们虽承认每个人的天生素质具有某些差异,但这些差异对一个人能否成为一个领导者并不起决定作用。除了极少数天分极高或极低的人,绝大多数人的智力水准相差并不多,能否成为领导者主要取决于后天提供的客观条件和机遇,以及个人的努力。在这个世界上数以千计成功的领导者中,确实存在着一种天才型的领导者,在他们身上,天资的成分比一般人更多一点。但绝大多数领导者都是依靠勤勤恳恳地踏实苦干，通过多年的努力和奋斗才取得成功的。历史上常有一些天才型的领导者，在经历了早年的成功业绩之后，晚年却遭到了事业上的失败，甚至对国家和人民带来了深重的灾难。这一事实表明，领导是一门需要在实践中加以学习和掌握的技术，即使对天分很高的领导者来说也是如此。

与传统的领导理论不同的是，现代领导特性理论更加倾向于认为领导者的品质和特征是在后天的实践环境中逐步培养、锻炼出来的，换句话说，只要通过系统的训练和培养，任何人都能成为合格的领导者，这一观点对于现代行政学的实践来说，显得尤为重要。

二、行政领导者的基本素质

"素"即本来、原有的意思，"质"是指一个事物区别于他事物的内在规定性。"素质"这个概念最早是生理学、心理学用的术语，是指人的心理状态的外在表现。随着社会的发展，"素质"这个概念被广泛地运用于各个学科，其外延在不断地扩大。

领导素质，就是指在先天心理生理的基础上，通过领导者后天学习、教育和锻炼而逐渐形成的，在其领导工作中，经常起作用的那些内在和外在的要素，它是领导者政治、道德、品格、知识、情操、能力、体质等诸要素的综合体现。

领导者素质的形成，一方面与领导者先天心理生理特征有关，因为良好的先天禀赋是领导者素质形成和发展的基础。另一方面，与领导者的后天锻炼有关，因为后天的锻炼对于领导者素质的形成与发展，起着决定性的作用。因此，领导者如果仅仅依靠先天的禀赋，而不注意加强后天的社会实践去发挥自己的天赋和才能，不注意后天的学习和修养，就不能成为合格的领导者。

关于行政领导者的素质问题，很多学者都有不同的看法，涉及到的范围极广。但不管怎么说，行政领导者的素质总是不外乎两大方面。

1. 行政领导者的内在素质。这主要包括行政领导者的性格、品质、为人、处世态度和身体状况等个人内在的素质。具体来说有以下几个方面：

（1）性格方面。首先，好的行政领导者应具备较强的自信心，这样可以减少决策中的优柔寡断，也可增强下级对领导者的信赖；其次，行政领导者需要具备较强的自制力，遇事不乱，临危不惊，才能在紧急情况下做出正确决断；再次，行政领导者必须胸怀大度，绝不能嫉贤妒能、压制人才，绝不能刚愎自用、独断专行,而应为人和善、谦虚谨慎,多倾听他人的意见,尤其是反对者的意见。

(2) 品德方面。首先,行政领导者应具有高尚的情操和较高的内在修养,对人、对事应具有实事求是的科学态度,重事实,重实效,不唯上,不唯书,勇于坚持真理。其次,行政领导者应严格遵守法律,处处维护国家利益,有强烈的事业心、责任感和创新精神,有良好的工作作风,能一心为公,不谋私利;能深入基层,与群众同甘共苦,不搞特殊化;能尊重他人,尤其是尊重专家意见,绝不自以为是。

(3) 体质方面。由于行政领导工作是一项不仅需要足够心智,而且消耗大量体力的工作,因此,行政领导者还应具有强健的体魄,充沛的精力。众所周知,良好的身体和心理素质是人才健康成长的物质基础,也是领导者做好领导工作的最基本的条件。在现代领导活动中,领导者不论是深入实际,调查研究,处理问题,还是阅读文件,参加会议,都要付出很大的精力和体力,有时遇到意外和紧急情况,常常还要夜以继日,连续奋战,没有健全的体魄和充沛的精力是不行的。领导者良好的身体素质,绝不是个人的私事,而是社会的财富。为了应付日常的繁重工作,每个领导者都必须积极参加力所能及的体育锻炼,并在工作中注意劳逸结合,以保持健全的体魄和旺盛的精力来做好领导工作。

当然,现代领导者除了具有健康的身体素质外,还要有良好的心理素质,这主要表现在领导者的精神状态经常处于最佳位置,具有稳定的注意力,以及坚强的意志力和可控的自我。心理健全的领导者能够对自己的工作和生活充满信心,在工作顺利时不沾沾自喜,遇到困难和挫折时不垂头丧气,不怨天尤人,在任何情况下都能保持心理平衡,基本上没有心理障碍。

2. 行政领导者的外在技能。这主要包括行政领导者的知识、智能、业务水平和技术素质等等。具体来说有以下几个方面:

(1) 知识水平。现代的行政领导者应备的才华不是只有一般基础知识的所谓"一"型人,或只有一门专业知识的所谓"I"型人;也不是只有基础知识和一门专业知识的所谓专才,即所谓"T"型人,而是需要有一般基础知识、一门专业知识,还有一门管理专业知识的通才,即所谓"π"型知识结构的人;最好是有专业、懂管理,有一般基础知识,又有比较新、比较丰富的现代科学知识的人,即所谓"开"型结构的人。作为领导者应终身好学,不断掌握新兴学科的知识,更新自己的知识体系,努力扩大知识面。

(2) 智能水平。领导者首先应具备敏锐的观察力,善于发现问题和各方面的细微变化,若领导者感觉迟钝,就不能及时发现问题,提出问题,并把危机消灭在萌芽之中。其次,领导者应具有较强的分析、判断和概括能力,能在纷繁复杂的事务中,透过现象看到本质,运用逻辑思维,进行有效的归纳、概括、判断,找出解决问题的办法。再次,领导者应具有不断创新的精神,在当前面临激烈竞争的时代,领导者要有紧迫感,要敢于打破陈规旧习,突破老框框,大胆探索,勇于开拓新局面。

(3) 决策能力。现代科学决策要求领导者首先必须拥有较强的决断能力,特别是在关键时刻,当断不断,就会错过时机,造成损失。在现代决策过程中,虽说有咨询机构向领导者提供各种方案,但领导者必须有自己的独立见解和判断能力,才能够果断地在各种方案中作出抉择,没有独立见解的领导者,只不过是一个糊涂的领导者。领导者的决策能力,来源于情况明、知识广、决心大。领导者的决策,并不是一成不变的,必须注意客观情况的变化,随时修改自己的决定,以求符合客观实际的需要。

(4) 组织、控制能力。行政领导者应具备较强的组织、指挥和控制的能力,懂得组织设计的原则,因事设职,职权统一,要善于运用组织的力量来协调人力、物力和财力,以求获得最佳效果;行政领导者要善于指挥各级组织或工作人员的行动,必须做到有令必行,有禁则止,使整个组织按照既定的目标前进;领导者的指挥,必须注意不同的对象和条件,方式方法必须灵活,不应千篇一律;在实现预定目标的过程中,领导者要能够及时发现问题并加以严格控制,以保证目标的顺利实现。

(5) 协调能力。由于组织和个人的各种因素的不同,不可避免地会出现各种各样的矛盾,领导者必须具有较强的协调能力,妥善地协调平衡,合理地解决矛盾。随着社会分工越来越细,专业化程度日益提高,协调工作也越来越重要。协调的内容很多,有上下级协调、左右关系协调、计划协调、政策协调、人事协调、职权协调,等等。协调的方式方法也日益多样,像会议、文件、请示、报告、交谈、聚餐等,都可以作为协调的方法。协调的最终目的是求得思想上的一致和行动上的一致,使组织和个人之间都能和谐地工作,团结一致地完成任务。

(6) 用人能力。任何行政领导者要实现其正确的决策和预计的目标,必须选用合适的人才,实行正确的用人政策。用人政策恰当,可以使组织力量由弱变强,使工作转败为胜;用人政策不当,就会使组织力量由强变弱,工作转胜为败。所以,自古以来就强调"为政之要,唯在得人","得才者昌,失才者亡"。行政领导者应具有较强的知人善任的能力,应重视人才的发现、培养、提拔和使用,知其所长,委以适当工作;大胆提拔,勇于起用新人。

三、行政领导集体

现代社会的行政管理工作千头万绪,任何行政组织都不能由一个行政领导说了算,尽管有时他的一些决策是由个人单独作出的,但面对错综复杂的行政活动,即使是智慧超群的领导者都不可能独揽一切。因此,对每一个行政组织来说,拥有一个出色的领导集体是十分必要的。系统论明确指出,整体大于部分之和,一个好的领导集体能够充分发挥各领导者各自的优势,取长补短,保证领导集体发挥出最佳的整体效益。

行政领导集体的组成主要涉及到下列几个因素。

1. 年龄因素。一般说来,理想的行政领导集体应由老、中、青各年龄层次的人按一定的比例组成。老年人经历过的事情比较多,拥有丰富的行政工作经验,考虑问题细致而周全,工作作风稳重,讲求实效,但缺点是喜欢用老眼光看人看事,思想趋于固执保守。青年人大多初出茅庐,拥有丰富的想像力和工作激情,敢想敢说敢做,富有开拓精神,考虑问题比较具有理想色彩,不喜欢固守旧有的框框,决策时更加趋向于大胆冒险,即使遇到挫折也不愿退缩,缺点是容易偏激,容易头脑发热,缺乏社会经验,办事考虑欠周全。中年人则既有老年人成熟的一面又有青年人热情的一面,他们社会经验比较丰富,善于深思熟虑地考虑问题,决策时兼有大胆和谨慎,是较为理想的行政领导者。因此,对一个好的行政领导集体来说,年龄结构的组成应偏向于菱形,即中间大,两头小,以中年领导为主,兼有年轻人和老年人。

2. 知识因素。一般说来,行政领导集体的知识水准应高于行政组织的平均知识水准,行政领导者应该既有学问,又有见识,还要具备相当的能力。当然,能力和学历并不成正比,但高学历的领导者应该成为现代领导者的主流。就学科体系而言,文理的结合也是领导集体知识结构的重要因素,一般认为,学理出身的人注重科学思维,动手能力强;学文出身的人注重逻辑思维,想像力丰富,口头表达能力强。这两类人按一定的比例组成行政领导集体,将对领导效能的发挥产生积极的作用。此外,在领导成员中要有各种不同知识水平的人,懂得不同专业的人组合成一个能够互相配合、互相取长补短、各尽所能的合理的最佳知识结构。这种知识结构应当是立体的而不是平面的,也就是说领导成员之间的知识能够交叉配合,以适应工作的需要。例如,一个部门的领导班子,最好由善于管理决策的,善于从事具体职能工作的,善于技术分析的,善于财务计划的和善于政治思想工作的人共同组成,使几个"偏才"组织到一起形成"全才",才能发挥组织的最佳效能。

3. 智能因素。所谓智能,是指人们运用知识分析和解决问题的能力。领导班子的智能结构,是指把不同智能类型的领导成员组成一个高智能、多功能的有机整体。不同智能类型的领导成员之间的协调配合是十分重要的。人的智能不仅在水平上有高低之分,而且在类型上也有区别。因此,在组建领导班子智能结构上,既要考虑领导成员之间智能水平的合理搭配,更要注意智能类型的搭配。在这种领导群体结构中既要有远见卓识、善于分析综合、有决断魄力的主要领导者,又要有足智多谋、善于谋划的智囊人物;既要有创造能力的思想家,又要有组织能力的活动家;既要有埋头苦干的实干家,又要有善于交际、具有协调沟通能力的公共关系专家,等等。

4. 性格因素。既然领导者也是人,那么他们的个性因素也会成为决定其领导能力的重要方面。就一个理想的领导集体来说,各领导者的性格应有一个互补平衡的良好搭配,如有的人热情奔放,敢于冒险,就应该在参与其决策的其他领导者中安排富于理性、办事考虑周全、小心谨慎的人,这样在决策时就能互相牵制,不至于头脑发热。又如有的第一把手性格内向拘谨,不擅言辞,那第二、第三把手就应配置性格活泼、社会能力较强的类型,这样就有利于加强行政组织之间的合作与交流,把行政管理工作搞得更好。

第三节 行政领导艺术

一、领导艺术的主要内容

领导是一门科学,也是一门艺术,是科学性和艺术性的统一。现代领导工作的复杂性和多变性,要求领导者不仅要掌握领导科学的一般原理,而且要掌握高超的领导艺术。因为只有掌握了领导艺术,才能面对复杂多变的行政事务,根据实际情况,创造性地运用领导科学的一般原理,做到灵活机动,应变自如,巧妙而出色地完成各项领导任务。因此,研究和掌握领导艺术,是提高领导效能,实现领导工作科学化的不可缺少的重要环节。

那么,什么是领导艺术呢?所谓领导艺术,是指领导者在领导活动中表现出来的领导技能。它是领导者知识、经验、才能和气质等因素的综合体现,也是领导活动中技巧性和科学性的完整统一。

领导艺术具有以下重要特点。

1. 多样性。所谓多样性,一方面是指不同领导领域和领导层次有不尽相同的领导艺术,另一方面是指同一领域、同一层次的领导者由于个人的知识、经验、才能不同,对客观事物的了解和掌握程度不同,在处理同类事物时,运用的领导艺术也有所不同。即使是同一领导者,在不同时间、地点和条件下,面对不同的领导对象或出于不同的目的,处理同类事物时,也会采用不同的领导艺术。更有趣的是,不同的领导者在运用同一种领导技巧时,由于他们各自的性格、气质、胆略等心理素质的不同,常常会形成不同的结果。这种千差万别的领导艺术风格,其实很难分出高低优劣来。可见,领导艺术的多样性,给领导者施展才华提供了无限广阔的空间。

2. 可变性。所谓可变性,是指领导艺术和一般的领导科学理论不同,它不具有严格的理论体系和固定的模式程序,而是要求领导者根据实际情况,灵活地加以运用。当然,领导艺术确实为领导者们提供了一些可供参考的领导技能和技巧,但这些技能和技巧的运用,必须根据不同的对象、不同的时间和地点,以及不同的外在条件而发生变化。以不变应万变的所谓领导秘诀是根本不存在的。

3. 现实性。所谓现实性,就是指领导者在具体运用领导艺术时必须考虑其在现实情况下可能产生的结果。这是因为领导者在领导活动中所遇到的实际情况是错综复杂的,而社会的发展又是日新月异的。在这种情况下,领导者就不能只凭着老经验办事,而是应该跟上时代前进的步伐,对以往的各种成功的领导技能进行不断的改造和创新,以适应现实发展的需要。

在我国目前的行政领导工作中,强调掌握和运用领导艺术具有深刻的现实意义。这是因为我国正处于新世纪的开端,已经进入了改革和开放的关键时期,旧的计划经济体制已被打破,新的市场经济体制已经建立,如何把全国人民的意志和力量统一到改革开放的大局中来,是摆在我国各级行政领导面前的一个十分艰巨而复杂的任务。原有的那种靠政治动员和思想灌输的领导方式已不再起作用,面对思想更开放、思维更活跃的年轻一代,行政领导者不仅需要有丰富的经验、渊博的知识和强烈的事业心,还要富有远见卓识和多谋善断的才能和善于组织实施、讲究方式方法的领导技巧;不但要具备一定的亲和力,还要具备较强的宣传鼓动能力,才能在以身作则的基础上更好地带领年轻一代朝着共同的目标前进。

二、领导艺术的主要内容

1. 权力运用的艺术。领导者由于具有一定的职位,所以或多或少总掌握着一定的权力。因此,如何用权成为领导者的一项经常性工作,运用权力技术的好坏,直接关系到领导者的工作效果,也关系到领导者自身的声誉,并对组织目标的实现产生较大的影响。

所谓权力,就是指能用来影响他人思想和行为的综合能力。权力虽是看不见摸不着的东西,但它确确实实存在。如何更好地运用权力为领导行为服务,如何发挥权力运用的艺术呢?对此,我们认为,有关权力的运用不是一个单纯的概念,而是涉及到领导者如何处理有关交流、说服、命令、奖惩和授权等活动的能力和技巧,只有在这些具体的日常活动中,领导者的领导艺术才能得到最充分的发挥。以下就较为详细地加以叙述:

(1) 交流。没有人际的信息交流,就不可能有领导。领导者在实施指挥和协调的职能时,必须把自己的想法、感受和决策等信息传递给被领导者,才能影响他们的行为。同时,为了进行有效的领导,领导者也需了解被领导者的反应、感受和困难。这种双向的信息交流十分重要。交流可通过正式的文件、报告、书信、会议、电话和非正式的面对面交谈。其中,面对面的个别交谈是深入了解下属的最好方式之一,不过,善于同下级交谈也是一种领导艺术。领导者在与下属谈话时,绝不能三心二意,左顾右盼,显示出不耐烦,否则会失去下属对自己的尊重和信任,甚至还会造成冲突和隔阂。所以,领导者必须掌握好善于同下属交谈,倾听下属意见的艺术。例如,耐心听讲;仔细观察说话者的神情,揣摩其话中的意思;不随意插话;不急于解释和申辩;控制情绪,对错误的信息保持冷静的态度等等。

(2) 说服。所谓说服,就是设法让他人改变初衷,并心甘情愿地接纳为他所提供的意见。说服不是一项容易掌握的技巧,当领导者试图说服他人时,总要遭到各种有形或无形的抗拒,除非能有效地化解这些抗拒,否则将无法达成说服的效果。常用的说服技巧有:在企图说服他人之前,先与其建立相互信赖的人际关系;仔细分析你的提议可能导致的影响,令对方易于接受你的诚意;设法令对方接纳你意见的过程成为轻而易举的事,如在谈判前事先准备一份初步协议,谈妥后立即请对方签署,效果比事后根据谈判情况拟定协议书要好得多。

(3) 命令。所谓命令,是指为实现组织目标而发布的行动纲领或行为步骤。下达命令是各级领导者在日常工作过程中所面临的一项艰巨的任务。命令的下达方式有三种,那就是要求、请求和建议。领导者在紧急情况下采取应变措施或面对缺乏责任心的下属,以"要求"的态度下达命令较有成效;在一般情况下,则以"请求"的态度下达命令,这可被视为对下属的尊重及培养良好的上下级关系;只有在下属具备良好的工作能力和工作自觉性的情况下,以"建议"的口吻发布命令才有可能收到实效。在命令发布后,应注意命令的"回馈",即通过观察接受命令者的表情与动作或直接由其复诵命令内容来掌握对方理解命令的程度;在一段时间后,应注意命令的"追踪",即通过要求下属定期呈报执行情况及自己亲自视察等方式了解命令的执行效果。

(4) 奖惩。良好的奖励方式能鼓舞下属的工作热情,领导者如能把下属的工作成效与奖励制度紧密结合起来,将会对提高下属的工作责任感创造好的条件,但必须注意的是"赏不可多与",否则奖励就会失去它的作用;此外,在行政管理过程中,领导者对下属的态度与期望足以影响他们的行为,良好的期望也能够起到奖赏的作用,发挥激励士气与提高工作效率的功能。惩罚是权力运用的一种消极形式,良好的惩罚制度应遵循这样一些原则,如:惩罚前必须事先警告;惩罚必须及时进行;对任何违规者施以同样的惩罚;惩罚必须对事不对人;执行惩罚时应避免使用嘲讽或威胁的手段;"罚不可滥施"等等。

(5) 授权。所谓授权,就是领导者在充分信任下属的基础上,把手中的一些权力下放给某些下属,由他们在日常活动中行使一部分指挥和决策的权力。授权不但能使领导者腾出充分的时间从事其最重要的工作,而且能满足下属的自我归属感,激发他们的工作热情。但是,在授权问题上,领导者往往存在着三个误区:第一,不会授权。有的领导者习惯于大事小事都自己干,一天到晚忙得团团转。说到底是不懂"分身术",不会把一些事情交由下属去办。第二,不敢授权。有的领导者总怕把权力授给自己的下属后,工作干不好,会出现偏差和闪失。第三,不愿授权。有的领导者不愿授权,其原因一是对下属不信任;二是认为只有自己手中有了权,办事才方便,说话才有人听;三是只有事事亲自决定,才显示出自己有本事;四是唯恐把权授给他人,减少了自己的价值和分量,影响了自己的地位和利益。可见,是否敢于授权首先涉及到领导者的思想认识问题,需要领导者从战略的高度加强认识,真正摆准自己和下属在权力关系上的位置。此外,授权作为领导艺术中的一个重要方面,它也包含一些基本的技巧,例如:下授权力但不下授责任;授权应公开进行;授权后应进行跟踪视察;不应将两位下属共同履行的工作交托给单独一位下属去执行;重大行动不能轻易授权;授权前应充分了解被授权者的能力;防止反向授权,即警惕下属"撂挑子",把一切困难的事情重新又推到领导者头上等做法。

2. 把握全局的艺术。所谓把握全局,就是要求领导者在工作安排上要深谋远虑,总揽全局,抓住要害,时刻把握工作的主动权。切忌工作中被庞杂的事务和头绪所缠绕,甚至一叶障目,不见泰山,抓了芝麻丢了西瓜。具体说来主要有以下几条:

(1) 领导者要具有全局的、系统的观点,善于把本部门的工作与全局的整体发展计划联系起来,在抓各项具体工作时,要从总体需要去考虑,防止顾此失彼,给整个工作带来被动。

(2) 把握全局还要求领导者在工作时具有超前的观念,掌握立足当前谋长远的预见未来的本领。高水平的行政领导者,眼睛都不是只盯着现实,而总是像善弈者那样,注意多看几步棋。只有对不可预知的未来有所把握,领导者才能真正地掌握和控制现实的大局。

(3) 领导者还必须具有细致的观察力,要对周围环境的变化和新事物、新情况、新问题有敏锐的感知力,善于从细微处发现别人发现不了的东西,要从一点点"小苗头"中及时感知并把握事物的本质,从而更好地驾驭全局,为实现组织的既定目标服务。

3. 随机决断的艺术。所谓随机决断的艺术,指的是领导者在随机性决策过程中,善于从全局出发,审时度势,随机应变,果断决策。对于看准了的事情,一定要争分夺秒,当机立断;对于一时还把握不了的事情,要多方面收集有关资料,权衡利弊,及时地作出处理决定,或提出可供选择的处理意见,供最终决断时参考。要做到随机决断,有两点必须注意:

(1) 要善于审时度势。审时,就是对事物发展变化的时间进行体察,了解时势的特点;度势,就是对客观形势的忖度,估计情况的变化。总起来说,就是要在决策前,对事物的状况,包括当前的态势、发展的趋势等,进行系统的周密的调查研究,把掌握的情况连贯起来思考,然后进行判断推理,出谋划策,拍板决断。

(2) 要做到当机立断。所谓时机,是指某种行为赖以存在和发展的条件。

抓准时机,就是要及时选择有利的条件,避免不利的条件;领导者把握时机,不但要善于识别和捕捉时机,还要善于创造时机。一旦时机到来,就要迅速果断地作出决断。在随机性决断过程中,领导者要善于根据情况的变化,灵活地运用原则,随时修改原来作出的决定。有时,甚至要不拘泥于常识、常规,敢于在一般人认为不能取胜的时间、地点和条件下,去取得胜利。

4. 知人善任的艺术。为政之要在于择人。行政领导者由于工作的点多面广,尤其需要选贤任能,做到知人善任。所谓选贤任能,就是要按照德才兼备、任人唯贤的原则,把那些思想品质好、业务能力强、文化水平高、身体素质适宜且具有开拓精神和求实精神的有识之士选拔、安排到合适的岗位上去,力求使人员和任务相匹配。所谓知人善任,就是要细心地考查干部,确切地了解下属,精心选派,合理使用,认真培养。要真正做到知人善任必须做好以下两点:

(1) 用人所长,扬长避短。任何一个人都有优点和缺点,不同类型的人才也有不同的专长和不足。对人才的考查、培养、使用,一定要做到客观、公正、全面,要善于发挥下属的长处,调动他们的积极性,用人所长,扬长避短,以便做到人尽其才,才尽其用。对于那些确有真才实学但敢于直言而遭到别人误解或有争议的人物,领导者一定要力排众议,态度鲜明,给予有力的支持和举荐。

(2) 宽以待人,团结为重。在日常工作中,不同的人对事物的处理方式常会有不同的看法,有时难免会发生一些矛盾冲突。作为领导者,一定要胸怀宽阔,善于团结不同观点的人员一道工作,甚至要团结那些反对过自己并被实践证明是犯了错误的人。在选人和用人问题上,要始终坚持襟怀坦白、豁达开明,才能团结更多的人一起为完成组织目标而奋斗。

5. 时间运筹的艺术。行政领导者常为缺乏可以自由支配的时间而苦恼,有些领导者甚至常常陷入"文山会海"中不能自拔,究其原因,在于领导者中许多人没有掌握好时间运筹的艺术。所谓时间运筹是掌握时间节约规律的要求。研究利用时间的规律,就是为了进一步揭开时间的奥秘,研究和掌握时间有哪些特性,更好地挖掘时间潜力,合理地分配时间,科学地使用时间,不断提高时间利用率,高效能地进行富有创造性的领导活动。

要想有效地管理好自己的时间,必须做的工作就是要探索自己的时间障碍。所谓时间障碍,就是导致时间浪费的多种因素。浪费时间的"罪魁祸首"主要还是自己,所以时间管理的实质就是自我管理。有些领导者在同一时间内总想干太多的事,其结果往往是事倍功半。其实,只要在同一时间里集中精力去做好一件事情,并把它做好,就能大大提高时间利用的效率。又如,许多领导者因为杂事太多,不能排除干扰,集中精力,就养成了拖延的恶习,使工作缺乏效率。有些领导者爱讲面子,总是不好意思拒绝他人的请托,结果事事勉为其难,忙得头晕目眩,其工作效率就不必多言了。还有一些领导者对工作非常负责,办什么事,只有自己干心里才踏实,交给别人就总不放心,例如要召开会议,已经让别人打电话进行了通知,自己却还要重新把电话再拨一遍;要处理一个问题,已经授权某人负责,自己却还要跑去拍板。诸如此类的问题在管理层中并不少见,俗话说过犹不及,这种高度的"责任心",反而会对工作的效率构成极大的障碍。要使每个领导者真正掌握时间运筹的艺术,做到"事半功倍",使有限的时间发挥出无限的效用,就应该掌握一些时间管理的基本技巧。

(1) 集中精力,重点突破。首先,领导者要对自己所从事的工作产生浓厚的兴趣,集中注意力把它做好,不受情绪的左右;其次,必须养成不轻易被周围事物所吸引的习惯;再次,要严格限定正在进行的工作的完成期限,从而更好地把握有限的时间把工作做好。

(2) 跳出"会海",缩短交际时间。领导者应该有效地限制会议时间,避免不必要的会议,尽可能减少无谓的社会活动,把自己从繁忙的交际活动中解脱出来,去从事对自己更有意义的工作。

(3) 合理安排工作日程。制定计划和日程表在节约时间和提高效率方面是极其重要的。领导者为了实现工作的目标,应该精心地编制一份工作日程表,据此来确定事情的轻重缓急,科学地安排时间,并以此克服办事拖拉的习惯。

(4) 充分利用现代工具。在今天的信息时代,不引入一些先进的办公自动化设备,就无法提高办事效率,就会失掉许多转瞬即逝的时机。领导者应该善于运用一些现代化的办公工具:如电话、电脑、录音机、复印机、传真机等等,以最快的速度掌握信息并加强与外界的沟通,从而大大提高时间利用的效率。

此外,在掌握时间运筹的艺术方面,还有一个重要的管理学原理可供运用,那就是"重要的少数与琐碎的多数原理",这个原理是19世纪末20世纪初意大利经济学家兼社会学家维尔弗雷多·帕累托(Vilfredo Pareto)所提出的,它的大意是:在任何特定的群体中,重要的因子通常只占少数,而不重要的因子则占多数,因此只要能控制关键性的少数因子就能控制全局。这个原理经过多年的演化,已变成当今管理学界所熟知的"80—20原则",即80%的价值是来自20%的因子,其余20%的价值则来自80%的因子。如商店80%的销售额是源自20%的顾客;工厂80%的生产量是源自20%的生产线;80%的看报时间都花在20%的版面;80%的电话都来自20%的发话人,等等。运用这一原理,就是要求领导者把有限的时间用在每天工作中占20%的最重要、最有价值的事情中,就能做到事半功倍,极大地提高工作效率。

【案例】

某单位行政主管老刘于某天下午三点钟,拿着10份急件匆匆忙忙跑到他的下属林秘书面前告诉他:"赶快把这些信按地址送到收信人手里,必要的话,可找几位帮手。"到了将近五点钟临下班前,老刘跑到林秘书那里询问完成情况,发现只有一半急件已被送出,他不禁大发雷霆:"我已答应人家保证下班前送到的,现在可怎么办?"林秘书的回答是:"本部门的其他人都忙得不可开交,我自己也分不开身。真对不起,我不知道这些信件这么重要。"

请问:1. 老刘发布命令的方式是否妥当?有何缺陷?
2. 林秘书有无得到授权?授权方式是否恰当?

复习思考题

1. 什么是领导?领导与管理有什么区别与联系?
2. 何谓行政领导?它具有哪些特点?
3. 行政领导方式有哪些主要类型?你认为最有效的领导方式是什么?请简述理由。
4. 你认为要成为一名优秀的领导者必须具备哪些重要的素质?
5. 良好的行政领导集体的组成需要具备哪些基本因素?
6. 何谓权力运用的艺术?请举例说明。
7. 领导者应如何更好地运用时间?

第六章 行政组织

【提示】

某市新成立了环保局,接纳了不少从别的政府部门精简下来的人,光是局级干部就有六人。确定领导班子时设了局长一人,副局长五人,局的职能机构中,涉及环境监测、排污控制方面的专业人员严重不足,但局里的办公室、组织部门、宣传部门和人事部门却人满为患。怎么办呢?那么多人总得安排吧!"等过两年再招些懂行的人进职能部门吧!"环保局长只能如此自我安慰。这样的环保局,真能胜任全市的环境保护工作吗?

行政活动归根结蒂是一种社会组织活动,行政组织是国家行政职能的承担者,是运用行政权力依法实施行政管理的主体。正因为一切行政管理活动必须依靠一定的行政组织系统来推行,所以,能否建立起科学而合理的行政组织机构,是保证一切行政活动顺利进行的重要前提。为了更好地发挥行政组织的职能,我们必须对行政组织的结构和类型等内容作一个详细的了解。

第一节 组织与行政组织

一、什么是组织与行政组织

1. 组织的含义。组织是人类社会普遍存在的现象,从原始社会开始,人们就为了生存与繁衍、为了改造自然和改造社会,有意或无意地结合起来,凭着群体的力量去实现个体所不能达到的目标,这种群体就称为组织,如氏族、部落,后来的国家、政党、军队,以及社会上的各种社团、企业、学校、医院等等,都属于组织的范畴,可以说,组织是人类社会活动最基本的形式。

"组织"一词,在我国原始的含义是指将丝麻等纺织原料制成布帛,也就是组合编织的意思。在西方,"组织"(Organization)一词来源于"器官"(Organ),即自成系统的,有一定结构和功能的细胞集合体。后来,"组织"的意义被引申到人类社会,组织这个词被用来表示一切由相互依赖和相互作用的各个部分所构成的,具有一定功能的整体。具体来说,组织的含义包括四个方面:

(1)静态的组织结构。所谓组织结构就是指通过组织内部职能的分工、层次结构的划分、管理幅度的确立等形成的一种静态的组织形式,这种组织结构往往可以用图表来加以表示。

(2)动态的组织行为。任何组织都是由人构成的,组织中的个体时时刻刻在为各种目的而活动着,因此,组织本身也是一个活动体。所谓组织行为,就是指组织的各个成员之间相互交往、沟通、协作、默契等行为的综合,从动态的角度看,任何组织的行为都是一刻也不能停息的。

(3)生态的组织环境。所谓组织环境,就是组织存在的外部因素的综合。任何组织都不可能是一个封闭的系统,它时时刻刻要同外部环境进行物质和能量的交换。环境的变化决定了组织也必然要不断地发生变化,以寻求不断适应外部环境,与环境相辅相成,"以不变应万变"的组织是没有生命力的,现代社会更欢迎的是"开放型的组织"。

(4)心态的组织意识。所谓组织意识,也称为组织观念,是指一个组织的成员所共同具备的团体意识。拥有较强的组织意识的团体,它的各个成员之间的凝聚力、思想上的协调性都比较强,能使组织的活动更具有生气和活力。

综上所述,可以给组织下这样一个定义:组织是人们为达到共同的目标,按特定的结构形式和活动规范结合而成的开放型群体。

2. 行政组织的含义。所谓行政组织,是一种特殊的社会组织,它是国家为了实现一定的目标,根据宪法和法律,将专职的人员和若干具有一定功能的部门按特定的结构形式组合起来,并依法对国家事务和社会事务进行管理的系统。

行政组织有广义和狭义之分。广义的行政组织指一切具备计划、组织、协调和控制等行政功能的组织,它既包括国家行政部门的组织,也包括国家立法、司法等部门内履行行政职能的组织,还包括企事业单位、群众团体内部的相应机构。狭义的行政组织是依照国家宪法和法律的规定,在一定的权限内执行各种公共事务的机构的总称,简单地说就是指政府机构,它的主要特征一是具有权威性和强制力;二是属于预算拨款制行政组织,全部财政来源于国家预算。本书所研究的,是狭义上的行政组织。同其他组织一样,行政组织也是静态组织结构和动态组织活动过程的统一。从静态上说,行政组织是国家为执行政务而依法组建的行政机关体系;从动态上说,则是指行政机关为完成行政管理任务而进行的组织活动和运行过程。

3. 行政组织的特征。行政组织除了具有其他社会组织的一般特征以外,还具有自身的一些显著特征,主要包括:

(1) 政治性。行政组织作为国家机构的重要组成部分,体现了国家的意志,并代表国家行使行政权力,保证反映国家性质的宪法和法律的全部、正确的实施,是履行国家政治职能的重要主体。这些特点决定了行政组织的政治性。

(2) 社会性。行政组织除了承担其政治职能以外,还承担着管理社会公共事务和为社会提供服务的职能。可以说,行政组织是专门管理社会公共事务的组织,是为国家和全体公民办事的机构,它要为一定社会公众的利益提供条件和保障。因此,从根本上说,国家行政组织是社会和公众利益的正式代表者,要实现国家对广泛的社会生活的有效领导和管理。行政组织的这种管理性、服务性的特点充分反映了它的社会性特征。

(3) 合法性。行政组织作为国家权力的执行机关,它所拥有的权力和承担的责任是由宪法和法律明确规定的,它的设立也必须具有法律根据。正因为行政组织具有合法性的特征,它才能得到公民的支持和国内外的广泛承认,才能真正有效地履行其行政职能。

(4) 权威性。国家行政组织依据宪法和法律的规定,有权在其职责范围内颁布各种行政法规和行政规章,有权处理各种社会公共事务,并对各种社会组织和公民以及广泛的社会生活施加影响,实行普遍的约束,被约束者必须遵从。当这种约束遭到抵抗、抵制或违背时,行政组织将以国家的名义并以国家强制力为后盾,对其实行行政制裁或处罚。当然,根据"依法行政"的原则,国家行政组织管理社会公共事务的方式和内容必须遵从宪法和法律的要求,不能越权行政。

4. 行政组织的构成要素。行政组织的构成要素主要涉及以下几个方面:

(1) 目标要素。一个清晰而明确的组织目标,是行政组织存在的基础,也是其组织凝聚力的重要保证。在任何行政组织系统,建立完整的目标网络都是极为重要的,其程序应是在行政组织的总目标确定以后,再确定次目标和子目标,直至具体落实并制定个人的目标。

(2) 制度要素。这主要包括组织结构和组织程序两个部分。行政组织要有效地发挥其职能,必须要有健全的组织结构做保证,组织结构的内容包括机构设置、职位配置和职权划分等。组织程序是指行政组织在活动过程中必须有一个行政人员共同遵守的规章、程序或准则,否则庞大的行政组织就无法采取协调统一的有效行动,从而使行政组织的合法性、权威性受到威胁。因此,行政组织必须具备健全的制度要素,这些制度要素在实际的行政活动中常常体现为各种权力的组合模式、权力的运行规则以及信息沟通流程等等。

(3) 人员要素。行政人员是行政组织的主体,如果没有合格的高素质的行政人员,没有完整而合理的人员结构,行政组织不可能得以有效运转。一般来说,行政组织的成员都必须具备一定的条件,通过科学而有效的渠道源源不断地充实行政人员的队伍。

(4) 物质要素。行政组织的存在和运转,必须有一定的经费作保证,同时也离不开一定的办公场所、物资装备和办公用具,这些都是行政组织为实现组织目标而开展组织活动所必不可少的物质手段。

(5) 观念要素。这主要包括行政人员的组织观念和价值观念等,体现了国家行政人员对组织的认同感和责任感,它们关系到组织成员的工作状态和进取精神,关系到组织的和谐与稳定。这些要素的具备,可以使行政组织富有活力并高效地运转,有利于实现组织目标,完成行政任务。

5. 行政组织的基本种类。行政组织按照其功能和作用的不同,大体可分为以下一些基本种类:

(1) 领导机关。也称首脑机关,是各级政府统辖全局的指挥、决策和督导中心。领导机关是行政组织的中枢,其职能是负责制定行政组织的目标、规划和政策,对辖区内的重大行政问题进行集中领导与协调,并督导决策的实施。如我国的国务院和地方各级人民政府就属此类。

(2) 职能机关。是指在领导机关领导下,负责组织和管理某一专业行政事务的执行机关。它对上受领导机关的指挥和监督,执行领导机关的各种具体指示、方针和政策;对下行使政府的行政管理职能,指导下级相应的行政部门或某些社会公益性组织的活动。如我国国务院所属部委就属此类。

(3) 辅助机关。是指为领导机关和职能机关实现行政目标而在行政组织内部承担协助工作的机关。辅助机关的功能主要是为领导机关和职能机关收集信息、提供咨询、协调沟通各方面的关系,管理日常事务等。辅助机关包括办公机关、信息机关和咨询机关。具体说来又可细分为综合性辅助机关、专门性辅助机关和咨询性辅助机关三种:综合性辅助机关即各级政府的办公厅

(室)、秘书处(科)等,主要处理各种综合性事务,协助领导处理政务,沟通协调各方面的关系等;专门性辅助机关即各级政府中的人事部门、总务部门、财务部门等;咨询性辅助机关包括各种智囊团、政策研究室等,其职能主要是为领导机关和职能机关的决策提供各种建议。辅助机关直接听从行政首长的指挥和命令,它对各专业职能部门没有直接指挥和监督的权力,但在授权条件下,可以代表行政首长。由于辅助机关是紧靠行政首长的一个组织环节,事实上参与政务、协助决策、沟通关系、协调活动、汇集信息、处理纠纷、培训人才、管理日常事务,它的效率如何直接关系到领导机关功能的发挥,历来被认为是一种重要的行政机关。

(4) 直属机关。是指各国政府序列中主管某些专门业务的行政机构。在我国,国务院把一些业务不便划归各部、各委员会管理的专门事务交付给专设的直属机构管辖,这些直属机构的法律地位略低于部委,一般称局,为副部级单位,如国家统计局、国家环保局和海关总署等。此外,美国联邦政府内部,根据国会法令设立的,具有广泛的立法权、行政权和司法权的独立机构也属于直属机关的范畴。

(5) 派出机关。是指行政机关依法根据工作需要在一定区域内设立的分支机关或代表机关。派出机关有权代表国家行政机关执行某种特定的任务或执行整体性社会事务。通常情况下,派出机关是中央集权制下行政机关为减轻自身的工作负担,保证对辖区进行有效控制和管理而设置的,它不是一级政府,其职权受到派出者较强的约束。在法国,大区长、省长及其办事机构就是中央政府在各大区和各省的派出机构,负责代表国家加强对地方政府的控制和监督。在我国,各省、自治区人民政府在必要的时候,经国务院同意,可以设立若干行政公署作为它的派出机关,市辖区和不辖区的市人民政府,经上一级人民政府批准,可以设立若干街道办事处作为其派出机关。当然,我国的派出机关还包括国家行政机关有关工作部门派出的代表机关,如海关、公安、铁路等机关派驻各地的机关以及外交部派驻国外的大使馆、领事馆以及外交部派驻香港、澳门的特派员公署等。

二、行政组织理论的发展

行政组织理论是指那些说明或预测行政组织现象的原理和论断。多年来,行政学者们对行政组织的问题进行了深入的研究,留下了丰厚的著述。现代组织理论的研究更是融入了大量的心理学、社会学、人类学、应用数学、运筹学和经济学方面的思想和研究方法。行政组织理论已成为行政管理学研究领域中一个重要的部分。

1. 传统的组织理论。主要包括传统的古典组织理论、新古典组织理论等。

传统的古典组织理论,也称为"官僚制度理论",是20世纪初德国著名的社会学家马克斯·韦伯(Max Weber)所创立。韦伯提出"官僚"(Bureaucracy)这个术语,并非是贬义,而是专指组织结构中的某些特点。他认为,从纯技术的观点来看,官僚制度是效率最高的组织形式。"其精确性、工作的速度、任务的明确性、对文件的熟悉程度、活动的连续性、权限的划分、指挥的统一、严格的上下级关系、人员摩擦的控制,以及在物质和人员方面的成本的减少,这一切在严格的官僚机构中将达到最佳的状态。"所以,韦伯认为,"官僚式行政管理将是最合理的形式,对于现代大型行政管理工作来说,这种官僚形式是不可缺少的,在行政管理领域中,人们只能在官僚形式与外行之间进行选择。"韦伯对组织理论的另一重要贡献是权威结构理论。他十分强调权威在维系和支配一个社会组织中的作用,提出了三种完全不同的组织形态:

(1) 神秘化的组织形态,它建立在"超人权威"的基础之上,因此组织基础不稳固,领导者去世后,它若通过继位方式产生新的领袖,则变为"传统组织";若通过已有的法律方式产生新的领袖,则过渡到"官僚组织";

(2) 传统的组织形态,它建立在传统的"家长政治"和"老人政治"基础之上,整个组织的管理形式为高度的集权控制,领袖人物不是靠他个人的特质起作用,而是由他所担当的角色并凭借原有的惯例在起作用。这种组织中的领导者和被领导者之间是主人与臣仆之间的关系,整个组织犹如一个传统式的大家庭;

(3) 合理化——法律化的组织形态,即官僚组织形态,它基于合理合法的规章制度,采用层级节制的结构,领导者的权威建立在职位的基础上,在组织内部进行明确的专业分工,根据学识和能力选用合格人员,并使其工资与工作相称。

韦伯的组织理论为资本主义制度提供了一种高效率、理性化的官僚体系,他也被后人称为"组织理论之父"。当然,韦伯的官僚组织理论还有一些不足,如忽视人的行为因素,缺少民主性质,容易导致行政权力的膨胀,鼓励成员固守具体的规章制度等等,因此它只适合于相对封闭体系中常规的组织活动,而不适合于开放体系中的非常规的灵活的组织活动。

新古典组织理论产生于20世纪初的美国,包括泰罗的科学管理理论和古立克的行政管理理论两种,其核心内容是提高行政工作的办事效率,此外还涉及组织形态、集权与分权和部门化原则等等。世界公认的"科学管理之父"泰罗(Frederick Taylor)代表着管理史上一个重要时代——科学管理时代的到来,他所创立的科学管理理论的根本目的是谋求最高的工作效率,他强调用科学的管理方法代替旧的经验管理方法,要求管理人员和工人双方在精神上和思想上来一个彻底的变革,以友好和互相帮助来代替以往的对抗和斗争,以适应现代管理理念的需要。由"泰罗制"引申出来的科学管理组织理论就是把企业的科学定量管理办法搬到行政管理工作中,对提高行政组织的基层管理效率有一定作用,但"泰罗制"的缺陷是把组织中的成员看成是"会说话的机器",认为人的活动仅仅出于个人的经济动机,忽视了组织成员之间的交往及社会因素对工作效率的影响。

古立克(Luther Gulick)的行政管理理论把传统学派有关管理职能的理论加以系统化,提出了著名的管理七职能说,即任何一个完善的行政组织必须具备计划、组织、人事、指挥、协调、报告和预算七种工作内容。古立克的另一贡献体现在部门化原则上,他认为组织的产生来源于客观的需要,总是先由个别职位组合成小的管理单位,再将小的单位组合成较大的单位,最后再组合成最高层级的部门,他提出这种组合必须遵循四项标准,即工作目标;工作程序;服务对象;服务地区。古立克的行政组织理论为组织理论的完善与发展提供了重要的依据,但这一理论存在着不够严谨的缺陷。

2. 现代组织理论。所谓现代组织理论,就是系统论、控制论和信息论在行政组织理论方面的运用。传统的分析问题的方法,往往是把一个事物分解成许多独立的部分,分别进行深入研究,这样做容易把事物看成是孤立的、静止的,因而所得到的结论也只适合于一定的局部条件,如果放到更大的范围来考察,那个结论就可能是片面的,甚至是错误的。系统组织理论则把行政组织看作是一个整体,是一个有机联系的系统。研究组织中的任何个别事物,都要从系统的整体出发,既要研究此事物与系统内各组成部分之间的关系,又研究此事物同系统外部环境的相互联系。系统组织理论始终把组织整体目标的优化看得比各部门工作的优化更重要。另外,现代组织理论还认为开放体系是行政组织的基本特点,它强调任何组织都是一个开放性系统,处于与其环境的持续性相互作用之中,并力求达到一种"稳定状态",即实现动态平衡。如果没有连续不断的投入、转换和产出,组织是不可能生存的。这一理论把组织分为:目标与价值分系统、技术分系统、社会心理分系统、结构分系统和管理分系统几大类。其中的目标与价值分系统强调组织的价值观来源于社会文化环境,组织必须达到社会总系统所决定的目标,为社会行使某种职能,它的生存与发展必须符合社会的要求;技术分系统指完成本组织的工作任务所需要的知识和技术,它取决于组织任务的要求,并随任务要求的变化而变化;社会心理分系统由相互作用的个人和群体组成,包括个人行为与动机、地位与作用、群体动力学和影响系统等,它也受人们的情感、态度、愿望、期待和价值观的影响;结构分系统指组织工作任务分工和协作的方式方法,可以通过组织图、工作说明、规划与程序等表示出来,与权威、信息沟通和工作流程的形式有关;管理分系统强调的是沟通和联系组织各个分系统的过程,不但使组织与其外部环境发生联系,也为组织制定目标、进行计划、设计结构、协调关系并建立控制程序,以达到组织的高效能和参与者满意的各种目标。可见,现代组织理论不仅着重组织整体的研究,而且更重从组织受社会环境影响的输入方面和组织影响社会环境的输出方面,以及组织影响社会环境后所产生后果的反馈方面,进行从静态到动态、从微观到宏观的研究,充分反映出组织体系内外因素的多元性。

三、行政组织的目标

行政组织是为了达到组织目标而人为地制造出来的,是实施目标的手段,行政组织目标决定了行政组织运行的方向。行政组织目标是整个社会目标的组成部分,因为行政组织行使着国家行政管理的职能,因此国家行政管理的目标就是行政组织的目标,而行政组织的总目标是由国家根据社会发展的客观需要,依照一定的法律程序而规定的。

1. 组织目标的含义和类型。所谓组织目标,就是一个行政组织努力争取达到的未来状况。从这个意义上说,目标包括使命、服务对象、指标、定额和时限。有时候,它被用来使组织在社会中的任务合法化,如各种慈善基金会的组织目标;或者为组织的活动提供动力,如上海市政府提出要在21世纪初把上海建成"一个龙头,三个中心"的基本目标;组织目标也可以是某个要完成的具体项目,如某区政府提出在年内消灭危棚简屋,使全区人均居住面积达到10平方米以上,等等。

组织目标可以划分为官方目标、经营目标和业务目标三类。官方目标一般是概括性的,既笼统又鼓舞人心;经营目标反映出一个组织真正想要做什么,或者指明了组织所追求的近期目标,它往往用具体的词句加以表达,并成为组织进行决策的标准和出发点;业务目标是一个组织用来说明用什么方式和在什么时间对经营目标进行评价和衡量的方法,它的特点是具体性、定量性和时间性,是基层管理者所关心的重要内容。

2. "手段——目的链"。在分析一个组织的具体目标时,往往还需要确定怎样来实现这一目标,即采用什么手段来实现这一目标。一般来说,上一级的手段就形成了下一级的目标,目标—手段—目标的交错组成的层次结构对组织机构的设置有着非常重要的意义。例如,一个消防部门的首要目标是减少火灾损失,保护人民生命财产的安全,达到这一目标的手段是防火和灭火,这两个手段就变成组织内下一级的目标,并由此引出两个职能——防火和灭火;为了实现防火的子目标,具体手段是设立都市消防观察哨,向社会公布火灾报警电话,向群众广泛进行宣传教育等等;为了实现灭火的子目标,具体手段是按地区严格配备消防力量,加强消防队伍建设,按需要增设安装消防水龙头等等。"手段——目的链"的方法对实现组织的目标很有用,因为它能帮助人们分清总目标和子目标的关系,促使行政管理者更加重视业务目标的实现,而不是把注意力仅仅集中在空泛而鼓舞人心的官方目标上。

3. 目标的制定。古典组织理论认为,在任何公共行政机构中,目标都是由领导者根据有关法规决定的,组织的首要作用是订出计划并贯彻执行。但事实上,任何组织都有许多不同身份的参与者,如政府组织的成员包括政务官、公务员、议员、法官、群众组织的领导者等等;在工商业组织中,成员包括经理、雇员、股东、客户、律师、税务人员、原料供应商等等,他们的个人目标都会影响组织的活动。由于这些组织成员有着不同的、而且是经常相互冲突的目标,所以组织的实际目标产生于一个不断地磋商—学习的过程。因此,在制定组织目标时应该从三个基本方面来进行通盘考虑,它们是:

(1) 环境层——即社会强加于组织的限制;

(2) 组织层——即作为一个系统的组织本身的目标;

(3) 个人层——即组织参与者的目标。

显然,这三个层次之间存在着目标冲突,但如果组织要生存下去,必须实现最低程度的目标一致性。

4. 目标管理。美国管理学家德鲁克(Peter F. Drucker)在1954年发表的

《管理的实践》一书中正式提出了"一切组织都要用目标进行管理"的方法,他指出:一个组织的目的和任务,必须转化为目标。如果某领域没有特定的目标,该领域就会被忽视;如果没有一定目标作为个人的工作指导,那么随着组织规模的扩大和人员的增多,发生冲突并浪费资源的可能性就越大;应当通过目标来衡量每个人的贡献大小,以此来保证组织总目标的实现;而只有让职工自己来制定符合总目标的个人目标,总目标的实现才更有把握。

德鲁克的上述思想在美国企业界产生了巨大的影响。目标管理(Management by Objectives,简称 MBO)作为一种新的管理方式迅速地被运用在企业管理和行政管理上,后又传到西欧、日本,20 世纪 80 年代又传入我国,成为我国在管理现代化热潮中普及推广的管理模式之一。目标管理从本质上说是一种控制方法。

所谓目标管理,就是把组织的经营目标层层分解,转化为组织的各项方针和各层次的目标,最终化为个人的目标,以激发组织成员的责任心和创造性。目标管理具有两个显著的特征:首先是强调组织计划的系统性,要求每个人的目标必须符合他所在工作团体的目标,每个工作团体的目标必须符合组织的总目标。其次是强调目标制定过程本身的激励性,通过让职工参与组织目标的制定过程来调动广大职工的工作积极性。实行目标管理,对组织成员的要求重点不是在规定的时间里做什么和怎样做,而是强调成果和贡献,即做出了什么样的工作。

目标管理具有以下的特点:① 以满足总的经营目标为本,对任何具体计划和业绩,都用总目标衡量和考核;② 强调自觉性,即各层次的目标都由上下级协商制定,以自我操作和自我控制的方式,去完成自己的责任;③ 通过全面的目标体系联接组织和个人的关系,每个人的工作都直接或间接地与总目标相联系,受总目标制约;④ 注意提高各级管理人员的主动性,重视学习和能力开发,以提高自身素质。

目标管理是一个过程,它主要包括六个基本阶段:① 上级同下级共同商定切实可行的经营目标;② 在讨论和协商中把总目标分解为各部门和各层次的具体计划;③ 上级复审目标的结构,并授予下级一定的权力去完成自己的目标;④ 实现目标并检查工作的进展情况;⑤ 对工作成绩进行评价,就是在预定的期限,上下级共同对目标达成的情况进行检查,并考核人员,以决定奖惩和升降;⑥ 制定新的目标,开始新一轮的循环。简略地说,目标管理一般分为三个基本步骤:制定目标,实现目标,评价工作成绩。

第二节 行政组织的结构与体制

一、行政组织的结构

行政组织的结构是指行政组织的各组成要素之间的相互联系方式或互动关系模式。科学合理的组织结构,能保证行政组织内的各个构成要素包括人力、物力、财力等有一个最佳的使用效率。行政组织的基本结构有纵向结构和横向结构两个方面。行政组织的上下层级之间,存在着领导和被领导的关系,这种排列方式称为行政组织的纵向结构;行政组织的同一层级之中的各部门之间,是相互协调与合作的平等关系,这种组合方式称为行政组织的横向结构。

1. 行政组织的纵向结构。所谓行政组织的纵向结构就是指各级政府上下级之间,每级政府的各组成部门之间的领导与被领导、命令与服从关系的组合方式。它主要涉及的问题有两个,即管理层次与管理幅度之间的关系。管理层次和管理幅度是影响行政组织结构形态的两个决定性因素。所谓管理幅度,是指一个层级的行政机构或一位行政首长直接控制的下级机构或人员的数目。每一个行政首长的管理幅度必须适当,管理幅度过大,行政首长就很难面面俱到,结果往往浮于表面,难以深刻地了解具体问题;管理幅度过小,则行政首长就会对下属控制过严,直接影响到下属的工作积极性。所谓管理层次是指行政组织纵向结构的层级。行政部门的管理层次和管理幅度在一个特定的组织内成反比关系,即就一个特定的行政组织而言,行政层次越多,每一行政机构的管理幅度就越小;反之,行政层次越少,每一行政机构的管理幅度就越大。行政层次多,幅度小,行政组织就呈尖型结构;行政层次少,幅度大,行政组织就呈扁型结构。尖型结构是一种集权的结构,有利于强有力的行政控制,但不利于发挥下级的主动性和创造性;扁型结构是一种分权的结构,有利于调动下级的积极性和创造性,但可能导致软弱的行政控制。在实际行政活动中,一个行政组织的结构往往不是纯粹尖型或扁型的,而是综合型的,即组织中某些层次的机构管理幅度大,某些层次的机构管理幅度小。

2. 行政组织的横向结构。行政组织的横向结构是指行政组织横向分化的结果,又称为部门结构,是行政组织中处于同一等级的各组成部门之间的平等、合作与协调关系的一种组合方式。我国目前行政组织横向划分的方法主要有以下几种：

(1) 职能部门化。即按照行政职能的界限划分行政组织的部门，如我国国务院根据职能划分的部门有国家计划部门、劳动人事部门、财政部门、审计部门、监察部门、司法部门等等。行政职能部门化是目前应用最广泛的一种划分行政组织的方法，它的优点是能较好体现专业化分工的组织原则，有利于行政组织内部的协调统一，不利之处在于实践中有时会出现各职能部门之间由于利害关系不同而发生冲突。

(2) 区域部门化。即按照管辖区域的界限划分行政组织，如我国省、市、县各级政府就以此方法划定，公安系统也按省、市、县、乡等区域界限来设立机构。这种方法有利于某一区域内部事务的协调统一，职权下放，也可提高各地区行政人员的主动性和积极性，有利于培养人才；但不利之处是重复性机构增多，容易产生地方主义和区域部门权力膨胀、条块分割等弊端。

(3) 行业和产品部门化。即按照行业和产品的不同来划分行政部门的方法，如我国各级政府中的经济部委，像核工业部、水利电力部、农牧渔业部、林业部等都是按行业和产品部门化的方式设置的。这种方法的优点是有利于发挥某一行业内部专业技术力量的业务特长，符合专业化分工的原则，缺点是会造成机构的重叠设置，不利于整个行政组织系统的宏观协调。

实际上，划分横向结构的这几种方法并不是互相矛盾或互相排斥的，在具体的划分过程中，可以相互结合起来使用，力求使行政组织的横向结构划分日趋合理化和科学化。

二、行政组织体制

行政组织体制就是国家根据实际的管理需要，通过法定程序将行政组织所拥有的行政权责归属于不同层级不同部门不同人员的各种行政关系制度化的表现形式。行政组织体制是国家政治体制的重要组成部分，也是发挥行政组织整体效能的关键环节。按照不同的划分标准，常见的行政组织体制主要有以下几种。

1. 首长制与合议制。这是按行政组织最高决策人数的不同来划分的组织体制。

首长制，也称独任制，就是一个行政组织的最高行政决策权力和责任赋予行政首长一人单独承担的体制。行政组织内部的其他领导人都是首长的下属和助手,在决策时只负责向首长提供信息和建议,最后由首长作出决策。美国的总统制是首长制的典型,总统对联邦行政事务有最后决定权并对其承担全部责任。首长制的优点是事权集中,责任明确,决策迅速,指挥灵便,富于活力并具有较高的行政效率,但首长制的缺点是考虑问题容易片面,行政首长的工作常因超负荷而影响行政效能的充分发挥,且首长制因无人牵制和监督易导致独断专行。

合议制,也称委员会制,就是一个行政组织的最高行政决策权力和责任赋予委员会集体承担的体制。在决策时,每个委员的地位是平等的,一人一票,并采取少数服从多数的原则。瑞士联邦政府是合议制的典型,一切行政事务都由联邦委员会集体讨论决定,委员会主席没有个人决定权。合议制的优点是能够集思广益,考虑问题比较周详,便于彼此监督,不易专断及营私舞弊。其缺点是责任不明,有功相争,有过相推,行动迟缓,效率较低,在决策问题上易争执不休而贻误时机。

首长制与合议制的明显区别在于前者是多数服从行政首长,行政首长可以不采纳多数人的意见;后者是少数服从多数,行政首长必须服从多数人的意志。在当代行政组织中到底应实行首长制还是合议制应视具体情况而定,一般说来,执行与指挥事务应采用首长制;立法和决策宜采用合议制,做到"任事宜专其责,议事当广其谋"。

我国的行政组织体制已由建国初期的合议制转变为目前的首长负责制。1954年宪法实施后的国务院实行集体领导的原则,通过会议的形式进行工作。国务院规定行政措施、发布决议和命令,都必须由国务院全体会议或常务会议通过;一般日常事务由常务会议解决。但实践证明这种合议制不能适合我国行政活动的需要,弊端日趋明显。1982年宪法明确规定国务院实行总理负责制,最高决策权属于总理。在总理负责制下的国务院会议,只开展讨论,不进行表决,最后由总理在集体讨论意见的基础上作出决定,作为国务院的决定。与此相应,国务院各部、委也实行部长、主任负责制,各级地方人民政府也分别实行省长、自治区主席、市长、州长、县长、区长、乡长、镇长负责制。

2. 集权制与分权制。这是按行政组织上下级权限的标准划分的组织体制。

集权制是指行政权力集中于上级机构,下级机构没有或很少有自主权,行政的所有重大决策均由上级机构决定,下级必须依照上级机构的法令或指示办事。集权制的优点是政令统一、标准一致,力量集中,指挥灵便,可以防止地方分裂,有利于推行跨区域的大型综合建设项目和社会治理工程;但其缺点也很明显,由于上级权力过于集中,容易导致独断专行,对下级管得太严;下级无权决定和处理任何问题,往往消极待命,成为执行政令的工具,主动性和积极性必然受到挫伤,容易导致官僚主义。

分权制是指下级机构在其管辖范围内有自主决定权,上级机构对下级机构在其权限内决定的事项不予干涉。实行分权制的好处在于使下级机关有自己独立决定问题的自主权,有利于激发下级的工作热情,培养下级的民主意识,达到分工合治、分层负责的目的,使行政组织更富有弹性,能发挥组织的整体效能。但是如果过度分权,容易导致下级部门各行其是,各自为政,政令难于统一,甚至导致各部门另立门户、分庭抗礼的恶果。

不论是集权制还是分权制,其弊端都很明显,在实际行政活动中应该扬长避短,善于权变。二战后,世界各国的行政体制都有集权化的趋向,但进入20世纪80年代以来,世界许多国家的政府开始推行分权政策,比较有名的是法国社会党政府的"权力下放法案"及美国里根政府的"还权于州"计划等。由于分权能迫使组织提高自身的反应速度和灵活性以适应社会生活的变化,因此分权可能是未来行政组织发展的趋势。我国的行政体制是典型的集权制的,但随着香港、澳门的回归和一国两制的实行,随着充分发挥地方积极性口号的提出,我国的行政体制在坚持统一领导的基础上,将朝着明确授权、增强行政机构整体活力的方向发展。

3. 完整制和分离制。这是按同一层级行政组织各部门所受的指挥和控制方式不同来划分的组织体制。

完整制,又称"集约制",是指同一层级的不同行政机构受同一行政首长领导的行政体制。在完整制下,行政组织实行分工协作,各部门间联成一个有机的整体。完整制的优点是事权集中,具有统筹全局的计划与领导;责任明确,不易推诿拖延;可以消除各部门间的权力冲突和工作重叠,便于加强合作,提高行政效率并节省行政经费开支。缺点是由于事权过度集中在行政首长一人手中,下级单位丧失自主精神,过分依赖上级指示,造成行动迟缓。

分离制又称"独立制",是指同一层级的不同行政机构不受同一行政首长的领导,而是分属不同行政首长或立法机构的领导。在分离制下,各行政部门都是相对独立的机构,各部门间不存在合作关系。实行分离制比较典型的是美国的联邦行政机构,除了13个部直接受总统的领导外,60多个独立管制机构脱离总统的领导而直接听命于国会,向国会负责,其中著名的有州际商业委员会、联邦储备委员会、核管制委员会等。分离制的优点在于防止政府的专制和滥用权力,各独立单位沟通灵便,且相互竞争,能符合当代社会对简便、高效的行政工作的要求。但不足之处是各独立单位各自为政、政出多门,工作重叠、权力冲突,人力财力均很浪费,易导致行政组织的松懈与无能。

当今社会,分离制在行政组织中已很少见,而完整制则运用广泛,甚至已成为当代行政组织的一个原则。

4. 层级制和职能制。这是按照行政组织内部各机构的职权性质和范围而划分的组织体制。

所谓层级制又称直线制或分级制,是指行政组织体系纵向分作若干层次,每个层次所管辖的业务性质相同,上下层级之间是隶属关系,下级对其上级负责,各层级的业务管辖范围由上往下逐级缩小的行政体制。我国政府从国务院到省、县、乡人民政府共分四个层级,也属于一种层级制。采用层级制,有利于事权集中,统一指挥,发挥行政组织的整体效能。但纵向的层次到底分多少才是合适的?如何避免各级行政领导由于管辖过多而难以应付的局面?这些都是行政学应该思考的问题。层级制的缺点是结构呆板、缺乏弹性,无法适应复杂的环境变化,行政首长管辖过多,在组织活动内容日益复杂化时难以胜任。

所谓职能制,又叫分职制或幕僚制,是指在行政组织中,按照不同的工作性质,从横向上平行地划分出若干部门,每个部门所管辖的业务性质不同,但行政范围大致相同的行政体制。例如我国国务院分设若干部、委、办、署就是职能制的划分。职能制的好处是有利于行政组织内部进行合理分工、相互配合,提高人员的工作能力和工作效率。不足之处是缺乏合作精神,协调困难,容易产生本位主义,导致部门与部门之间的冲突,不利于统一领导和统一指挥。

在当代行政体系中,没有一个行政组织是单纯的层级制或职能制,而是把两者结合起来,以层级制为基础,在每一层级内又分设若干部门,形成层级——职能结构,这是行政组织多级递阶结构的组织规律与组织专业化趋势的双重要求的结果。目前世界上大多数国家采用这种行政组织结构,其特点是:纵向互相从属,每个上级机构对下级来说都是决策系统,每个下级机构对上级来说都是执行系统;横向互相并列,共同达成一个整体目标。在整个行政组织中,每一行政人员按地位顺序置于一个特定的职位上,从广阔的最低一级开始,逐级向上负责,越往上,机构和人员越少,最后汇总于层级制结构的顶端,权力和控制则从顶端向下延伸到各个层级,构成一个底大上小的"金字塔",通常称为"金字塔型"的行政组织体系。我国的行政组织也是实行层级制和职能制并用的"金字塔型"行政体制。

5. 矩阵组织体制。这是一种新的组织体制,也称为格子组织或项目组织,它是为了实现特殊目标或执行特定业务从不同的组织机构中选派人员组成临时性组织的行政体制。矩阵组织具有纵向和横向双重领导关系,纵向领导关系按"直线—指挥—职能"的标准设立,横向领导关系按"规划—目标—项目"的标准设立,任务执行人处于纵横两个关系的交汇处,分别接受两个方向的领导:一个是其本身所在的行政机构的行政首长的纵向领导,另一个是临时的项目管理者的横向领导。如我国三峡工程的专家论证小组成员就分别来自于中科院、中国工程院、水利电力部等多个不同的行政机构,在履行工作职责时受国务院三峡工程建设指挥部的统一领导,在工作完成之后又分别回到原来的部门。矩阵组织的突出优点是能够广泛而灵活地集中必要的人才资源及其他资源,而又不破坏原有的行政组织结构;其缺点是由于实行双重领导而容易破坏指挥统一,导致争权夺利或相互推诿。矩阵组织的特点决定了它主要适用于那些工作内容变动频繁、每项工作的完成需要众多技术知识的组织,或者作为一般组织中安排临时性工作任务的补充结构形式。在国外,矩阵组织主要适用于临时性攻关项目,尤其是那些需要多学科、高层次相结合的研究项目和工艺复杂且变化迅速的工程,如美国的阿波罗登月计划就是运用矩阵组织体制的典型。

第三节 非正式组织

一、非正式组织的表现形式及其特征

传统的行政学在研究行政组织时总是把着眼点放在正式组织上,所谓正式组织即具有一定组织目标并依照一定的规章制度和权责分配体系建立起来的行政组织,但在20世纪30年代著名的"霍桑实验"进行后,管理学家们发现在企业中实际存在着一种"非正式组织",它是企业职工在共同的生产中,必然产生的相互之间的人群关系与共同的感情群体,而且在这些群体中还自然形

成一种行为准则或惯例要求个人服从。这种非正式组织对组织成员的行为影响很大,是影响生产效率的重要因素。从理论上说,非正式组织是由人员间非正式交互行为而形成的社会关系网,它并非遵循法定程序建立,而是基于人与社会的关系所建立的交往系统。

凡是正式组织中的成员为了满足各自需要而建立的所有超越职务关系的团体均称为非正式组织。这样看来,非正式组织的表现形式十分多样化,如机关里的同事,在同一个工作岗位或同一个办公室里朝夕相处,彼此了解较多,在面临共同困难时,往往能彼此提供支持;又如在大学生中,室友、同乡、校友以及兴趣小组成员往往构成非正式组织,由于他们之间有着共同的出身、经历和爱好,彼此间会有更多的共同语言。此外,在社会上,教友、宗亲、病友、股友等也常常构成形形色色的非正式组织,以满足其成员的交往需要。

非正式组织一般具有以下特征。

1. 背景上具有共同性。即非正式组织的成员在文化背景上往往比较相似,或社会地位相差不多,常以彼此间的认同感或友谊作为联系的纽带,较容易找到共同语言。

2. 形式上具有不稳定性。非正式组织的产生既没人刻意设计,也没人强制压迫,完全是在相互认可的过程中自然、自愿地形成,因此,它往往无组织结构,无工作任务,无法定首长,内部关系不受正式法令和纪律的支配,而以约定俗成的道德规范、社会惯例和舆论等加以维持和调整。

3. 人员构成上具有不确定性。在非正式组织中,共同性质较一致的人构成其核心,其他人构成边缘部分并呈游离状态,当出现强烈的外部刺激时,非正式组织可能迅速分化或愈加一致。

4. 组织类别上具有共生性。非正式组织都是与正式组织相互依存的,并对正式组织形成直接影响,若干非正式组织可以同时并存于一个正式组织系统中,同一个人也可能同时是数个非正式组织的成员。

5. 组织行为上具有激烈性。在非正式组织内部总会产生一些公认的行为规范,成员如有违背,必定会受到他人的不满和谴责,形成团体压力。当非正式组织在共同意识或利益上受到来自外部的损害时,其成员可能采用激烈的、突发的、强硬的方式来维护既得利益,常可见到"群起而攻之"的现象。

6. 领导人物的天然性。非正式组织的核心人物往往是所谓的"天然领袖",其影响、动员、制约和号召他人的主要手段是其个人魅力和吸引力,他主要是靠影响力来实现领导职能的。

二、非正式组织的形成原因

非正式组织的形成原因主要可以概述为三个方面。

1. 满足社交、友谊等人类社会群居生活的需要。非正式组织的成员间往往有较深的个人友谊，并在各种正式或非正式的交往中维护和发展这种友谊。

2. 寻求理解和认同，取得保护和帮助。非正式组织的成员彼此常以朋友相称，在心情苦闷的时候，常能在朋友处得到倾诉的机会，许多非正式组织成员间的交往是互帮互助性的，能使每一个成员感受到群体生活的关心和温暖。

3. 维护、争取和实现既得利益，并谋求共同发展。非正式组织的成员往往具有共同的背景和共同的愿望，他们往往结成利益共同体，并以群体的力量去抵抗外部的侵犯或保卫自己的既得成果。非正式组织的成员在个人的志趣和追求上也往往比较一致，彼此的交往能促进其共同的发展。

三、非正式组织的影响

1. 有利影响。非正式组织的存在，有其好的一面，即对正式组织具有一些有利的影响，主要有：

(1) 为正式组织的成员提供社交活动的满足；

(2) 为正式组织成员提供了精神避难所，能使其在工作遇到困难时得到安慰和帮助；

(3) 为正式组织功能的更好发挥创造条件。比如说，非正式组织的交往能使其成员更加安心工作，从而分担管理人员的工作负荷，弥补管理人员的能力不足；又比如说，非正式组织内部信息的传播速度很快，管理人员在重大决策之前可以先放出"试探气球"，看看其可行性如何；

(4) 降低缺勤率及人员周转率。良好的非正式组织的存在，能使其成员为了珍惜与其他成员所建立的和谐人际关系而自动减少缺勤时间或不轻易离职他就，保持组织成员的稳定性。

2. 不利影响。非正式组织的存在也有不好的一面，即对正式组织具有一些不利的影响，主要有：

(1) 限制产量。生产部门中的非正式组织成员间一般达成默契，每人维持一个固定的产量不变，谁也不能偷懒，但谁也不能提高产量以显示自己的能耐,这种做法往往会使正式组织在一个相当长的时间内维持一个固定的产量数不变,任何提高生产率的努力都会得到非正式组织成员无形的抗议;

(2) 抗拒变革。非正式组织成员在许多方面结成利益共同体,以保护既得利益为第一需要,正式组织中进行的任何变革都会导致组织结构的震荡,损害一部分人的既得利益,为此,非正式组织成员往往抱成一团,抗拒变革,对一切都持消极保守的态度;

(3) 散布谣言。一般来说,谣言并不起源于非正式组织,但是只要谣言一进入非正式组织,马上就会产生强烈的"葡萄藤"效应并加速扩大其传播,谣言的泛滥对正式组织开展工作极为不利。

四、如何对待非正式组织

对待任何非正式组织,都应该本着一分为二的态度,既看到其有利的一面,又看到其不利的一面,努力争取扬长避短,使之更好地为完成正式组织的目标服务。行为科学家们提出了对待非正式组织的方法:首先了解它们,其次接纳它们,最后影响它们。

1. 了解它们,就是想方设法搞清楚非正式组织是为何而存在的?存在的目的是什么?领导人物是谁?凝聚力有多大?潜在影响力如何?等等,仔细观察非正式组织成员之间的交往方式和相互影响,探寻他们的共同见解和态度。

2. 接纳它们,就是让非正式组织成员了解,他们已被管理人员所接受,尽量考虑让他们参与决策的制定,在采取任何行动前应考虑其对非正式组织可能产生的影响,并多找机会接触非正式组织的领袖人物,征求其对组织的意见。

3. 影响它们,就是让非正式组织成员努力培养团体意识,加强他们对正式组织的归属感和认同感。同时应设法协调正式组织与非正式组织的目标,使它们趋于一致,如发生对抗时则应对其持反对态度的领袖人物予以调离或辞退,以维持正式组织的稳定。

【案例】

A厂是一家中型企业,共有厂长四名:正厂长统抓全厂的工作,同时兼管六个车间;生产副厂长分管生产科和供销科;技术副厂长分管技术科和质量科;生活副厂长分管劳动工资科、财务科、总务科和教育科。多年来,在这八个科室中,除财务科与其他科室职责分明,很少有推诿和扯皮现象外,其余七个科室经常出现推诿和扯皮现象,因此牵制了正副厂长的许多精力。经济体制改革深入开展后,A厂领导仔细分析了厂里科室组织机构的现状,决心进行科室组织机构改革。改革的方案是:将厂财务科独立出来,将其余的七个科室合并成为生产经营科、技术开发科和总务科这三个科,科下面设股。生产经营科包括生产股、销售股、原料供应股;技术开发科包括产品设计股、产品开发股、质量股;总务科包括劳动工资股、行政股、教育股。每个科各有科长一名,副科长若干名;每个股也设股长一名,副股长若干名。三名副厂长分别兼管这三个科。改革之后,把原来二十多名正副科长压缩到十名正副科长,其余的人被安排到厂部或车间从事相应职务的工作,这样,中层干部人数大大减少。改革方案实施后的半年内,全厂超额完成了八项经济指标,产值、利润都比前半年增长了许多,职工的收入也有了一定的增长。为此,A厂得到了厂内职工和上级公司的好评。

然而,随着时间的推移,A厂的科室组织机构和内部的生产管理上以及对外的业务联系中,逐渐暴露出了一些问题。这些问题主要是:① 科内股与股之间的推诿和扯皮现象逐渐多起来了;② 有些急需处理解决的事,由于得经过副股长、股长、副科长、科长、副厂长、厂长等多层次而延误了时间;③ 原先管理层次和管理部门不多的厂部和车间,由于科室调整时容纳了许多科级干部,增加了管理层次和管理机构,因而这两个层次也出现了互相推诿和扯皮的现象。随着这些问题的产生和发展,A厂的工作效率越来越低。究竟怎样才能真正建立起一个高效率的科室组织机构呢?厂长们百思不得其解。

请问:1. A厂领导对科室组织机构进行了改革,为什么不仅科室组织机构的问题没有解决,反而引起厂部和车间也出现了一些问题?
2. A厂在改革科室组织机构方面有哪些经验和教训值得我们注意?

复习思考题

1. 什么是行政组织?它有哪些重要特征?
2. 行政组织的构成要素主要有哪些?
3. 我国常见的行政组织主要有哪几类?

4. 何谓行政组织的目标？组织目标是如何制定的？
5. 简述目标管理的含义与内容。
6. 常见的行政组织体制有哪几种？我国的行政组织体制大致属于何种类型？
7. 请举出我们生活中常见的几例非正式组织的表现，说说它们的利弊。

第七章 人事行政

【提示】

某市电力局要选拔两位年轻的副局长,局里提了两个对象:小方,35岁,做过基层厂长,他脑子灵活、性格开朗、办事果断,善于接受新事物;小陈,34岁,做过一家下属公司的副经理,他具有实干精神,个性较强,有一定的经营管理能力,但不擅言辞,社交能力较差。如何给这两位年轻干部压担子呢?李副局长主张对他俩先加强岗位培训,在局机关各处室轮流过渡一番,再让他们分管某一方面的工作。王局长则主张应先让他们独立搞几个大项目,通过打硬仗来发挥他们的潜能,提高其统抓全局的能力。最后决定,小方按第一种方式培养,小陈按第二种方式培养。小方在半年多的时间里,先在各机关处室熟悉工作,后调到局长办公室,由于分工太细,以及工作过于具体琐碎,使他锐气大减,头脑也受到束缚,加上从基层跳跃到局级机关不免心中有些胆怯,结果导致成绩平平。小陈在这半年多的时间里,王局长放手让他办了三件事:第一,让他抓横向经济联合;第二,授权他担任引进一套技术设备的主谈判人;第三,让他到局系统的教育中心,独当一面地办了几期法制培训班。通过努力,小陈顺利地完成了这三项工作,这些工作不但提高了他统筹全局、独立工作和协调各种关系的能力,而且使他原来不擅言辞的缺点也有了很大的改进,其工作成绩得到了全局领导的一致好评。上述两种培训干部的方法,哪种更加科学合理呢?

行政管理活动的主体是人,人是整个行政活动中最活跃的因素。没有人,就构不成行政活动、行政关系和行政组织,行政功能也就无从体现。任何行政组织为了更好地实现组织目标,必须建立起一支能够充分了解组织的使命并努力完成组织任务的人员队伍,并且采取一定的措施和手段对他们加以管理和监督,这就形成了一定的人事行政制度。研究人事行政的目的在于人尽其才,事尽其功,努力提高行政管理活动的效率。我们在研究和探讨人事行政时,应学习各国人事管理的先进经验,完善我国的公务员制度,逐步实现人事行政的科学化和法制化。

第一节 人事行政概述

一、什么是人事行政

1. 人事行政的含义。在现代行政管理科学中,"人事"这个词的特定含义是指人们在社会生活中人与事、人与人之间的关系。构成人事的基本要素有三个:一是人,二是事(工作),三是人与人、人与事之间的关系,三者有机结合,相互协调,构成了人事活动的内容。人事行政就是指国家行政部门为了最大限度地罗致人才和发挥所属成员的内在功能,以完成所担负的国家行政管理任务,而在政府行政人员的选拔、任用、奖惩、权益等方面所制定和形成的一整套规章、制度、标准、政策、管理方法和艺术的总和。具体地说,就是指行政机构以科学的方法,制定一整套行政人员的分类、选拔、任用、培训、考核、奖惩、工资、福利等制度与措施,使行政人员积极工作,努力奉公,发挥最大的潜能,以提高整个行政活动的效率。

人事行政与人事制度的概念有所不同,人事制度常指公务员制度或文官制度等等,其特征是静态的,多偏重于成员的法定权责关系以及法令规章的制定;而人事行政则是动态的,除了有关制度方面的规定外,还包括行政人员的心理状态分析等,其范围较之人事制度更为广泛。人事行政与人事管理的概念也有细微的区别,人事管理常常指人事行政政策的具体执行和实际应用,一般可以理解为是人事行政所使用的行政技术方法和具体执行程序等等。

2. 人事制度的发展历史。在人类社会发展史上,人事制度的种类繁多。在西方近现代历史上,主要经历了三种不同的人事制度,那就是贵族型人事制度、官僚型人事制度和民主型人事制度。贵族型人事制度是一种封建性较强的人事制度,它注重门阀和阶级的区别,强调高级官员必须有较高的门第、家世、出身和社会地位,它把公职人员划分为森严的等级,彼此间不能互相流动。官僚型人事制度是封建君主制度推翻以后遗留下来的副产品,这种制度的特点是:官员自成体系或集团,不受选民的监督与控制,公民对不称职的官员无可奈何;官员自上而下实行一元化控制,只对上级负责,不对公众负责,官员任职实行终身制,是一种不求有功、但求无过的不民主的人事制度。民主型人事制度的特点是，公民在法律上和实际上都有平等的权利和机会竞选官职，各级公务员的应考资格没有门第、出身、党派和性别的限制，完全按成绩选用，人事制度的管理有法可依，并有强有力的人事监察制度作为保障，以保证行政人员奉公守法，发挥出积极性和创造性。

我国人事制度的发展由来已久，从西周的"世卿世禄制"、"军功爵制"到汉朝的"察举征辟制"，魏晋南北朝的"九品中正制"，再到隋朝开始实行的"科举制"，期间经历了从官吏的世袭制到不分门第限制、择优选官的科举制度，反映了人事制度的巨大发展。尤其是延续达1 300多年的科举制度，对巩固以中央集权制为特征的封建统治起了重要作用，这种通过考试择优录用的选官方式后来被介绍到英美等西方国家，为西方文官制度的创立提供了典范。辛亥革命以后，孙中山先生制定了五权宪法，把国家权力分为立法、行政、司法、监察、考试五种，并相应建立五个机构，其中的考试院为最高人事管理机构，主管行政官员的考试、任用、升迁、退休等事项，为旧中国公务员制度的实行建立了管理中枢。

新中国的人事管理制度经历了一个变化的过程，实行的是党管干部的原则，实行中央统一领导下的各级党委分级管理干部的制度，从1953年起，又逐步建立了在中央及各级党委组织部统一管理下的分部分级管理干部的制度。1957年反右斗争后，由于受"左"的思想影响，政治审查成为干部选拔与考核的主要内容，专业技术人员和知识分子都受到歧视。"文革"时期，中央和地方的人事机构被撤销，干部的录用失去了计划性，产生了几百万"以工代干"和"以农代干"的干部，人事工作完全处于混乱状态。党的十一届三中全会以后，我国的人事制度得到了恢复和发展，提出了干部"四化"的方针，废除了干部领导职务终身制，建立了干部离退休制度，并进行了干部任用制度的改革，到1988年正式提出实行国家公务员制度，标志着我国的人事制度发展到一个新的阶段。

3．人事行政的意义。人事行政在整个国家行政管理活动中处于非常重要的地位，因为每个社会都存在着对政治、经济、文化等诸方面的管理，而对社会进行各方面管理的人，首先要受到管理，以保证人事关系的协调一致，这是整个行政管理活动的关键所在。从长远来看，人事行政不但在国家政权建设中起着核心的作用，而且还关系到国家的长治久安和建设事业的成败。人事行政对国家行政管理的重要意义主要在于：

（1）要履行国家的政治、经济和社会职能，行使国家的政治权力，必须把那些忠于国家和人民、具有远大抱负和历史责任感的贤能之士选拔到国家各级行政机关中来,以确保国家机器的正常运转和国家职能的实现。古语说得好:"为政之要,唯在得人",作为"为政之要"的具体实施者,政府的全部职能都要通过他们得以实现。因此,能否科学地选拔和任用这些施政者,是国家和民族兴衰存亡的关键。

(2) 人事行政是培养人才、开发人才、促进人才成长的重要途径。一个国家如果建立了相当完善的人事行政制度,就能不断地发现人才、选拔人才、培训人才,让每个人才都能在得到良好发展环境的前提下充分发挥其聪明才智,为国家的行政管理部门源源不断地输送新鲜血液,保证国家行政管理事业后继有人,并始终焕发出勃勃生机。

二、人事行政的原则

人事行政具有一些基本原则,主要包括下列七个方面内容。

1. 选贤任能原则。即选拔贤才,任用能人,这是人事行政必须坚持的首要原则。人事行政必须要挑选出具有真才实学的人员担任国家各级行政部门的领导者,所有被任用的人员必须符合任职条件和工作标准,不符合条件和标准的决不任用,不论其来自什么渠道,具有多么强硬的靠山。在当前,各级行政部门尤其要注重选拔那些懂得现代科学知识和管理知识的复合型人才,特别要重用具有改革与创新精神的开拓型人才。

2. 激励竞争原则。就是要把竞争机制引进到人事行政工作中来,形成一种优胜劣汰、优升劣降的用人环境。人事行政应当运用激励机制,把工作人员的录用、升降、奖惩和工资待遇等同其为本部门所做的贡献联系起来,以最大限度地提高他们的工作积极性。当然,要正确运用好激励机制,其先决条件是提供公平的竞争机会,让每一个工作人员都能在公开和平等的前提下得到晋升和奖惩,以培养和促进行政人员的工作热情和工作责任感,增强人事行政的生机和活力。

3. 成绩主义原则。即把行政人员的工作实绩作为其评价、奖励、晋级、晋职的主要标准,因为工作实绩是一个人的业务水平、工作能力和工作态度的综合反映。也就是说,实际工作成绩是检验领导者是否优秀的试金石。成绩主义原则要求做到"有功者上,无功者下",只有坚决贯彻这一原则,才能使各种人才不吃年龄、资历、学历等老本,尽最大努力去创造新的、更优异的成绩。

4. 适才适位原则。即把人才用在适当的职位和岗位上,大才大用,小才小用,高才高用,低才低用,使每个人才都能各遂其志,各得其所,各尽其才,各献其功。国外管理学者有句名言"没有无用的人才,只有无能的管理",意思是强调领导者和管理者必须善于任用各种各样的人才,并把他们安置到合适的岗位上。实行这一原则,要明确规定每个职位所需要的资格与条件,并熟悉每个人的专长、志向、性格、能力等,真正做到职与能相称,人与事相适,做到"人尽其才,才尽其用"。

5. 智能互补原则。即要使一个单位发挥较好的效能,必须合理搭配各种工作人员,组成一种最佳的组织结构,使各种人员在智力、能力、技术、性格、年龄、体力等方面互相补充,互相配合,取长补短,团结协作,发挥集体力量,共同完成总体目标。

6. 民主监督原则。即在人事行政活动中,必须实行民主管理,加强监督,提高人事行政工作的透明度,提高社会公众的参与程度,使全社会了解政府活动,实行人事行政活动的公开化。其中,尤其是人民群众对政府人事行政工作的直接监督,是实现行政民主化的重要途径,须切实加以履行。

7. 依法管理原则。人事行政工作要使管理方式更趋合理,避免主观随意性和不稳定性,必须实行依法管理。这是因为法律本身具有公开性、稳定性和有效的约束性,是规范整个社会行为的重要规则。所以,在人事行政活动中,必须以宪法和法律为指导,制定和完善人事工作的基本法规,建立和完善监督机制,确保法规的实施,真正实现人事行政的法制化管理。

第二节 国家公务员制度

一、西方文官制度

1. 文官制度的含义。文官,也称为公务员,译自英文"Civil Servant"(单称)或"Civil Service"(总称),是指经过公开考试,被政府部门择优录用,在中央及地方行政机构中长期固定地担任文职工作,并具有一定等级的工作人员。它不包括军事人员、政务官及部分外交、领事官员。在不同的国家里,文官的概念各有其特定的范围,在英国,上自常务次官,下至清洁工,除政务官(大臣、国务大臣、政务次官)外,一切国有企事业单位文职人员、地方自治人员、法官、以及通过考试产生的官员等,统称文官。在实行三权分立的美国,文官被称为"Governmental Employee",意即"政府雇员",分为广义与狭义两种。广义的文官指行政部门的所有雇员,包括总统、州长、部长、副部长、助理部长、独立机构的长官等政务官和行政部门的所有文职人员,但不包括立法部门的议员及国会雇佣的职员和司法部门的法官及法院其他工作人员、军队的军官及文职人员等。狭义的文官仅指行政部门的所有文职人员(政务官除外)。在法国,文官则是国家机关的全体人员,只是分不适用于公务员法的公务员和适用于公务员法的公务员两大类,前者包括立法、司法、检察机关工作人员、军事人员、工商业性质的国家管理部门的人员、工商业性质的公用事业和公益机构人员、市、镇的公职人员等;后者指中央政府及地方行政机关从事国家管理事务的常任官员。

不管对文官的称谓如何,一般情况下我们所指的西方文官都是指通过非选举程序而被任命担任政府职务的国家工作人员。它包括三层含义:

(1) 文官都是按照国家的正式规定,通过一定法定程序而任用的人员,他们与国家的关系不是契约关系,根本不同于私营单位与雇员的关系;

(2) 文官都是执行国家公务的人员,其服务对象是国家,因而区别于其他社会职业;

(3) 文官行使国家行政权力,在执行公务时代表国家,因而必须依法办事。

文官制度,是指由法律或法令规定的关于政府文职官员的考试、任用、考核、监督、升降、薪金、奖惩、免职、退休等一整套管理制度。

2. 西方文官制度的产生和发展。西方国家的文官制度并不是从来就有的。最早在欧洲的封建制国家中实行的是"恩赐官职制",就是国王和大臣根据自己的喜好把官职赐予手下人。美国建国后,最早实行的是"个人徇私制",就是当权者按个人关系的亲疏好坏来任用官员。在两党制出现后,西方国家形成了有名的"政党分赃制",主要表现在美国。所谓"政党分赃制",就是把政府的所有官职当成战利品,竞选得胜的政党首脑有权像指挥官一样,把官职作为奖赏分给有功之臣。在19世纪,"政党分赃制"愈演愈烈,往往新总统一上台,大小官员几乎全部被总统的同党所更换,造成政府更迭频繁,政局不稳,政府工作无法维持正常运转。这一现实促使西方国家下决心改革旧的官吏制度,实行新的官员制度。

在19世纪早期,英国许多政治性报刊开始经常撰文介绍中国录用官员的程序和方法,主张英国实行中国式的文官考试。1833年,英国政府各部开始实行官职的考试补缺制度,迈出了人事制度改革的重大一步。1853年,英国政府对东印度公司的人事制度着手改革,由国会委派一个麦考莱委员会提出改革方案。翌年,该委员会提出了《关于建立英国常任文官制度的报告》(也称为《诺斯科特——屈维廉报告》),报告建议设立常任文官制度,包括考试录用文官、重视文官的专业水平、严格考核文官、提拔优秀文官等等。这个报告成为英国建立文官制度的理论依据。此报告后来由英国政府以枢密院令的形式颁布,从而奠定了英国近代文官制度的基础。1870年,英国政府又颁布了第二个关于文官制度改革的枢密院令,标志着英国文官制度的正式建立。它是世界上正式建立的第一个常任文官制度。英国文官制度的主要内容有:

(1) 行政工作分为智力工作(即行政级)和机械工作(即执行级)两类;

(2) 成立文官事务委员会,实行公开竞争考试;

(3) 晋升职务以工作成绩为主要依据;

(4) 统一管理,以利于人员在各部门间流动。

1968年,英国进行了一次文官制度的重大改革,成立了由首相直接领导的文官事务部,调整录用文官的原则,变"通才"为"专才",成立文官学院,改进考试录用方法。到撒切尔首相执政时期,英国文官制度又进行了一系列的改革。

在美国,为了从根本上改变"政党分赃制"给美国政治带来的诸如政局不稳和官员素质低下等种种弊端,1840年国会提议建立公务员分级考试制度,但一直没能付诸实施。后来政党分赃愈演愈烈,直至出现1881年因分赃不均而导致加菲尔德总统被刺事件,才使官员制度改革提上议事日程。1883年,美国国会正式通过了由议员彭德尔顿提出的《文官制度法案》(也称为《彭德尔顿文官法》),建立了以"功绩制"为特点的文官制度,即依据公开考试的成绩和实际工作的功绩来录用和提升公职人员的制度。美国文官制度的主要内容有:

(1) 建立由三人组成的文官委员会,统管文官事务;

(2) 建立公开的竞争考试制来录取文官,取消分赃制;

(3) 文官应保持"政治中立",不得参与政治活动;

(4) 对文官进行分类。

日本等国在二战后也采用了美国式的文官制度。

3. 西方文官制度的特点。西方文官制度的主要特点有:

(1) 公开考试、择优录用。即所有文官都必须通过公开的竞争性考试择优录用,政府任何一级官位都向成绩优秀者开放。西方各国都用立法的形式把考试内容、方式、条件、机构等固定下来形成制度,这对建立一支精干、稳定和高水平的公务员队伍,保持行政系统的高效率和连续性起了重要的作用。

(2) 职务常任制。西方国家一般把政府官员分为两类,一类称为政务官,他们随政党竞选的胜败而进退,有一定的任期,主要担任各部、委的行政首长;另一类为事务官,即我们通常所称的文官,他们一般被录用后就按工作成绩逐年提升,对自己的本职工作有全面的了解,实行职位的常任制,只要没有过失,就可以终身任职,有终身的职业保障,并享受较为优厚的待遇。西方国家的实践表明,公务员的职位实行常任制有利于政局的稳定和行政管理的连续性,有利于政府工作效率的提高和行政管理专家队伍的成长。

(3) 政治中立原则。即所有文官必须在政治上保持中立,不得介入党派活动,不得参加政党的竞选活动,不得以党派偏见影响决策,文官的工作与党派之争完全分开。另外,文官也不得参加任何经济性的营利活动,并接受各种政治捐款。实践证明,坚持政治中立原则有利于公务员以公正态度处理行政事务和保持政府工作的稳定性,因此许多国家都以立法形式确定这一原则。

4. 西方文官制度的弊端。西方文官制度在建立初期,确实产生了很好的效果,但经过 100 多年的发展,到今天已出现了许多难以克服的弊端。最明显的有以下两个方面:

(1) 在各行政部门中,作为外行调任的行政首长(政务官)往往没有什么实权,各部门的实际权力掌握在常务次长手里,常务次长手下往往有自己的一套班子,若其调任他职时,常把自己手下人一起调去,这就在文官中形成许多拥有实权的小官僚集团,他们以实力对抗行政首长,造成文官的实际地位高于政务官的局面,加大了政策执行的难度;同时也造成了文官集团的保守性(维护既得利益)和官僚主义化(官官相护)。

(2) 虽然西方国家一直在标榜文官的政治中立,但目前的实际情况是,许多文官和政府要员、垄断财团的老板及议会的议员等有着密切的关系,许多大企业常常通过拉拢或收买那些握有实权的文官来为自己谋利益。文官之间串通一气,常常能直接影响政策的制定和执行。可见,文官完全中立是不可能的,他们仍是统治者使用的工具。

二、我国国家公务员制度

1. 什么是我国的国家公务员制度?我国的国家公务员制度是指制定法

律法规,依法对国家公务员进行科学管理的各种制度的总称。

我国的国家公务员,就是指各级国家行政机关中除工勤人员以外的工作人员。包括各级政府的组成人员以及在政府机关中从事党务、社团组织的专职工作人员。在当前,还有一些使用事业编制却行使国家行政职能,从事行政管理活动的单位的工作人员(工勤人员除外),也划入公务员制度的实施范围。

我国的国家公务员从总体上可分为领导职务类和非领导职务类两个大类。

领导职务类公务员是指实行任期制的政府组成人员,也可称为政务类公务员。具体说就是由公民依法选举产生或由权力机关依法选举产生,或由权力机关决定、任命的国家公务人员,一般是指各级政府中的领导人员。我国政务类公务员的基本特征是:

(1) 选任制。即相当部分的政务类公务员都是由公民和人民代表依法民主选举产生的;

(2) 任期制。即根据我国宪法和法律规定,中央一级的政务类公务员每届任期为5年,连选连任最多为两届;

(3) 监督负责制。即所有政务类公务员必须向选举他们的同级人民代表大会及常委会汇报工作,主动接受监督,人民代表大会有权依法罢免和撤换不称职的政务类公务员。此外,政务类公务员还必须与人民群众保持密切联系,倾听人民群众的意见和建议,并接受全社会成员的公开监督;

(4) 所有政务类公务员的管理均应由选举产生他的同级国家权力机关依法进行。

非领导职务类公务员,也称为业务类公务员,是指通过公开竞争考试,取得公务员资格,从事一般行政管理或业务性工作,拥有执行政策权限,负有相应的行政责任的国家公务人员。业务类公务员的管理程序按国家公务员法或条例规定进行。其管理的基本原则是:

(1) 依法管理;

(2) 公开考试,竞争录用;

(3) 实行常任制;

(4) 建立考绩制;

(5) 实行逐级晋升及退休制度;

(6) 实行职位分类管理制度;

(7) 由国家行政机关负责日常管理。

2. 国家公务员的职位分类制度。从历史上看,行政官员的分类主要有两种形式,即品位分类制和职位分类制。品位分类制把行政人员的资格地位高低作为等级划分的主要标准,像学历、资历等,如在古代中国就有把全国大小官吏纳入从正一品到九品的统一品位等级系列的制度。这种分类制的特点是重人不重事,以官阶来鼓励行政官员,官与职分开,既可以有官无职,有职无官,也可以官大职小,官小职大。而职位分类制则把官和职融为一体,把千千万万复杂的工作职位,按工作性质、难易程度、责任轻重、所需资格这四个因素,划分为若干类别,再划分为若干等级,每一类、每一级都规定特有的职责规范,并确定相应的报酬,作为考试任用、升迁、工资、考核、奖惩等的依据。职位分类制以"事"为中心的职位观念,代替了以"人"为中心的品位观念,它因事设职,按职择人,进而达到同工同酬,适才适所。它重视专家的作用,强调专才专用;重视科学管理和效率,强调任何职务都要有详尽的分析和说明。近几十年来西方国家的实践证明,职位分类制在人事行政管理中起了相当大的作用。

长期以来我国干部分类过于笼统,官、职分离,很不利于管理,实行公务员制度以后,我国明确规定在国家行政机关实行职位分类制度。我国国家公务员的职位分类制度,是在吸收职位分类(以事为中心)与品位分类(以人为中心)的长处基础上根据我国国情制定的。主要内容包括四个方面:

(1) 进行职位设置;

(2) 制定职位说明书;

(3) 确定公务员的级别;

(4) 对公务员的职位进行管理。

《国家公务员暂行条例》指出:"各级国家行政机关依照国家有关规定,在确定职能、机构、编制的基础上,进行职位设置;制定职位说明书,确定每个职位的职责和任职资格条件,作为国家公务员的录用、考核、培训、晋升等的依据。""国家行政机关根据职位分类,设置国家公务员的职务和等级序列。"对公务员实行分级制度,这是我国公务员制度的一个特色。确定公务员的级别,依据的条件有两个:一是公务员所担任的职务,这决定着公务员的级别范围;二是公务员的德才表现、工作实绩和工作经历(主要包括任现职的时间和工作年限),这决定着在一定职位上任职的公务员确定的级别。条例把国家公务员的职务分为领导职务和非领导职务两种,把国家公务员的级别分为15级,并相应确定了职务与级别的对应关系。

3. 我国国家公务员制度的建立与发展。20世纪80年代初,随着我国改革开放步伐的加快,特别是经济体制改革的深入,原有的干部人事制度存在的缺陷和问题日益明显地暴露出来,由于管理方式单一、管理方法僵化、缺乏科学合理的管理机构,造成我国政府机关的工作人员缺乏主动性和积极性,一方面优秀人才得不到及时选拔和合理使用,另一方面政府机构的行政功能难以发挥良好的作用。因此,改革和完善中国干部人事制度已势在必行。

早在1980年,邓小平在《党和国家领导制度的改革》一文中明确指出:"要打破老框框,勇于改革不合时宜的组织制度、人事制度。"此后不久,我国开始政府机构改革,对领导干部实际存在的职务终身制予以废除,在干部的录用、培训、考核、交流、离休、退休等方面进行了卓有成效的改革,并从1984年起开始进行人事立法工作,组织起草了《国家行政机关工作人员条例》。是年10月召开的中共十三大正式提出建立国家公务员制度,并把它确定为我国干部人事制度改革的重点。1988年召开的七届人大一次会议继续强调"要抓紧建立和实施国家公务员制度",并决定成立国家人事部,由它来负责公务员制度的推行工作。从1989年开始,我国公务员制度进入到推行阶段,年初,中央首先在国务院所属的6个部门进行了公务员制度的试点。1990年试点扩大到哈尔滨和深圳两市,1992年后,又在全国20个省市进行试点工作。1993年4月24日,国务院常务会议讨论通过了《国家公务员暂行条例》,该条例于同年8月14日正式颁布,并自1993年10月1日起在全国施行。该条例的颁布和施行,为国家公务员的科学管理提供了法律保障,标志着我国国家公务员制度的正式建立。

从《条例》的规定来看,我国的国家公务员制度表现出以下一些特点:

(1)具有科学的竞争激励机制,尤其是通过竞争考试择优录用的方法,保证了公务员队伍的较高水准;

(2)具有正常的新陈代谢机制,如对国家公务员的录用、辞职辞退、退休等方面的规定,为保证公务员队伍的新旧更替奠定了基础;

(3)具有勤政廉政的约束机制,《条例》第七章明确规定了公务员应严格遵守的纪律和在违反纪律时应给予的处分,这为公务员努力做到廉洁奉公创造了制约机制;

(4)具有健全的法规体系,《条例》规定了在公务员的录用、考核、培训、任免等过程中应严格按有关实施细则办理的做法,为实现国家公务员的法制化管理创造了条件。

为了更好地贯彻执行这一条例,国家人事部在随后3年内陆续颁布了《国家公务员辞职辞退暂行规定》、《国家公务员培训暂行规定》、《国家公务员奖励暂行规定》和《国家公务员职务升降暂行规定》等一系列实施细则,为在全国范围内广泛建立国家公务员管理体制做好法律上的准备。目前,北京、上海等一些大中城市已连续几年举办了公务员任职资格考试,一大批有志青年通过竞争性考试后被择优录用,进入国家公务员的行列;各地的政府部门正在着手进行机关工作人员的定编和编制职位说明书的工作,为实行职位分类制做好前期准备;有关公务员的工资待遇和福利等方面的政策也将出台。总之,我国的公务员制度正呈现出一种蓬勃兴旺的发展势头。

当然,要从我国目前实行的干部制度完全过渡到国家公务员制度还存在着不少困难,特别是现有的几百万机关干部的过渡问题显得尤为突出,因此,目前各地实行公务员制度的重点都放在新进人员的考试和录用方面,但处理机关内部多余的在编人员的分流则显得较为困难。不过,只要国家人事部门加强法律和法规建设,坚持依法办事,努力根据各地的实际情况制定相应的政策措施,就一定能顺利地建立与完善我国的国家公务员制度,为实现人事管理的科学化和现代化奠定基础。

第三节 国家公务员的管理体制

国家公务员的管理体制,是指各级政府人事部门依法对国家公务员实施管理的各项管理活动与管理制度的总称。它涉及的内容很多,包括人员的选拔、任用、调配、分类、培训、考核、交流、奖惩、工资、福利和退休等等,以下主要介绍其中的几个基本内容。

1. 选拔制度。任用和选拔国家机关工作人员是人事行政的初始环节,也是国家公务员管理体制的核心内容。国内外比较常用的任用方式主要有以下几种:

(1) 选任制,就是用选举来确定任用对象的方式。一般说来,选任制能够较好地反映人民群众的意愿,体现民主管理的原则,因而比较适合于选拔各级行政领导人员。由于选举通常是定期进行的,并对任期有严格规定,而且被选者必须向选举他的公众负责并受公众的监督,因此,选任制有助于克服官僚主义和领导职务的终身制。但专业管理人员和科技人员的选拔,一般不适宜采用选任制。

(2) 考任制,就是通过公开考试的方法来考查应考者的知识和才能,并以考试成绩的优劣为依据,由用人单位选拔所需要的各种人员。由于考任制具有明确统一的评价标准,并遵循平等的竞争原则,可以在最广泛的领域内选拔出符合需要的优秀人才担任适当的职位,因此,是一种富有生命力的任用形式。特别是在选拔和录用广大的中下级行政管理人员和科技人员时,考任制应用得最为普遍。因为考任制有学历的规定和年龄幅度的限制,可以从一开始就保证应考者具有年轻化和必要的专业水平。但它的缺点也很明显,就是考试一般只能考查一个人的知识和才能,而一个人的思想品德和政治素质是难以用考试的方法得到客观评价的,因此还必须辅之以考察的方法。

(3) 委任制,就是由上级机关或由人事部门按照其管理权限直接指定下属工作人员的方式,委任制适用于同行政首长紧密合作的行政人员以及必须向上级机关直接负责的官员。这种任用方式的特点是权力集中,指挥统一,任用程序简单明了,缺点是容易造成单凭个人好恶用人的弊病。在现代行政管理中,委任制主要适用于政府部门的副职以下的负责人以及领导者的秘书和辅助人员等。

(4) 聘任制,就是用人单位运用合同形式聘用行政人员的方式。用人单位有聘用和解聘的权力,个人有应聘和辞聘的权力,在合同中一般明确规定双方的责任权利及有效期限。聘任制通常适用于国家机构的管理人员和专业人员、科技人员等。聘任制的好处既表现在破除人才的部门所有制和地区所有制,有助于人才的合理流动;又表现在一定的合同期内能保持人员的相对稳定,充分发挥专业技术人员和管理人员的积极性。实行聘任制必须要有严格的岗位责任制和考核制作为保证,否则很容易在实行过程中被"关系学"所利用。

上述四种任用方式中,以考任制的地位最重要。西方文官制度的产生和发展,都是以考试制度作为突破口。英美等西方国家的文官制度从建立至今,经过了多次改革,但公开考试、择优录用的原则不但始终没有被削弱,反而日益得到加强。目前,考任制已成为许多西方国家最主要的行政人员任用方式。如美国现任政府工作人员中 90.9% 都是经过考试录用的,其中报考外交人员考试与录用的比例为 50∶1,而录取人员经过训练还要淘汰一半,最终录用者只占报考人数的百分之一。这种严格的考任制度充分保证了被录用人员的高水平和高素质。目前,世界各国在公务员的考试方法上已趋向科学化和专门化,以考试的科目、方法和种类为主要内容的考试本身已经成为一种专门技术。如在考试科目的设置上,英国重视传统和通才,因此考试科目包括母语、古文或外语、数学、历史和地理、科学、政治与经济等,主要考核应考者的文化知识和一般能力,但近年来也采取一些"问题讨论"等考试科目;美国重视实际的、技术的、职务的性质,考试科目以语文能力、数理能力、思维能力以及行政裁量能力为主,同时还考历史等科目;日本的考试科目最广泛,包括政治、经济、法律、时事、历史、地理、哲学、文学、外语、语文、数理化知识等,技术官员还要进行专业知识考试,等等。就考试的方法来说,各国的考试方法不外乎笔试、口试、心理测试、实验考试和著作发明审查五种,一般采用笔试与口试相结合的办法。笔试主要考查应考者的各种知识水平、理论水平、写作能力、阅读能力等,口试则主要用于应考者的语言表达能力、应变能力、解决实际问题的能力,以及性格、态度、气质等等。

我国国家公务员的录用,严格遵循公开、平等、竞争、择优、德才兼备、因事择人六项原则,由国家行政机关按照法定的程序,采用公开考试,严格考核的办法,从社会上选拔人员担任主任科员以下非领导职务,进入公务员队伍,并建立相应的公务员权利与义务等法律关系。报考国家公务员,应当具备国家规定的资格条件,主要是政治条件、素质条件和身体条件等等。

2. 培训制度。二战前后,西方各国认识到培养人才以推进经济和社会发展的重要战略意义,纷纷将公务员的培训工作列入法定范围。1937 年,美国纽约州率先在教育厅内设立公务员训练局,开创了政府设置公务员训练专职机构的先例;1944 年,联邦政府根据阿什顿委员会的报告,在财政部设立了培训教育司,在各部任命培训官员,建立了国家文官惠特利委员会联合培训委员会,作为文官培训机构。英国于 1968 年在文官部内成立了人事管理培训司,接管了原财政部培训教育司遗留下来的职责。1977 年,法国成立了"国家职业教育部",下设继续教育局,并在全国设有 22 个职业教育部的代表机构。该部主管全国的职业培训,负责全国的继续教育的立法和统一管理,分配使用继续教育的经费。

国外的公务员培训大致分为两种,一是职前培训,即公务员录用后,在正式参加工作之前,对公务员进行必要的入门训练;二是在职培训,即在公务员参加工作以后进行的培训,目的是为了使公务员能精通业务,不断提高工作能力。

为了帮助行政部门更好地组织公务员培训,许多西方国家设立了专门的公务员培训机构。如美国设置了"联邦执行官学院",专门培训联邦机构公务员;日本建立了"国家公务员进修中心",加强在职官员和职员的进修培训工作;英国也设立了文官学院,培训行政实习员及高等执行官等。最为著名的公务员培训机构是法国的国立行政学院,它成立于1945年,是专门培训非技术性高级文官的"超尖子学校"。学院每年通过竞争性考试,从各大学和文职人员中录取100—140人,其中2/3是应届大学毕业生,1/3是没有上过大学,但有5年以上工龄的中级公务员。学员的学习时间为3年,前1年半为实习:行政实习时间约1年,学生按文官工作要求,参加文官系统各方面的工作,在行政机关进行实际训练,其方式可以是随从一名大使、地方长官或市长工作,也可以在一个外事系统工作;社会实习时间约半年,学生到各行业进行调查研究,实地参加商业和工业系统的工作。后1年半主要是课堂学习,必修课程包括国际公法、经济学、社会事务、国际关系、公共财政、外语等等,讲课由政府高级官员担任,学生常就国际问题进行小组讨论和研究。全部课程结束时要进行严格的笔试和口试,并按成绩名次分配工作,最佳毕业生可以对所有空缺职位拥有优先选择权。

我国培养行政干部过去主要依靠党校系统,现在从中央到地方都设立了各级各类的行政管理干部学院。目前我国公务员培训机构主要有三类:一是国家行政学院,二是地方行政学院,三是其他具有相应资格的培训机构。培训的类型包括对新录用人员的培训、对晋升领导职务所需资格条件的培训以及各项专门业务培训等。

3. 考核制度。考核,是指行政机关按管理权限和法定程序对其工作人员进行考察和评价的人事活动,是人事行政的重要环节。通过以职守考察和政绩监督为中心内容的行政考核,对政绩优异的给予鼓励,对表现不好的予以批评,这是保证国家行政人员遵纪守法,尽职尽责的重要措施,同时还能充分了解工作人员的现实表现和潜在能力,发现更多的优秀人才。

考核的种类,有年终考核与平时考核两种,世界上绝大多数国家的公务员是一年考核一次。考核项目根据不同的工作对象确定不同的内容。对一般工作人员,主要考核工作数量、工作质量、工作态度、工作能力、品德、专业知识、纪律性等;对领导人员,则应包括指挥能力、组织能力、协调能力和监督能力等等。例如,日本的公务员考核采取工作成绩、工作态度、工作能力三大项,美国目前对公务员的考核项目也主要有三项:工作数量、工作质量、工作适应能力。

由于考核结果必须同奖惩升降相联系才能真正有实效,因此,各国的考核结果都是分为几个等级的,并按等级高低决定奖惩与升降。如美国规定,评为"优等"者,是工作超过规定标准,提薪一级,并有优先提职的机会;评为"满意"者,是工作符合规定标准,提薪一级;评为"不满意"者,是工作没有达到标准,根据具体情况,给予减薪或降级,特别恶劣者免职。此外,国外的考核制度中还规定了一些防止考核结果不公正的办法,特别是保障被考核者拥有申诉的权利,并限定考核单位必须在一定期限内复核完毕作出答复;如果考核结果有错误,必须纠正。如美国的《考绩法》有以下规定:① 考核结果必须书面告知被考核者;② 被考核者有知道考核内容的权力;③ 被考核者认为结果不公正时,有权申诉,要求纠正和补偿他受到的损失;④ 本单位全体工作人员都有权查阅考核结果;⑤ 成绩优秀者在机关裁员时优先保留职位,等等。

我国人事考核的内容长期以来一直依据不同的分类标准进行,目前我国实行的国家公务员制度把考核内容分为德、能、勤、绩四个方面:德包括政治态度、政治水平、思想品质等等;能包括文化知识、专业水平、学历、工作经历、综合管理能力、组织能力、领导能力、表达能力、计划能力、适应能力、判断能力等等;勤包括积极性、责任感、勤奋精神、出勤率等等;绩主要指工作成绩,一般从质和量两个方面进行测量,考核的重点是工作实绩。考核的方法一是实行领导与群众相结合的方法,二是实行平时考核与年度考核相结合的方法;考核的标准根据优秀、称职、不称职三个等次划分不同的尺度和准绳。

4. 奖惩制度。一般情况下,国家行政机关通过积极和消极两个方面来建立公务员的激励机制。积极方面是建立完善的公务员奖励制度,消极方面是严格规定公务员的纪律并规定违纪处分制度。

国家公务员的奖励是指国家行政机关依据有关公务员法律法规,对那些在工作中表现突出,有显著成绩和贡献,以及有其他突出事迹的公务员给予一定荣誉或物质利益的活动。对公务员的奖励,各国大多采取精神鼓励与物质鼓励相结合的方法。其中精神奖励有授予荣誉称号、颁发奖章和证书等形式;物质奖励有颁发奖金或物品,有的国家还奖给公务员职务、级别等。我国的奖励分为嘉奖、记三等功、记二等功、记一等功、授予荣誉称号等等。

国家公务员的纪律,是指以法律形式规定的指导、调整、约束、规范公务员行为的基本准则,它具有规范性、强制性和独特性等特点。强调公务员的纪律,具有较强的现实意义。纪律是确保公务员正确行使权力、保证国家行政机关正常运行、维护机关正常秩序的重要手段。遵守纪律成为公务员的法定职责,违反纪律必须承担违纪责任。

英美等国一般要求公务员遵守政治纪律,不得从事反对政府的罢工,工作要忠于职守,服从命令,不得泄密,不得贪污,应遵守社会公德。在我国,公务员必须在政治、工作、廉政、社会公德等许多方面严格遵守法律、法规所规定的纪律。如在政治方面不得散布有损政府声誉的言论,在工作方面不得玩忽职守、贻误工作等,在廉政方面不得贪污、盗窃、行贿、受贿或利用职权为自己和他人谋取私利等,在遵守社会公德方面不得参与或支持色情、吸毒、迷信、赌博等活动。

公务员有违纪行为,尚未构成犯罪的或者虽构成犯罪,但依法不追究刑事责任的,都应给予行政处分。行政处分是国家行政机关对所属公务员的违纪行为所进行的行政制裁。在许多国家,行政制裁分为精神和实质两方面,精神制裁有申诫、警告和记过,实质制裁有罚款、减薪、停薪及辞职、免职、降职、撤职、开除等。我国公务员的处罚措施包括警告、记过、记大过、降级、撤职、开除六种。

5. 工资、福利和保险制度。公务员的工资制度是指有关工资原则、办法、规定,以及工资关系和各种工资形式的统称。工资是行政人员在职期间以其知识和技能为国家提供服务后,以货币形式从社会领取的劳动报酬,它直接涉及到行政人员的切身利益,在一定程度上决定行政人员的积极性。各国的工资制度各有不同,如美国按等级确立工资数额;英国实行薪给分类制,有行政级、执行级、书记级、缮写级、打字速记级,五级工资额各不相同。国外公务员的工资制度特别强调四个原则:

(1) 定期提薪原则。提薪分为一年一次或两年一次,每次提薪不规定百分比,公务员只要不违法并工作合格,都能逐年提高工资;

(2) 适应物价原则。许多国家法律规定,工资的增长率必须高于物价的增长率,以保证公务员的实际收入不下降。如日本规定物价每上涨5%,人事院就要提出提薪方案,由国会批准后实施;

(3) 平等原则。即相同的工作给予相同的报酬,对任何人都不应由于性别、种族等因素有任何歧视行为;

(4) 社会平衡原则。即政府机关公务员的工资必须同社会其他行业工作人员的工资保持大体上的平衡,特别是不与企业职工工资相差过大,以尽量防止人才流向大企业。

我国解放后经历了从供给制到职务等级工资制再到结构工资制的三个过程。现行的国家公务员制度中,国家公务员实行职级工资制,其工资主要由职务工资、级别工资、基础工资和工龄工资构成。公务员实行定期增资制度,并明确规定国家公务员的工资水平与国有企业相当人员的平均工资水平大体持平。

公务员的福利,是指国家为解决公务员生活方面的共同需要和特殊需要,对公务员在经济上帮助和生活上照顾的活动。我国规定公务员享受的福利待遇主要有:福利费、探亲假、上下班交通费补贴、年休假及旅游、文体方面的福利等。

公务员的保险,是国家对因生育、年老、疾病、伤残和死亡等原因,暂时或永久丧失劳动能力的公务员给予必要的物质保障的活动。我国规定公务员享受的保险待遇主要有:生育保险、养老保险、疾病保险、伤残保险、死亡保险等等。

6. 辞职辞退制度。国家行政机关为了从公务员管理的"出口"环节来调整公务员队伍的内部结构,用辞职和辞退两种方式确保公务员系统的新陈代谢与公务员的优化组合,以保持公务员队伍的整体活力与生机。

公务员的辞职,是公务员出于本人意愿而依法辞去所担任的职务,解除其与行政机关责权关系的法律行为。公务员要求辞职,必须符合相关的条件和规定。

公务员的辞退,是国家行政机关依照法律规定的条件,通过一定的法律程序,在法定管理权限内作出的解除公务员全部职务的行政行为。公务员的辞退,由国家行政机关作出决定,但应有正当的理由。在我国,规定在年度考核中,连续两年被确定为不称职的可以辞退。公务员的辞退必须按照规定的程序办理。被辞退的国家公务员,可以根据国家有关规定享受待业保险,但不再保留国家公务员的身份。

7. 退休制度。公务员的退休,是指公务员符合所定条件,根据国家有关规定办理手续,离开工作岗位,领取一定数额的养老保险金,以维持生活,安度晚年的行为。国家行政机关对公务员的退休,必须贯彻权利义务统一、国家与社会共管、依法退休、待遇与贡献一致等原则。国外公务员的退休方式主要采取自愿退休和强制退休两种,少数公务员可以推迟退休。公务员退休必须符合所规定的条件,国外一般规定男女公务员的退休年龄为65岁到70岁,我国规定男性公务员年满60周岁,女性公务员年满55周岁即可退休。至于领取退休费的多少,一般取决于本人的工龄和在职时的工资等级,按一定的公式计算得出。国外通常能达到原工资的75%左右。

此外,国家公务员管理体制的基本内容还包括升降制度、调配制度等等,这里就不一一详述了。

第七章 人事行政

【案例】

某行政机关针对本部门工作管理不善的问题,决定将科级干部工作绩效考核作为改进工作的第一步。人事处李处长召集各科科长开会,发给每人一份《考核细则》,宣布下一季度按细则进行工作成绩考核,第一个月的奖金将按考核后的实际得分发放。一个月的考核工作顺利进行着,科长们比过去忙多了,各方面工作也多少有些起色了。到第二个月的月初,李处长收到了科长们送上的自评表,出乎意料的是科长们几乎都给自己打了满分;群众评议表和其他部门的打分表又带很强的个人成见。如财务科长工作负责,原则性很强,因而得罪了一些人,结果被好几个部门打了最低分,只有处领导的评分才恰如其分。此时,李处长陷入了三个矛盾之中:由于各自评分和群众评分有很大的误差,其结果使总评分与实际不符,按这样的总分公布,反而会挫伤工作积极负责的同志;如果按较符合实际的总分公布(即按领导打分公布),又与民主评议的要求不符;干脆这次评分不公布,但干部和群众又都在兴头上,考核也确实逼出了大家一些干劲,如宣布评分结果不算数,大家又会怎么想呢?权衡再三,李处长仍是一筹莫展。

请问:1. 李处长的考核评分方式是否有问题?如何解决这些问题?
   2. 在行政机关内部进行人员考核时,如何更好地贯彻民主评议的原则?

复习思考题

1. 什么是人事行政?它对国家行政管理具有哪些重要意义?
2. 人事行政的原则主要有哪些?
3. 西方文官制度是如何产生的?它的主要特点有哪些?
4. 什么是我国的国家公务员制度?我国的国家公务员大致可分为哪些类型?
5. 什么是职位分类制度?它的作用及其实施要点是什么?我国实行职位分类制度需要注意哪些问题?
6. 公务员的任用方式主要有哪几种?何种地位最重要?
7. 结合对我国《国家公务员暂行条例》的学习,谈谈我国实行国家公务员制度的现实意义以及公务员制度的发展前景。

第八章 行政决策

【提示】

　　某县原有乡镇企业250多个,但截至上年底,有将近50%的企业已经关停或倒闭,如果以现存企业每年上缴的利润分文不动地全部用来偿付关停企业的银行贷款,至少也要十多年才能还清债务。这么多乡镇企业之所以关停倒闭,除了信息不灵、技术不过关、产品质量差、经营管理无方等因素外,和县乡领导的决策失误也有密不可分的关系。例如,在农村兴起"磷肥热"的时候,县领导不顾本地的实际情况,颁布行政命令,要求各乡镇都办磷肥厂,结果各乡镇一哄而上,花了不少钱,厂子也都办起来了,但因技术不过关,不久就纷纷关停并转。此外,盲目追求政绩和用人不当也是造成企业倒闭的重要原因。例如,前些年乡镇干部更换频繁,每茬干部上任,都不甘于收拾前任留下的烂摊子,又纷纷重新上项目,以显示其政绩,由于仓促而为,盲目上马,关停倒闭企业也就不断增多;不少乡镇领导缺乏管理经验,又自以为是,贪大求洋,不但排斥能人,自己出面兼任厂长,还自恃有权有关系,能够搞到贷款,就匆忙建厂买设备,却因技术质量达不到要求而连连亏损,不得不关闭厂门……凡此种种,由于行政领导的决策失误而导致的经济资源的浪费可见一斑。

　　决策理论的创始人赫伯特·西蒙曾经指出,管理就是决策,这么说来,行政管理就是指整个行政系统的决策活动,当然,行政管理的事务很多,决策仅是其中的一部分,但它是必不可少、至关重要的一个部分,任何一个行政组织要想顺利地实现组织目标,必须在科学预测的前提下,把握好决策对象的本质和规律,从各种行动方案中作出最佳抉择,以达到最优化的行政效果。

第八章 行政决策

第一节 决策与行政决策

一、什么是决策和行政决策

1. 决策的含义与特征。"决策"一词最早出现在我国先秦古籍《韩非子》中,意思是决定某种策略或计谋。"决策"一词作为现代管理学上的一个术语,首先使用于美国,英文"Decision-making"意思就是作出决定。我们将根据预定目标作出行动的决定称之为决策。一般说来,决策有狭义和广义两个不同的概念,狭义的决策是指在几种备选的行动方案中作出最终抉择,也就是拍板定夺;广义的决策是指为了达到某种组织目标而制定方案,下定决心努力实施的全部过程。决策不是一个静态的、一次完成的行为,而是一个不断修正、不断调节的动态过程,它包括抉择前的准备活动、抉择方案的活动和抉择后的实施活动。

早期行政学家对决策问题了解得比较狭隘,认为决策仅指正确表达人民的意志,决定国家应办些什么事情,是一种纯粹的"政治"行为,只属于立法机关的活动范畴。行政的目的在于执行,在于怎样建立机构,如何使用和配备人员,如何提高行政效率。20世纪20年代以后,随着企业管理和行政管理的发展,人们发现,在管理实践中,经理人员和行政人员决策的作用是具有决定性意义的。于是,行政学家们开始把研究重点放到决策问题上,并逐步建立起现代决策科学。

最早把决策作为行政的主要功能进行研究的,是美国行政学家古立克(Luther Gulick)。1937年,古立克在《组织理论》一文中,提出了决策是行政的主要功能的观点,并进行了论述。1938年美国管理学家巴纳德(Chester I. Barnard)在《行政人员的作用》一书中也提出决策概念,还提出了与决策必不可分的"动机"、"沟通"、"目标"及"组织关系"等概念,并对它们的关系进行了较为系统的分析。真正奠定决策科学理论框架的人是美国学者西蒙(Herbert A. Simon)。西蒙在1944年发表的《决策与行政组织》一文和1947年出版的《行政行为——行政组织中决策过程的研究》一书,勾画了现代决策理论的轮廓,并提出了一系列行政学中的新概念,他不但创立了现代行政管理学的决策学分支,而且形成了行政管理学的决策学派。西蒙后来又广泛涉及了管理决策的过程和技术问题的研究,为决策科学的发展作出了巨大的贡献。

一般说来,决策的特性主要包括:

(1) 目标的社会性。任何决策都是为了实现一个特定的目标,没有目标则无从决策,而任何目标都是处于一定的社会环境中,都是为了实现一定的社会目的而制定的,所以,决策目标具有社会性;

(2) 预见的科学性。任何决策都是在行动前进行的,它着眼于未来,因此需要有尽量准确的预见性,预测是决策的基础,没有科学预测,就没有科学决策;

(3) 抉择的慎重性。任何决策都要求占有全面准确的信息和资料,需要对各种备选方案进行认真的分析和比较,一旦选出最佳方案,就要马上付诸实施,所以方案的选择必须十分慎重,不能掉以轻心;

(4) 实践的必然性。任何决策最终都必须付诸实践,若没有经过实践的过程,我们无从检验一个决策正确与否,同时,也只有通过实践,才能给决策者提供一个对组织目标重新评价的机会,从而通过跟踪决策的方法不断修正目标,以达到最佳的效果。

决策活动形形色色,有个人决策、团体决策,也有国家决策乃至国际决策。无论哪一种决策,都由一些共同的要素组成,它们是决策主体、决策目标、环境因素、备选方案和决策后果。一个决策重要与否并不取决于决策者的职位高低,而是看是否符合以下条件:

(1) 涉及大量资源的投入;

(2) 决策的后果有深远的影响;

(3) 决策的结果难以灵活逆转;

(4) 对社会成员的影响面很宽。

符合上述条件之一者就可以称得上是重要决策。

2. 行政决策的特点。行政决策是指国家行政机关依据职权在其管辖范围内依法处理行政事务而进行的决策,如各级政府发布的行政决议和行政指示,对重大工程的审批方案,政府各部、委、厅、局制定的工作计划及签署的行政指示等,都属于行政决策的范畴。

行政决策除具有一般决策所共有的特征外,还具有一些自己的特点,主要有:

(1) 决策主体的权威性。行政决策是处理国家和政府事务时作出的决策,只有具有管理国家公共事务的行政权的组织和个人,才能成为行政决策的主体。决策者作出的每一个抉择都必须对国家和人民负责；

(2) 决策依据的法律性。行政决策从实质上说是对国家最高立法机关意志的一种执行，它必须代表国家的意志和利益。行政决策必须根据国家的法律和法规来制定，只有严格依法办事才能使决策具有普遍的约束力；

(3) 决策实施的强制性。行政决策是国家行政机关代表国家行使管理社会的一种职能，它以国家权力为后盾。行政决策一旦做出，所有在行政管辖区域内的机关、团体、企事业单位和个人都必须无条件地遵照执行；

(4) 决策目标的非营利性。行政决策以公共事务为决策对象，目的是实现对国家和社会的有效管理，所以在任何时候都不以营利为目的，这和其他方面的决策截然不同。

3. 行政决策的地位和作用。行政决策作为行政活动中一个不可缺少的重要内容，它的正确与否直接影响和决定着行政管理工作的成败。如果决策出现失误，必将严重影响行政职能的履行和行政目标的实现，甚至会影响整个国家社会政治生活的安定和经济的繁荣。因此，行政决策在行政管理活动中具有十分重要的地位和作用。

具体来说，行政决策的地位和作用表现在以下三个方面：

(1) 行政决策是行政活动的中心环节。从动态的角度看，行政活动是一定的组织行为和个人行为的过程，而决策就是行政行为的前提条件和中心环节。因为在进行一项具体的行政活动之前，首先要建立机构和配备人员，而如何建立一个有效的机构、如何配备合适的人员、如何制订科学的行动计划等等，都离不开行政决策。可以认为，没有行政决策就没有行政活动，整个行政过程就是进行决策和实施决策的循环往复的不间断过程。无论哪一级行政机构，无论哪一类行政人员，都要涉及行政决策的问题，如果没有及时有效的行政决策，任何行政机构和行政人员都将无法履行其行政职能，实现其行政任务。

(2) 行政决策是行政领导的首要职责。行政领导虽然在各自的行政管理工作中要承担许多重要的职责，但制定正确的行政决策并组织实施是其中最为重要的职责。当社会对行政机构提出一定的要求时，行政领导的首要职责就在于果断地制定政策，以满足客观的社会需求。但是，行政决策与行政活动中的其他功能不同，它是行政领导的一种能动的主观思维活动，在很大程度上取决于行政领导的智慧、才能与判断力，同时也取决于行政领导的思想作风、工作作风和责任感。因此，努力培养这些方面的能力，提高行政决策水平，是每一个行政领导所必须具备的素质。

(3) 行政决策是行政效能的重要体现。如何衡量一个行政机构的效能,关键的一点,就是看这个机构在它作出的所有行政决策中,有多少最终被证明是真正行之有效的。正因为科学的行政决策可以为行政人员提供有效的管理方法和管理模式,能够使行政过程尽可能避免不必要的失误与时间和人力的浪费,使整个行政体系实现高效率的运作,并达到高效高能的效果,因此,提高行政效能的关键一点,就是实现行政决策的科学化。

二、行政决策的分类

行政决策常常可以按以下几个角度进行分类。

1. 按照决策的方法可以分为程序性决策和非程序性决策。

程序性决策又称为规范化决策,它是针对一些经常反复出现的问题进行决策,有一套可以遵循的程序,如行政首长处理每天的请示报告所作的日常决策等。处理程序性决策不需要花费很多的时间和经费,只要依照惯例和规章制度办理即可,它一般由中下层管理人员来执行。非程序性决策也叫非规范化决策,它是指对过去没有出现过的一些问题或极端重要、极端复杂的问题进行决策,既无决策的惯例可循,又无规章制度的具体规定,必须依靠行政决策者的智慧和胆略来进行,这种非程序性决策主要由高级行政领导层进行,如对突发性大规模的自然灾害的处理,对影响面很广的大型投资项目的审批以及从事行政体制改革的探索等。

2. 按照决策的性质可以分为战略决策、策略决策和战术决策。

战略决策是指带全局性、方向性的重大决策,其影响深远,涉及范围广泛,这种战略决策一般由高层领导人作出,如我国国务院制定的实施国民经济和社会发展十年规划和"十五"计划纲要等的决策就是战略决策。策略决策是指带有局部性问题的决策,是为了保证战略决策的实现而制定的一些具体的、补充性的决策,如上海市政府决定在21世纪初实现"一个龙头、三个中心"的方针对于整个国家的发展规划来说就是策略决策。战术决策是指保证实现策略决策的具体方法和步骤的决策,也称具体决策或辅助性决策,一般基层行政单位作这类决策最多。

3. 根据决策主体的决策方式不同可分为经验决策和科学决策。

经验决策也称个人决策,就是在决策时,由决策者根据个人的思想水平、工作能力、生活经验等个人素质作出决定。历史上,人类绝大多数决策都是经验决策。经验决策使少数决策者成为国家或政府的中心,造成"人存政举、人亡政息"的局面,有许多的教训可循。经验决策在历史上之所以能够大行其道,主要是由于社会发展缓慢,没有遇到过的新问题少,经济和科技都不发达,不能提供科学决策的方法和手段。现代社会发展速度越来越快,以前没有遇到过的新情况、新问题层出不穷,经济和科技的现代化,要求决策作出周密的计划,安排系统的实施,一个环节出了问题,往往会直接影响全局。在这种情况下,科学决策方法应运而生。科学决策就是以科学思考、科学预测和科学计算为依据的现代决策方法。它根据决策目标的不同、变量的多寡、限制条件的差异等,采取适当的数学方法加以计算,或通过试验和模拟后做出决定。科学决策自诞生以来已经广为流行,它适用于解决多变量、大系统的需要统筹安排的问题,特点是准确、可靠、客观、严谨,是现代社会很多领域中不可用经验方法替代的决策方法。当然,科学决策也不是万能的,在行政管理的许多领域中还不能替代经验决策。我们只有善于把两者相结合,才能切合实际地作出最佳的决策来。

4. 根据行政决策本身的形式可以分为确定型决策、风险型决策和非确定型决策。

这三种决策类型,最早是由美国管理学者卢斯(B. D. Luce)和莱伐(H. Raiffe)提出来的。确定型决策是指决策时信息完备,决策目标只有确定的一个,环境和条件变化不大,采用各种方案的结果通过计算后大致可以确定,要求从中选出最佳的方案。如要在 A、B、C 三名应征者中选出一人担任行政主管,通过认真的考察得知,A 在各方面均优于 B 和 C,所以选 A 担任行政主管这样一个抉择就是确定型决策。风险型决策又称统计型决策或随机型决策,指决策时备选方案产生的后果不止一种,但决策者能够预先大致估计其出现的概率的那种决策。这种决策对决策者来说在取与舍之间存在着一定的风险,需要依据经验和智慧来决断,但由于结果可以通过一定的概率加以推算,所以成功的把握比较大。例如《三国演义》中诸葛亮设"空城计"时,实际上存在着司马懿进城与不进城两种可能性,诸葛亮通过对司马懿为人、性格、用兵、计谋等的详细分析,认定他不进城的可能性要大些,所以大胆地采用了"空城计"来退魏兵;但毕竟还存在着司马懿进城的风险,因此诸葛亮还是预先想好了退路。可见,确定风险决策时需要随时注意掌握信息,准备好必要的应变方案,并努力创造条件化险为夷,力求使风险决策变为保险决策。在现代风险型决策中,还常常通过对"损益期望值"的计算来加以比较,从中选出较为合理的方案。非确定型决策是指在决策时没有或只有相当零散的统计资料,对未来将发生的情况无任何概率可循,无任何经验可依,决策者对此毫无把握,任何一个选择都要冒一定风险的决策类型。例如,开采一个贫富不详的油矿,如果用投资很大的方法开采,则可能出现两种结果:若它是富矿,则收益很大;若它是贫矿,则损失很大;如果用投资较小的方法开采,也可能出现两种结果:若它是富矿,则收益不大;若它是贫矿,则损失也不大,究竟采用何种方法开采,就是一个非确定型决策的问题。这种决策受决策者个人性格的影响很大,保守的决策者,宁肯获利少些,也不愿损失过大;但敢于冒险的决策者,则宁肯损失大些,也不愿放弃冒险成功的机会,可见,非确定型决策的人为因素比风险型决策更大些。对此,决策者应尽量采取多种不同的分析比较方法,慎重选择最满意的方案,准备好必要的应变措施,并密切注意信息反馈,以便失误时及时加以纠正。

三、行政决策的原则

行政决策是一项高度综合的复杂性活动,要保证其正确,必须在决策过程中遵循一定的原则。所谓行政决策的原则,就是从行政决策实践中总结出来的行政决策活动固有规律的总称。它主要包括以下一些内容。

1. 目标原则。由于任何一项决策都是为了实现某一目标而制定,行政决策的正确与否与决策目标的明确和适中程度有密切的关系,因此,行政机关和行政人员在进行行政决策时,首先要确定目标,并使这一目标符合实际,这样才能使决策内容更加接近现实。目标原则可使决策避免舍本求末的现象,使整个决策过程更加富有效率。

2. 信息原则。行政决策的正确化程度取决于决策过程中信息情报资料的全面性和准确性程度,信息情报资料不但是决策的原料,也是决策的基础。决策的科学性是和全面、及时、准确的信息量成正比的。决策者不但要充分地掌握信息,而且还要对信息进行分析、筛选和处理,去伪存真、由表及里,从而得出正确可靠的决策依据。

3. 预测原则。预测是决策的基本前提。行政决策要对未来的行政行为作出设想,必然带有一定的预测性。这种预测不是盲目的,必须建立在可靠的信息和系统的分析前提下,只有在任何决策之前都对决策过程的全貌以及可能出现的问题有一个充分的估计,才能使行政决策的内容达到科学和可靠。

4. 择优原则。决策的本质在于择优。由于客观环境变化复杂,行政机关和行政领导者决策时必须根据不断变化的主客观条件制定出若干个可供选择的方案,然后通过权衡利弊、仔细加以比较和评价,从中选出最优方案。择优原则的实行,是实现行政决策科学化的重要保证。

5. 可行原则。如果一种行政决策最终不能实行,那么,它就是再好也没有任何意义。这就要求经过优选的行政决策必须切实可行。这种可行性要求决策者在作出决策时充分考虑相关的人力、物力和财力的承受条件,权衡时间、速度和指标的比例关系,积极、稳妥地量力而行,从而保证决策的顺利实现。同时,可行性还要求决策留有余地,保持可调节的弹性,具有防止突变情况的相关措施。

6. 动态原则。由于行政决策的制订、执行和修改是一个很长的动态过程,所以在整个行政决策过程中应时刻关注社会环境和社会形势的变化,在具体实施行政决策时,要注意信息的反馈,并随时进行决策的追踪和检查,一旦发现决策内容与客观实际不一致时,应该及时进行调整,以防不测。

在我国,行政决策首先必须遵循为人民服务的原则,把为人民群众办实事作为一切行政机关和行政人员决策的根本,同时,我国行政机关还要认真贯彻民主原则、科学原则和集体原则等等,努力发挥出行政决策的重要功能。

四、行政决策的科学化

1. 行政决策的失误。在国内外行政管理过程中,不乏许多决策成功的事例,但是,伴随着决策的成功,决策的失误也随处可见,尤其是在管理不讲科学的年代,这样的决策失误更是比比皆是。例如,在我国社会经济发展的决策方面,1955年马寅初先生曾提出"控制人口数量和质量,合理发展生产力"的新人口论,这个重要的决策不但没被采纳,反而遭到批判,结果,20年的时间我国人口猛增了3亿。据统计,从1958年至1978年的20年间,我国基本建设造成的损失和浪费达1500亿元,约占同期基建总投资的25%。再如我国的能源政策也出现过很大的失误,二十年前我国在石油天然气资源的估计上出了差错,产生了用油气为主的能源政策,在全国各地工矿企业中改烧煤为烧油,花掉了大约50亿元;后来因油气资源紧张,又改烧油为烧煤,结果又花掉了大约50亿元,这近百亿元的巨大损失就是由于决策失误造成的恶果。

2. 行政决策科学化的重要意义。从我国经济决策以往的重大失误中,我们充分地认识到行政决策科学化的重要性。特别是在接受21世纪挑战的进程中,科学技术的迅速发展加快了社会和经济的发展节奏,把全球联成一个相互依存的整体,大大加剧了国与国之间的竞争。在这种形势下,政府的行政职能将明显增大,行政决策的重要性将日益突出,如果再出现和以前类似的决策失误,其损失将不可计数,甚至可能永远也无法弥补。因此,行政决策者必须在新的形势下认真学习现代化的决策技能,努力提高决策水平,把我国的行政决策科学化提高到一个新的水平。

行政决策科学化的重要意义概括起来主要有以下几点:

(1) 有利于行政管理活动的科学化。一般说来,行政决策是行政管理过程的中心环节,没有行政决策就没有行政活动。决策科学化的直接效应是带动了整个行政系统的运转进入了科学化的轨道。

(2) 有利于提高行政领导者的素质。衡量行政领导者称职与否的重要指标之一是看其决策能力如何,如果领导者都能掌握科学化的决策方法,那将会大大地增强领导者的判断力和分析水平,从而使领导者的素质同步提高。

(3) 有利于实现社会经济文化的顺利发展。行政决策中包含着对社会经济、文化发展重大问题的抉择,实现了决策科学化,将会使政府部门的决策者在决定经济和文化方面的重大政策时实现最优化原则,从而保证社会经济文化事业的健康发展。

第二节 行政决策的程序与方法

一、行政决策的程序

所谓决策程序,也叫做决策过程,是指由决策问题的提出到拍板定案所经过的主要步骤。20世纪30年代以来,国内外不少学者对决策程序进行了大量的研究,基本看法大致相同,但表达不一。有把决策分为三个阶段的,也有把决策分为四个阶段、七个阶段的等等,但总括起来,一般都必须经过下列四大基本程序。

1. 确定目标。行政决策是为了解决行政管理活动中实际存在的问题,决策目标是根据所要解决的问题而确定的。因此,发现问题、确定目标是行政决策程序中首要的步骤。所谓问题,就是实际工作中表现出来的客观状态与人们在工作中确立的主观期望值之间的差距,在行政管理过程中发现问题以后,必须进行"决策诊断",即对问题本身进行认真的分析,确定问题的性质,界定问题出现的时间、地点、范围和程度,并估计一下它的严重程度,接下来,就要针对这些问题的解决制定一个总体的设想,这就是决策目标的设立。决策目标通常分为几大类:

(1)必须达到和希望达到的目标。所谓"必须达到的目标"是指决策活动实施终结时,应确保得到的结果,只要达到目标就算实现了决策;所谓"希望达到的目标"是指该决策活动在实施终结时,应尽可能达到但又不是必须得到的结果。任何一类决策中都有这两类目标,决策中应把精力首先集中在"必须达到的目标"上,然后再顾及"希望达到的目标"。

(2)最终目标和阶段目标。所谓"最终目标"即制定一项决策时,规定该项决策实施终结时要得到的结果;所谓"阶段目标",即为完成这一最终目标所制定的在决策实施的各个阶段应取得的结果。在制定决策时,先要把需要达到的大目标分解成若干阶段性的较小的目标,通过一步步完成这些阶段性的目标,为最终目标的实现奠定基础。

(3)综合目标和单项目标。所谓综合目标,就是一个行政组织用来反映各部门、各方面在决策实施后应获得的结果;所谓单项目标,就是一个行政组织用来反映每一部门、每一具体方面在决策实施后所应获得的结果,两者的关系是分解与综合的关系。

2. 拟订方案。所谓决策方案,就是决策者为实现预期的决策目标所选择的途径和手段。拟订方案是指对决策目标进行深入具体的分析、假设、推理和判断,为实现决策目标而准备一系列行动方案的过程。它要解决的是"做什么"(What)、"谁来做"(Who)、"什么时间做"(When)、"什么地点做"(Where)和"怎么做"(How)等问题。因此,拟订方案必须具备下列几个特点:

(1)围绕决策目标必须拟订多种备选方案;
(2)拟订的方案必须具有预见性;
(3)拟订方案的同时就必须开始方案的检验和审定。

在精心设计、拟定方案过程中,有两项必要的工作不可忽视:一是对方案结果的准确估计,二是对实施细节的明确规定。因为如果没有对于方案后果的准确估计,方案的好坏优劣就无从辨别,这样也就失去了被选择的价值标准;而没有对于实施细节的明确规定,再好的方案也不知道如何去实现,从而也无法作出选择。

另外,在决策方案的拟订过程中还应该遵循两个原则:

(1) 整体详尽性原则,就是要求拟订的方案应当包括所有实际上可以实施的方案,不能有遗漏,只有保证方案的详尽和全面,才能保证在方案择优时选出最优方案来;

(2) 相互排斥性原则,就是要求所拟订的各个备选方案在内容上必须各自独立,相互排斥,不能只有形式上的不同而无实质上的不同,这样进行的择优选择才是有意义的。

3. 最佳抉择。就是对各种备选方案进行综合评价,确定最优化方案的阶段,它是决策程序中最关键的步骤,其中包含两个紧密衔接的环节:一是对所有方案进行分析论证,作出评价;二是权衡各种方案的利弊,从中选优,拍板定案。在对方案进行评价时,应该注意贯彻几项基本原则:

(1) 全面性原则,就是一方面对每一个备选方案都要评价,不能遗漏,另一方面是对每一方案的各个方面都要作出评价;

(2) 客观性原则,就是对方案进行评价时应实事求是,一切从实际出发,不能由于某个方案的提出者名气大些就另眼相待,对于某些较好的方案也应该一分为二地看待,不能一味地夸大其优点,忽视其不足;

(3) 可行性原则,即在拍板之前必须根据现有的人力、物力、财力等主客观因素对决策方案进行周密的可行性分析和慎重的论证评估,通过仔细对比后加以择优选择;

(4) 集体性原则,就是在最后拍板定案时不能由一个人说了算,而应实行严格的集体表决制,甚至可以进行一人一票的投票方式进行决断,在决策过程中应充分地体现民主的原则。

对于决策方案的选择,常有以下几种方法。

(1) 多中选一,即决策者从几个不同的备选方案中经过对比分析后选中一个明显优于其他方案的最佳方案来。多中选一是一种简单的、特殊的选择方法,在现代科学决策的实践中是不太多见的。

(2) 合多为一,即决策者发现所有备选方案都各有利弊,没有一个方案在整体上占优,因此便将多个备选方案的优点综合起来,形成一个全新的方案。合多为一可以说是现代抉择决策方案的一种主要形式。

(3) 重新拟订,即决策者发现每一个备选方案都存在明显的弊端,把它们综合为一个好的方案又很难,因此把各个方案再退回去,由有关人员重新拟订决策方案。当然,重新拟订可以交给原来的拟订者进行,但通常是交给另一些人去完成或由决策者自己来完成。在现代的科学决策体制下,决策者既拟订方案又抉择方案,不仅是允许的,而且在一定条件下还是十分必要的。

(4) 暂缓抉择。即决策者发现所有备选方案都不成熟,短时间内难以拟订新的方案,这说明决策时机尚不成熟,这时最好暂缓决策,等待时机成熟后再作决断。

在具体进行最佳方案的选择时,决策理论上曾经出现过的三项原则可供我们参考:

(1) 悲观原则,或称小中取大原则,由伍尔德提出。这个原则倾向于保守估计,宁可收益少些,不可损失过大。因此,在考虑方案收益的同时,注重研究方案失败的可能性,在若干个方案的可能最小结果值中,择取较大者为满足。

(2) 乐观原则,或称大中取大原则,由赫威兹提出。这个原则与前一种正好相反,倾向于乐观估计,注重的是收益,即使方案失败,也在所不惜。因此,这一原则以择取若干方案中可能最大结果值中较大者为满足。

(3) 最小遗憾原则,或称大中取小原则,由萨凡奇提出。这一原则注重考虑某一方案的成功与失败之间的机会值,以尽量避免方案的实施结果与实际可能达到的目标的机会损失而造成的"遗憾"。因此,需要首先计算出这种遗憾值,然后以最小遗憾值之方案作为满意的方案。

4. 追踪决策。就是在决策方案付诸实施后加以严密的监控,随时观察其发展的趋向是否和方案相一致,如发现原方案的实施过程中出现了可能危及决策目标实现的异常情况时,应对原方案进行及时的修正或再决策。具体说来有几种情况:

(1) 在实施过程中发现方案有问题,继续实施下去将无法实现原定的决策目标,必须对该方案加以废弃,并从原来的备选方案中重新选定一个加以实施,这种情况称为局部调整型追踪决策;

(2) 在实施过程中发现严重问题,必须马上停止实施,但简单地从原有的备选方案中重新选定一个也不可能,需要对全部备选方案进行推倒重订,这种情况称为重大修正型追踪决策;

(3) 在实施过程中发现不是方案本身存在问题,而是原定的决策目标有误,这就必须停止实施方案,对原定的决策目标进行重新确定,这种情况称为根本改正型追踪决策。

信息反馈是追踪决策的前提。反馈原来是控制论中的一个基本概念,它是指一个系统输出信息,作用于被控对象后产生结果,再把结果输送回来,并对信息的再输出发生影响的过程。这一概念后来被行政学所使用,意在强调决策者对于某一决策方案的执行情况或结果的必要了解和掌握,以作为修正和完善决策方案的必要前提,并作为以后再行决策的经验积累。为了能够有效地修正决策,方案执行情况的真实反映极其重要。如果反馈的信息不真实,就不能准确地反映方案执行过程中的问题和情况,当然也不可能对方案作出准确的修正。那种欺上瞒下、报喜不报忧的做法,只能给科学的追踪决策造成障碍,是决策科学化的大敌,应从根本上得到克服。

二、行政决策的方法

行政决策的方法有多种,归纳起来可分为两大类:一类是定性决策的方法,一类是定量决策的方法。

1. 定性决策方法,国外常称为"软技术"方法,它主要是靠决策者应用社会科学的原理,根据个人的经验和判断能力,从对决策对象本质属性的研究入手,通过定性研究,了解方案的性质、可行性和合理性,然后进行决策方案的选择。在具体实施过程中,行政决策"软技术"方法也被称为专家创造力方法,即主要依靠专门人才在决策过程中的分析判断来进行决策。当然,与一般的分析判断不同,决策"软技术"包含了一系列如何运用专家创造力的基本理论和具体方法。现代行政学认为,在行政决策的所有步骤中,无论是确定目标,还是拟定方案,或者是选择方案,专家的意见都是极为重要的,因为专家不但具有专业性的知识和技术,还常常能超越某些程序性规范或传统性习惯的束缚,能够较为客观、冷静地作出分析和判断。因此,如何有效地组织、吸收专家就决策问题发表意见就成为决策"软技术"的重要环节。

2. 定量决策的方法,国外常称为"硬技术"方法,它主要是运用数学模型和计算机技术解决决策问题,它其实是在定性分析的基础上,对决策对象进行数量研究和计算,用它来比较和进行方案选优。决策"硬技术"主要包括数学模型和决策模拟两大类。数学模型是行政决策数学化、模型化和计算机化的核心内容。数学模型要求用数量关系表示出变量之间以及变量同目标之间的关系,并用计算机的算法语言编成程序模型,以供计算机程序随时处理使用。数学模型方法一般适合于重复性的常规决策。但是,在行政过程中,由于政治的、社会的、人际的各种复杂因素,使很多问题都不可能或不能简单地付诸数量化,因此数学模型方法有一定的局限性。决策模拟是行政决策的另一种"硬技术",它是在决策方案拟定之后,给它创造一定的条件,通过某种方式的试验,以有形的结果,对方案进行分析、评估和修改,以最后付诸实施。决策模拟是一种专业性和技术性都很强的决策方法,它是未来决策技术化的重要内容和必然趋向。

事实上,两种决策方法并不存在谁优谁劣的问题,真正科学的决策应该把两种方法结合在一起,使之相辅相成,才能取得更好的效应。

一般来说,在行政学领域中,常用的决策方法主要有以下一些。

1. 头脑风暴法。便于发表独创性意见的头脑风暴法主要用于收集新设想。通常是把有兴趣于解决某问题的人集合在一起,发给大家问题,同时说明会议规则:

(1) 不许批评别人的意见,在没有讲完所有的意见和建议之前,不以任何方式评论它们;

(2) 欢迎新的思路,思路越宽越好;争取较多的意见,建议越多,越有可能出现高质量的意见;

(3) 寻求建议的归纳和补充,欢迎对别人的原建议作出改进,并导致更加新奇的建议,像风暴一样来得快而猛。

在一次这样的会议上,所产生的很多设想中,只有少数是比较现实的,它们值得进一步加以考虑。即使没有产生有价值的设想,但由于与会者参加了决策过程,思绪受到他人的启发和激励,必将产生对解决问题的责任心和长远的兴趣,以后会对解决该问题提出更好的建议。

2. 列名小组法。又叫"列单法",即召开一个有各方面专家参加的正式会议,程序如下:

(1) 公布问题,由各位专家在纸上写下自己对问题的看法和解决问题的几种可行办法,不要跟别人商量;

(2) 经过规定的时间(一般为15分钟左右),每个与会者开始向大家介绍自己的想法,发言采用事先设计好的分不清先后次序的抽签方法进行,轮到每个人发言时,每次只能发表一个意见;

(3) 当各人发表意见时,记录员在纸上记下这些意见,一直到大家意见发表完毕为止,记录时不记这个意见是谁提出的;

(4) 记下的每项意见都按它的优点、可行性和其他特点进行讨论;

(5) 群体对各种意见以无记名的方式进行投票,得票多的就成为全体的最终决策。

3. 特尔斐法(Delphi)。这是美国兰德公司于1946年发明并首先用于技术预测领域的。特尔斐是古希腊传说中的神殿之地,城中有座阿波罗神庙可以预卜未来,因而借用其名。特尔斐法是专家会议预测的一种发展,它是围绕某个社会、政治、经济发展问题,以背靠背的函询方式,向有关专家和权威人士征求意见,并把每一轮得到的意见汇总整理后,再发给这些专家进行再一轮的分析判断,经过几轮反复,在各个征询项目上取得较为一致的意见,从而产生相对可靠的预测结果和预测方案的一种以直观判断为主的综合预测方法。特尔斐法具有如下三个特点:

(1) 匿名性,由于应邀参加预测的专家互不见面,消除了心理因素的影响;同时,被邀请的专家可以在后几轮中随时修改自己的意见,无需公开说明理由,无损于自己的威望。

(2) 轮间反馈沟通,特尔斐法在运用时一般要进行好几轮的函询方式,预测工作机构要对每一轮专家提出的意见作出统计和汇总,并将其结果和有关专家的论证依据与资料作为材料反馈给每一位专家,供下一轮预测时参考。由于每一轮预测之间进行了反馈沟通和比较分析,因而能够达到相互启发,提高预测的准确性。

(3) 预测结果的统计特性,由于特尔斐法对专家意见的汇总和处理采用了统计方法,能够用定量的方式表示预测结果,所以能使最终的结论更具有科学性。

第三节 行政决策的智囊体系

一、现代行政决策体系的构成

行政决策体系是指由承担决策各项任务的行政机关和行政人员所组成的一个组织体系。行政决策活动是一个完整的体系,该体系内存在着相互间各有联系各有区别的决策单一系统。主要由以下三部分组成。

1. 决策中枢系统。决策中枢系统是现代行政决策体系的核心部分,其主要职责是综合分析各种现实条件和因素,确定决策目标,选择决策方案。决策中枢系统由掌握决策权的行政机关和行政领导者组成,不同的行政领导体制下,行政决策权力的行使表现出不同的方式,如在首长制体制下,由首长独立负责行使决策权;在委员会制体制下,领导集体掌握决策权,行政首长无权单独作出决定。

决策中枢系统作为行政决策的核心部分,它直接决定着一个决策的成功与否,因此,提高这一系统的能量,是行政活动面临的一个重要任务。决策中枢系统的能量取决于这样一些因素:

(1) 决策人员本身的素质,包括知识、智慧、能力、经验以及作风和性格等等,为此,必须注重决策人员的选拔和素质培养;

(2) 决策人员的群体结构,包括群体知识能力结构、人际关系结构以及组织结构等等,为此,必须注重行政组织群体结构的优化。

2. 决策信息系统。决策信息系统是行政决策组织体系的基础。因为任何一个行政决策,都离不开信息的输入和输出。决策问题之所以被提出,是由于社会对行政体系提出了某种需求,而这种需求被行政体系所吸收的过程就是行政体系的一种信息输入;同样,决策一旦作出,就需要交由执行人员付诸实施,这对于行政体系来说,就是一种信息输出。在信息量加速膨胀的今天,能否及时准确地获取充分的信息,并对其及时进行处理,是一个行政部门实现正确决策的必要前提。因此,决策信息系统成为决策体制中一个必不可少的重要组成部分。

决策信息系统是由决策信息专职人员、信息机械设备、信息技术程序等构成,专门从事信息的收集、加工、贮存、传递工作。建立决策信息系统,需要从以下五个方面着手:

(1) 制定信息收集计划,确定信息的主要渠道;

(2) 设置负责信息收集和处理的相关机构;

(3) 建立有效的信息传递网络系统;

(4) 努力提高信息技术人员的专业技能和素养,改进信息技术装备;

(5) 重视信息的综合开发和利用,努力拓展新的信息沟通渠道和信息交流空间。

决策信息系统的主要工作一般包括以下四个基本环节:

(1) 获取信息,这是信息系统的首要任务;

(2) 处理信息,即对已经获取的信息作进一步的筛选、提炼和加工;

(3) 贮存信息,即把有用的信息贮存起来,形成一个信息资料库,以供随时参考使用;

(4) 传输信息，也就是通过特定的渠道，把信息传递给所需要的部门和人员。

关于决策信息系统的主要内容，我们将在下一章中作详细的阐述。

3. 决策智囊系统。决策智囊系统由辅助决策中枢系统进行科学决策的专家学者、专职人员和决策咨询机关等组成。这一系统的任务是以建议、参谋等形式为决策机关和行政领导者服务，向他们提供科学的决策方案，并发挥决策过程中的辅助性作用。

决策智囊系统存在的主要原因在于：

(1) 行政活动的广泛性和复杂性决定了行政决策的复杂性，由于影响行政决策的因素是多方面的，由此在拟定方案时，就必须提供多个方案供决策者选择，这些方案只能由各方面的专家学者和专职人员共同协作才能顺利完成；

(2) 决策者由于受精力和时间的局限，不可能在决策前亲自查阅大量有关的资料，也不可能对所有的决策因素进行调查核实，这就需要有专门的智囊机构为其助一臂之力。

由于决策智囊系统在行政决策过程中发挥着日益重要的作用，以下我们将对其作详细的分析和阐述。

二、行政决策智囊的产生与发展

1. 历史上的智囊。智囊作为一种社会活动，已有几千年悠久的历史。在《诗经》和《尚书》中就已出现了"咨询"一词，"咨"意思是商量，"询"意思是请教和考察。春秋战国时期，诸侯割据，激烈的军事斗争、频繁的外交活动，促使大量以谋划为职业的门客、谋臣、策士的产生。齐国的孟尝君、魏国的信陵君、楚国的春申君、赵国的平原君，每人都养有3 000名门客，这是最早意义上的智囊。战国时吕不韦养门客3 000人，命他们"人人著所闻"，汇编为《吕氏春秋》一书，为秦国治理国家、统一天下提供方略。唐朝时，唐太宗重用魏征，采用他的施政方针治理国家，形成了"贞观之治"的良好局面。明代开国皇帝朱元璋根据智囊刘伯温为其提供的"高筑墙、广积粮、缓称王"的战略咨询，对建立明朝的统治起了关键性的作用。

西方智囊团的形成源于拿破仑战争，拿破仑被打败后，曾任拿破仑军事参谋的柏特尔将军总结其失败教训后提出在军队中需要建立参谋机构，负责制定军事行动目标，拟订各种作战方案，预测军事行动可能出现的变化，并对作战过程进行组织和协调。1806年普鲁士军事改革家香霍斯特,在普鲁士军队中组建了比较完善的参谋本部体制,随着普鲁士军队在1870年普法战争中的胜利,参谋本部体制成为各国效法的榜样。1829年上任的美国总统杰克逊,曾在自己周围安插了一批没有行政官衔的顾问,杰克逊总统经常和他们在白宫的厨房内讨论一些国家大事,决定一些重要的大政方针,故有所谓"厨房内阁"之称。

2. 现代西方的智囊体系。现代行政决策智囊团首创于英国,兴起于美国,并在西欧和日本迅速普及。1913年,英国成立了咨询工程师协会,它可以被看做是现代行政决策智囊团的雏形。美国在1918年创立了布鲁金斯学会,1919年创建了胡佛研究所,这两个综合性的研究机构,是现代行政决策智囊团的先驱。二次大战结束后,在西方国家出现了组织形式更加高级的包括政治、经济、军事、科技在内的综合智囊服务机构,它们被冠以"思想库"或"头脑公司"的美称,其中著名的有美国的兰德公司、斯坦福战略情报研究所、日本野村综合研究所、三菱综合研究所等。与此同时,在智囊机构之间还兴起了国际合作的浪潮,著名的有英国的"伦敦国际战略研究所"、美国和前苏联等17个国家共同组织成立的"国际应用系统分析研究所",由前西德总理勃兰特发起的"国际发展问题独立委员会"(又称"勃兰特委员会")及美国前国务卿基辛格博士开设的私人咨询机构"基辛格咨询有限公司"等等。智囊机构的不断出现,是当代发达国家的显著特点之一。目前,美国有各种智囊机构8 700多家,其中综合性的有500多家;日本有智囊机构500多家,其中综合性的约有100多家;法国有智囊机构1 000家,其中大型综合性机构有30家;英国也有各种规模的智囊机构2 000多家。这些机构有的直接受政府各部的委托,为其出主意、想办法;有的派其成员担任政府要职,直接参与政府决策;也有的通过各种舆论工具传播其政策主张,以期对当局者施加影响。相当多的政府官员在离开公职岗位后,纷纷回到或加入这些智囊机构,继续为政府的决策出谋划策。

三、行政决策智囊团的组织形式

1. 内部智囊机构。它是指一个国家、地区、部门或企事业单位内部常设的智囊机构,是专为其领导部门和各级领导者进行决策提供咨询服务的部门。这类智囊机构都是非营利性的,其咨询内容包括社会经济、科技文化等社会生活各方面的有关长期和中期规划的制定;地区性、区域性的综合开发;跨地区、跨部门、跨行业的政策研究;以及有关能源、自然资源、环境、城市、人口、交通等方面的综合咨询。如我国的国务院农村发展问题研究中心就属于这种内部智囊机构。

2. 外部智囊机构。它是指那些在社会上建立的具有法人资格的营利性智囊机构,他们接受来自政府、团体、私人等任何委托者的咨询任务,为它们提供决策的依据。外部智囊机构具有内部智囊机构所不能起到的两大作用:一是它与委托单位所咨询的问题没有任何利害关系,容易做到客观公正;而内部智囊机构提供意见时往往局限于领导者提出的构思,偏重于搞一些"论证式"的咨询,而较少提出反对性的观点。二是外部智囊机构的出现反映了现代社会对咨询业提出的要求,这些机构可以汇集各方面的专家和权威人士,以有偿性服务为前提,用高效率的工作方法提供全面的情况分析和解决问题的办法,以供各级行政领导作为决策的依据。从长远来看,外部智囊机构应该成为现代行政决策智囊部门的主体。

3. 柔性智囊机构。所有内部和外部智囊机构一般都是一种实体,并且是常设的组织,柔性智囊机构则是指为了完成某一项专门任务而临时组成的智囊机构,这种机构具有弹性,可以根据任务要求组织有关专家,在一定的时期内从事科学论证与研究,在得出有关结论后,各自回到原单位工作。其特点是招之即来,来之即干,干完就走,人员不多,费用较低,不占编制,效益显著。如我国为建设三峡水利工程所组成的论证委员会就属于柔性智囊机构。

三、我国行政决策智囊体系的建立与完善

1. 我国行政决策智囊体系的现状。我国的智囊机构在十一届三中全会后起步,目前上至国务院、国家计委、经委、科委与中央各部,下至各省、市、自治区,以至一些大型联合企业等,都建立了与其任务和需要相适应的智囊机构,为各级领导当好参谋。目前我国的智囊机构主要类型有:

(1) 中央各部、委、总局等国家部门领导机构,大多已设立了政策研究室,从事科学技术、教育、经济等政策问题的研究,中央书记处也设立了政策研究室。另外,我国的各级行政管理部门,如省、市、县领导机构也逐步建立了政策研究室,这些机构直接为本部门行政管理机构制定政策和改进行政管理工作

服务。

（2）我国从事决策科学的专业研究机构取得了巨大的发展,其中一些经济和管理科学的研究机构与行政决策关系密切。如经济研究中心、国家计委、经委的经济研究所,各高等院校建立的管理科学和系统工程的教学、研究机构等,都对国家总体规划和制定政策,以及各部门和地方的行政决策起着重要的智囊作用。

（3）我国中央和地方的科研部门、社会团体和个人开设的咨询服务公司也在不断发展,它们针对各委托单位提出的各种急需解决的决策难题,组织有关专家和学术机构进行专题研究,提出报告,实行有偿服务。

2. 我国行政决策智囊体系的发展与完善。目前,我国各级行政管理机构虽已基本设置了相应的决策智囊系统,但总的来说发展还很不平衡。中央系统的智囊体系比较发达,从事咨询服务的研究机构及学会、研究会等较多,而地方行政组织的智囊系统就不够发达,许多名义上的政策研究室实际上从事的是秘书类的工作,有的甚至成为行政部门的养老机构,根本就起不到提供良好的决策咨询的作用,以至于至今还有很多领导在作决策时只凭个人的经验和手头所掌握的有限资料进行,最多只听听有关部门及秘书系统的意见,这对我国实现行政决策的科学化是不利的。为此,必须花大力气对我国的行政决策智囊体系进行进一步的扶植和发展,使之成为真正的现代化智囊体系。主要措施包括：

（1）完善各行政部门的政策研究室,使之真正成为行政组织内部卓有成效的智囊机构;

（2）继续发挥各专业研究机构及学会、研究会的作用,尤其是充分发挥各高等院校的研究力量,从中央到地方建立一整套的政策研究中心,为各级行政决策部门服务;

（3）借鉴国外经验,大力发展外部智囊机构,动员各社会团体和个人的力量发展各种类型的咨询服务公司,必要时通过政府投资创立高级的综合性的智囊服务企业,即建立中国自己的"思想库"和"头脑公司",为各级政府和社会团体及企事业提供有偿服务;

（4）参加跨国性的研究组织,通过国际合作的方式获取尽可能多的信息及情报,目前尤其应注重对国际互联网的运用以加强和世界各国的信息交流,使我国的智囊业与国际接轨,更好地为决策提供咨询服务。

【案例】

为强化环境监督管理，某沿海城市成立了市排污收费监理所，编制人数100名。市环保局林局长考虑到收费属于环境执法工作，担心一旦把编制下放，市里指挥不动，很不容易争取来的编制又不落实。因此决定，除留24人组成市级监理所外，其余人员编制在市，受市和区县环保部门的双重领导。这个决定刚作出，就受到区县环保部门的抵触，一场围绕区县环保收费机构如何设置的争论，在全市环保系统中展开了。两年来，市局领导在监理所的组织建设、业务建设方面做了大量工作，使征收的排污费金额翻了一番，并使收费业务工作纳入了科学管理的轨道。但是，围绕机构设置的决策问题，各区县的意见颇多，在一定程度上影响了收费人员的工作积极性。针对这种情况，林局长决心重新花力气把编制问题解决好。他组织各方面力量深入调查研究，走访了审计和工商管理等部门，而后，提出了解决问题的三个方案：一是维持区县收费机构受市所和区县政府双重领导管理体制，但需进一步明确职级，设想为一套班子两块牌子，它的好处是便于强化执法管理，摆脱地方干预，保持队伍稳定，有利于加强业务建设，但要求市里能统一解决职工福利问题；二是把体制下放到区县一级，市所负责业务指导，便于发挥地方一级政府环境监督管理的作用，有利于对职工队伍思想教育，但必须由区县统一解决职工福利，使市局摆脱日常事务工作；三是分片组织超地区的若干分所，形成独立的监理机构。接着，林局长召开了由各方代表参加的环保收费工作会议，把上述方案提交会议讨论。与会代表通过反复商讨，仍倾向于第一方案，并决定在方案正式通过后认真贯彻执行。

请问：1. 林局长关于监理所机构设置的第一次决策是否正确？在决策程序上有什么问题？
2. 在第二次决策过程中，最终仍选择了第一方案，这是否可以说林局长上次的决策本来就是正确的呢？

复习思考题

1. 什么叫决策？它有哪些主要特征？
2. 行政决策的重要特点有哪些？
3. 行政决策在行政管理活动中占有什么样的地位？

4. 现代行政管理中常用的决策类型有哪些?简述它们各自的含义及适用范围。
5. 举例说明行政决策的一般程序。每一阶段主要应遵循哪些原则?
6. 现代行政决策体系由哪些部分构成?
7. 结合我国建国以来行政决策方面的经验教训,谈谈应如何实现我国行政决策的科学化?

第九章 行政信息

【提示】

　　某市政府为了进一步提高行政管理效能,广泛了解民情民意,相继设立了三条渠道,直接从人民群众中收集社会民情信息。一是设立了"市长专线电话",专门受理群众给市长打来的电话,并定期编发简报,对一个时期内所反映的问题进行剖析;二是指定专人受理群众给市长的来信,通过筛选和处理后,将来信反映出的有倾向性的问题和富有建设性的意见及时送交市长本人;三是建立"区街信息网络",专门收集人民群众对城市建设、城市管理和居民生活等方面的意见、要求和建议,并聘请了一千多名居民担任兼职信息员协助工作。一年多来,社会民情信息的收集和利用取得了意想不到的效果,不但能使政府及时了解下情,密切与群众的联系,强化政府的服务功能,而且通过收集群众对政府工作的意见和建议,实现人民群众对政府工作的直接监督,有效地克服了官僚作风。同时,社会民情信息的利用,使政府的决策民主化与科学化有了更加广泛和可靠的社会基础,大大有助于决策方案的顺利实施。兄弟省市的有关领导纷纷上门取经,他们说:"让我们一起来努力,架起一张四通八达、覆盖全国的社会民情信息网络吧!"

　　在现代行政学体系中,行政信息具有十分重要的作用。因为行政信息不但是行政决策的基础,也是沟通行政部门的纽带,是行政协调、监督和控制的依据。科学地收集、传递和存贮行政信息,成为实现行政目标、提高行政效率的重要条件。随着信息论的兴起,现代社会进入了一个全新的"信息时代",目前,发达国家获得各类经济和政治信息的能力和速度已经达到很高的水平,大大加快了经济运行能力,提高了行政管理的效率。就我国目前来说,如何更好地建立高效能的信息系统,掌握最新、最全、最准确的信息,是保证各级行政组织作出正确决策,避免决策失误的重要条件。

第九章 行政信息

第一节 信息与行政信息

一、什么是信息与行政信息

1. 信息的含义。"信息"一词来源于拉丁文"Information",意思是解释和陈述。一般说来,信息是指客观存在的一切事物通过物质载体发出的信号、消息、情报、数据、图形、指令中所包含的一切有价值的内容。信息不是事物本身,而是表征事物消息和信号中的内容。

人们常常把信息和信号及消息相混淆,其实,三者的含义是不同的。信号可以用来传递某种约定的声音、光线和标志等,其最大的特点是约定性,它只是信息的一种表现形式,信息是信号的内容;消息是传播某一事物的音讯和新闻,其主要特征是传播性,容易发生失真现象,消息只是信息的外壳,信息才是消息的内核,只有揭去外壳,才能捕捉内核。平时我们常说到的语言、文字、图形和符号本身也不是信息,它们只是信息的载体而已。

2. 行政信息的含义与特征。行政信息是反映整个行政管理活动的各种资料、情报、数据、指令、密码、符号、文字、语言、讯号所包含内容的总称。人们从事行政管理活动,不断产生各种行政信息,并通过行政信息的接收、传递和处理,反映和沟通各方面行政情况的变化,借以控制和管理政府的行政事务,实现各管理环节之间的联系,从而顺利地完成行政管理的各项事务。

行政信息的特征主要有:

(1) 真实性。信息强调的是客观存在的一切事物通过物质载体发出的有关内容,因此,任何行政信息都要求能如实反映客观的事实,凡不符合事实的东西只能称为讹传,不具有任何使用价值,行政信息的真实性是行政信息存在的基础。

(2) 价值性。信息强调的是各种事物通过物质载体发出的一切有价值的内容,因此,凡是为行政管理工作提供的情报和资料,总会或多或少地对完成某项行政任务有所帮助,当然,信息的价值度有高有低,凡具有较高价值的行政信息往往是在对大量原始信息进行加工处理后才取得的,那些未经过正确取舍与筛选的信息往往比较分散,其价值性也要降低很多。

(3) 多变性。由于客观事物的复杂多变,反映其状况的信息也会随之变化,加上信息总是滞后于事实的特点,因此行政信息总是处于不断更新、矫正、扬弃、变化的过程中,绝不能用固定的、僵化的态度来对待行政信息。

(4) 时效性。一般来说,任何客观事件在发生之前,总会有一些先兆性的信息出现,同样,在行政过程出现大的变化之前,也会呈现出各种先兆性的信息;一些重要的行政信息往往在当时具有非常重要的价值,但时过境迁以后马上会变得毫无价值。因此,把握行政信息应该密切关注客观事物运动的变化性,及时收集和处理伴随这些变化而产生的信息,并迅速作出反应,采取应急的对策;同时,要敏感地发现预示事物未来变化的各种先兆性信息,以便采取超前的应对措施,这是行政管理中取得控制未来主动权的重要方法。

(5) 共享性。信息资源与其他物质资源不同,物质资源在使用时具有一次性的特点,信息则不然。当信息的拥有者把信息传递给他人时,他仍保有信息的使用权,可见,行政信息可同时为许多需要者服务,除了需要保密的信息外,其他一切信息都不具有独占性。

3. 行政信息的主要类型。行政信息的种类繁多,常见的主要有以下几种:

(1) 原始信息与加工信息。原始信息是指用数字、文字、草图等对某种行政活动所做的最初的直接记载。加工信息是指在原始信息的基础上,进行筛选和加工,使之成为行政过程中各种有用的信息。

(2) 日常信息和突发信息。日常信息是反映行政机关内外各种有规律的活动,按规定的程序不断地收集和处理的信息。突发信息是指与行政活动相关的各种突发事件的有关信息。这些突发信息的处理,一般不能按照常规的方法进行,否则有可能酿成大祸。

(3) 正式信息与非正式信息。正式信息是指行政部门按正规渠道获取的信息,这类信息包括上级部门的命令、指示、决议、通报、通告,以及下级部门的请示、报告、总结等等,这类信息比较正式,因而其地位较固定,沟通起来较为容易,接收效率也比较高。非正式信息是指行政部门不是通过正规渠道所获取的信息,如行政领导者不定期地下基层,进行现场调查,亲自走访群众获取的第一手资料等,这些信息有助于领导深入了解下情,妥善解决实际问题,对克服官僚主义作风很有好处;此外,非正式信息还包括行政人员的各种情绪和心理活动,同事之间的私下闲谈,社会上的各种传闻和流言等,这类信息不具有正式的法律地位,常常是变动不定的,但对行政人员的影响又是极其显著的,应恰当对待。

(4) 语言性信息与非语言性信息。语言性信息是指通过口头语言和书面语言进行传播和沟通的各种信息。非语言性信息是指不通过语言所表达和传递出来的各种内容,如言谈中的"弦外之音",谈话时的表情、手势、动作、语音、语调等,这类信息常靠高度的语音技巧和谈话艺术来间接表现,目的是给接收者以暗示。这类信息传递灵活,但传递的效果直接依赖于接收者的领悟力,只有那些老练深沉的行政人员才能及时、准确地把握对方所表达的意思和说话时的心态。

(5) 既往信息与预测信息。既往信息是指在以往的行政活动中曾经出现过的信息,对这些信息需要进行收集、分析和评价,以便从中摸索出行政管理活动的规律,更好地指导以后的工作。预测信息是指那些能够揭示、反映和预测未来行政活动的各种信息,对这些信息应花大力气进行收集,以作为行政部门制定未来方针政策的重要依据。

二、信息在行政管理中的作用

人类文明的发展过程,就是对信息的掌握手段不断更新和提高的过程。从最早的奔走传信,到驿站、烽火台、信鸽,再到现在的报纸、电话、电报、传真、卫星、计算机互联网络等等,每一次信息技术的发展都对人类经济和政治生活带来巨大的影响。当今世界,信息已成为认识世界、改造世界、控制世界的一种重要方法。在人类生活中几乎所有领域都要应用信息,没有信息,人类将无法生存下去,行政管理领域也不能例外。今天,各国的行政决策部门都在体系内部或者外部建立了行政信息系统,通过对国内外各种信息的收集、传输和分析来提高行政决策过程的科学性和准确性。综合起来说,信息在行政管理中的主要作用有以下几个方面。

1. 信息系统本身是行政管理系统不可缺少的重要组成部分。信息在行政工作中占有十分重要的地位。行政管理主要涉及对人、财、物、技术设备和信息五种资源的合理安排与有效使用,其中信息最为重要,它是一种粘合剂,有了它才能使其他几种资源得到合理安排与有效使用。行政信息工作的任务就是收集、处理、传递所有有价值的信息,并以此为行政部门的领导人员的计划与决策提供依据。事实上,每一个行政人员每天都在信息系统中工作着。如借助人的感觉器官把听到、看到的各种情况和材料反映到大脑中,就是在收集信息;再经过大脑的思维,产生观念和思想并逐步形成完整的知识,这就是信息的加工；把这些知识记忆起来，或者用文字记录下来，这就是信息的储存；把这些内容讲给他人听，或写成文稿、传真、报告等给他人看，这就是信息的传递。可见，行政工作天天就是在和信息打交道。在现代行政管理过程中，要进行组织、决策、执行、控制和监督，离开了对信息的掌握和运用都将寸步难行。

2. 信息是行政计划与行政决策的立足点。计划与决策是行政管理的基本职能，计划与决策的形成必须以大量准确的客观信息为依托，否则必然会导致决策不当及计划无法实施。一般来说，没有准确、及时的来自社会政治、经济、文化等各个领域的信息，是难以发现行政决策问题，更谈不上进而确定决策目标的；要拟定多个优质的备选方案，就要充分利用"外脑"，进行广泛的信息开发，以寻求尽可能多的解决问题的方法；在抉择方案时，对信息的充分了解和掌握能帮助决策者准确地作出最优化选择。此外，决策者为确保决策的稳妥性，还必须充分照顾社会各阶层的利益要求和愿望，预测他们对政策可能的反应和承受力，这自然也是以相应的信息为依据的。

3. 信息是行政执行与行政控制的根本保障。行政管理的基本职能除了计划与决策外，还有组织、调节与控制等方面，这些方面也都离不开对信息的需求。一般情况下，行政领导者和行政工作人员为了更好地改善行政管理功能，需要获得有关行政执行方面的信息，并以这种信息为依据，采取进一步改善行政活动方式和实现决策目标的措施。行政控制的目的则在于发现行政执行中偏离决策目标的缺点和错误后，采取适当的改进措施，以确保行政管理活动的正常开展和目标的达成。而要在行政计划执行的过程中随时加以控制，必须时刻注意信息的反馈，没有良好的信息反馈，任何行政措施的执行都是一句空话。可见，掌握充分的信息，对于准确地把握行政工作的方向，对于提高行政工作的效益和效率等，都起着重要的保证作用。

4. 信息是行政沟通和行政协调的纽带和桥梁。在行政活动中进行的信息沟通，无论是上情下达、下情上呈，还是平级间交换情报，都是信息传递的过程；在行政沟通中，无论是通过正式的组织程序进行的沟通，还是通过非正式的组织程序进行的沟通，无论是以语言的形式进行口头沟通、以文字的形式进行书面沟通，还是借助于工具、表情和动作所进行的其他沟通，都离不开信息这一基本要素。可以说，行政沟通就是一种特殊类型的信息流通。借助于信息这一纽带和桥梁，才能使行政管理的各个层次、各个部门彼此沟通，协调一致地完成组织目标。行政协调的主要目的在于解决行政管理过程中各个部门和工作人员之间所发生的矛盾和冲突，引导他们分工协作、互相配合，同心同德实现组织目标。之所以造成行政机关内部以及外部的矛盾和冲突的主要原因就在于组织和人员之间互不通气,导致沟通与交流的困难。因此,行政协调的中心工作就是打通各个层次和各个部门之间的信息沟通渠道,通过传递资料和信息、传阅通报等方式,促使各方面及全体行政人员了解问题的真相,以统一思想,实现团结与合作的目的。

可见,行政信息对于行政管理的每个环节、每个领域都起着极为重要的作用,它是提高行政效率的一个决定性因素。在行政管理过程中,如果每一个行政部门都能准确、及时、全面、有效地收集、加工和使用信息,就能使行政机构高速、灵活地运转,从而获得令人满意的行政效率。

三、行政信息系统

1. 什么是行政信息系统。所谓行政信息系统,就是指为管理和处理行政信息而建立起来的,具有一定组织体系和运行程序,以及相应的技术设施的有机整体。具体地说,就是指输入相应的资料和数据,经过加工处理,输出为决策而准备的各种信息,通过制定行政决策最优化方案,把行政信息转变为行政行为的相对封闭的循环过程。建立行政信息系统的唯一目的,就是为行政管理活动提供所需要的各种行政信息,为行政管理的各项工作,如计划、组织、决策、执行、沟通和协调等服务,以保证行政机构的正常运转。

2. 行政信息系统的构成。行政信息系统一般由以下几个部分构成:

(1) 行政信息系统的情报部门。情报部门的主要任务是向行政决策者提供所需要的情报信息,包括军事、政治、科技、经济、商品等内容,是行政信息必须具备的条件和依据。

(2) 行政信息系统的统计部门。统计部门是社会经济信息的主体,统计部门的主要任务就是利用各种科学方法,根据科学的原则和程序,进行资料的收集、整理、分析、综合等工作,对国民经济和社会发展情况进行统计调查,统计分析,提供统计资料,实行统计监督,并对未来情况进行统计预测。

(3) 行政信息系统的档案部门。档案部门的主要任务是收集、整理、保存并提供各机关、企事业单位和个人在社会活动中形成,并作为历史记录以备查考的文件、技术图纸、影片、录音带等,是具有内在联系的文件体系,是领导者决策的参考依据。

(4) 行政信息系统的数据库。数据库是由若干文件组成的行政信息集合,它是行政信息系统的基础和核心。

(5) 行政信息系统的图书资料部门。图书资料部门是国家科学、文化、教育的重要设施,它通过收集、整理、加工、组织、保管、宣传、传递和开发利用图书资料,履行其职能,促进整个社会政治、经济、军事、科学、文化的发展。

(6) 行政信息系统的咨询、监督、反馈部门。咨询部门是指对某方面事务提供建议、办法以及评价的机构,在现代领导决策中具有重要的参谋智囊作用;监督部门和反馈机构是行政决策中必不可少的辅助机构,它们都以行政信息为基础,对决策进行事前谋划、论证和事后分析、研究,以提高行政决策的有效性和科学性。

四、行政信息的处理过程

行政信息的加工处理过程是一个系统的、辩证的流程,它包括行政信息的收集、加工、传递、储存、输出和反馈。下面一一介绍。

1. 获取信息。行政信息的获取,除了被动地接收正规渠道的信息之外,还应该积极主动地采用信息开发的方法,通过观察、发掘、试验、加工、改造及发明等活动,利用自然、社会和思维领域里的资源创造出各种新的信息。行政信息开发成功与否,离不开行政人员主动性、积极性和创造性的发挥。常用的获取原始信息的方法有常规性开发和创造性开发两种,具体来说包括专业实践、有偿征集、定点收集、采访阅读、信息追踪、解剖分析、捕捉机遇、推理加工等等。

2. 处理信息。就是对收集到的信息进行加工整理的过程。由于许多原始信息中包含着大量虚假的、错误的成分,必须对其进行认真的加工筛选才能获得真正有用的信息。加工处理的方法具体包括分类、比较、综合、研究、编制等步骤,保留有用的信息,剔除陈旧的过时的部分,并同时对其进行归纳分析,把有用的数据资料加工成能综合反映事物总体特征的信息,从而为行政决策服务。

3. 传输信息。就是指各种信息在行政部门之间流动的过程。对于行政部门现已掌握的信息来说,如何使它们物尽其用是一个十分重要的课题,行政信息人员应根据行政决策需求的前后次序和轻重缓急,把有关的信息及时传递给行政领导者和决策者。对各种信息的输出,要求行政信息人员做到及时、准确、真实。信息的传输既有纵向的(上下级之间),也有横向的(部门之间);

有单向的,但大量是双向的;有正式渠道的,也有通过非正式渠道传输的。传输信息的主要途径目前除了会议、报告、报表等传统手段外,还有电话、电传、微波等,随着现代通讯技术的进步,更先进的传递方式不断地运用到行政信息的传输过程中,如可视电话、移动通信、计算机网络等等,所有这些传输方式皆应本着迅速高效的原则加以运用,以保证信息传输效率的提高。传输还要防止信息的脱节和失真,必须按规定的要求严格进行。这一切都要求行政人员认真学习并熟练掌握新的信息传递方式、传递技术和传递业务,从而保证信息传递的时效性和高质量。

4.储存信息。就是把已收集、加工、处理的行政信息资料,以文字、图像、数据的形式,并借助计算机和各种媒介手段记录和储存起来,以便随时利用。行政信息的储存在现代行政信息系统中是十分重要和复杂的一环。这些被储存起来的信息具有可再用性,能供行政决策者随时调用,它们还具有历史价值和兼有档案的属性,可为日后的工作需要及历史研究提供参考性和借鉴性服务。在储存信息的过程中必须注意三个方面:

(1)保存必须安全可靠,对由各种自然的、社会的、技术的因素可能造成的资料损毁或丢失,都必须有相应的防范和处理措施;

(2)采用科学的编码体系,缩短相同信息所需的代码,以节约储存空间;

(3)信息储存必须满足存取方便和迅速快捷的需要,应建立方便的科学检索系统,以帮助信息的查找和调用。

5.输出信息。即将处理并储存好的信息在需要时调用出来,按照要求编印成各级行政领导及管理人员所需要的报表和文件,以便于他们及时获取所需要的信息和资料。

6.反馈信息。就是在信息输出以后,及时回收有关信息使用者的看法与反映,然后针对信息本身存在的不足进行及时的扩展和补充,以更好地满足行政决策者对行政信息的要求。取得信息反馈的途径主要有两条:

(1)正规途径,主要指下级部门通过总结汇报和统计报表等形式反映政策的执行情况,这是反馈的主要途径,但要求有严密的监督机制及相应的惩罚制度与之相配套,否则会出现弄虚作假、报喜不报忧等弊病。

(2)非正规途径,即广大群众的意见和反映,它是非官方的自愿行动,是信息反馈的可靠来源。新闻机构担负着非正规途径反馈主体的使命,要通过媒介的宣传和呼吁,及时反映人民群众的要求和疾苦,把政策的执行效果及时反映到政策制定者的手中。

五、我国行政信息系统的完善

1. 我国行政信息系统的现状。建国以来,我国各级政府部门成立了专门的行政信息机构,充分发挥人民群众的参谋和智囊作用,采取各种行之有效的措施,保证了行政信息的开发和收集工作的顺利进行。多年以来,我国行政信息收集的主要渠道包括:

(1) 公文的流转。即通过公文流转收发来传递行政信息,这是一种以公文传输为中心的封闭的信息系统。其中,行政部门的发文程序包括拟稿、审核、签发、缮印、校对、用印、登记、封发、注发、归卷等,这些工作由上级行政部门的收发人员、秘书、打字文印部门及办公室领导人员分工负责、共同完成。行政部门的收文程序包括签收、拆封、登记、分发、传阅、拟办、批办、承办、催办、注办、清退、归卷等内容;围绕这一过程,建立起了各种有效的文件管理制度,主要包括文件的制作和监督制度;文件的登记制度;文件的清退制度;文件的存放保管制度以及文件的保密制度等。

(2) 会议与会谈。目前,召开会议是我国各级行政部门进行信息交流的最重要手段之一。通过会议,把有关人士组织起来研究和讨论一些问题,有助于行政领导者集思广益,吸收各方面的意见,为重大决策提供有益的咨询。会谈主要包括上下级之间的交谈和两个或多个同级部门之间因沟通信息的需要而进行的会谈两种方式。良好气氛下进行的积极有效的会谈,是行政人员之间进行行政沟通的重要桥梁,为行政人员交流感情、提高工作质量提供了很好的帮助。

(3) 工作通报。就是指下级国家行政机关向上级国家行政机关就工作中的重大措施、主要事项、重大事件、主要问题等所作的工作报告。工作通报制度是宪法和法律规定的一种行政督导制度,也称"工作控制"。内容包括工作简报、年度工作报告、专题报告和临时报告等。工作通报是行政信息沟通的一个重要渠道,它能充分保证上级行政机关及时了解下情、掌握动态、发现问题、采取措施,进而有效地领导和监督下级部门的工作。此外,工作通报还能使平级或下级有关部门了解本部门的工作情况,从而更好地协调配合开展工作。

(4) 建立信息库。通常由技术方面的专家把重要的资料、情报和各种有用的数据等经过加工整理,再输入计算机的存贮器或制成文件档案,以便随时提供决策者使用,以延长信息价值的时效性。

第九章 行政信息

(5) 领导下基层考察。就是指各级行政领导干部深入基层,对下情进行全面、深入的考察,充分了解基层的实际情况,倾听群众的意见和要求,发现实际存在的各种问题的症结所在,借以提供行政决策和行政管理的有用信息和第一手资料。

(6) 信息发布会。包括行政领导部门向社会各界公开发布的各种信息以及某些部门和地区到中心城市去发布本部门和本地区的有关消息,以引起社会各界及其相关人士的关注,为博得他们的有效支援与合作提供有益的信息。信息发布会具有及时、公开和影响面广等优势,特别是借助于大众媒体的宣传,能够有效地扩展行政信息的传播渠道。因此日益成为一种行之有效的信息传播方式。

我国虽然已经建立起了一整套信息机构与信息收集、处理、传递和反馈程序,但从总体上看,我国行政信息系统还存在着不少问题,主要表现在以下几个方面:

(1) 从信息收集方面看,由于长期以来我国各级行政部门机构臃肿,人浮于事,信息收集人员素质较低,往往使收集到的信息内容贫乏,数量不足,使信息缺乏目的性、真实性、时效性、系统性和全面性。多年来,我国一些行政机关中出现的文山会海、公文旅行现象屡禁不止,导致大量信息虚假失真,不少信息捕捉迟缓,失去了时效和运用的价值,甚至直接造成了决策的重大失误。

(2) 从信息处理过程看,由于一些信息人员素质较低,处理信息的方法不得当,导致信息的选择判断和分析整理方面都存在着不少问题。例如,对原始信息的选择缺乏判断力,导致重要的信息被剔除,只留下了大量陈旧的、无价值的信息;对信息进行综合分析时,由于缺乏长远的眼光,因此难以发掘出信息本身所蕴含的超前服务的价值,也难以为领导者进行决策和控制提供参考;对信息进行加工时,由于主观意识过强,往往在信息资料的写作中随意拔高,出现假、大、空的倾向。

(3) 从信息传递过程看,由于传递渠道单一,传递速度过慢,往往不能及时、准确地把信息传递到需求者的手中;更有甚者,由于传递不畅而导致信息积压,甚至造成信息流失,使决策者在关键时刻得不到重要的参考信息,从而造成了决策的失误,这方面的教训是十分深刻的。

(4) 从信息反馈过程看,由于我国长期以来存在着基层领导者在向上级通报情况时喜欢报喜不报忧和弄虚作假的错误做法,导致决策在执行过程中引起的不良后果往往被有意掩盖,使决策者难以依据信息反馈对决策进行及时修正和调整,以致最终酿成重大的失误,如1958年大跃进时代的"放卫星"和浮夸风就是典型的例证。

2. 完善我国行政信息系统的设想。要从根本上改变我国行政信息系统存在的问题,还有大量的工作要做。目前,加强和完善我国行政信息系统的呼声越来越高,对我国行政信息系统改革的设想也出现了不少。综合起来看,主要内容涉及到以下几个方面:

(1) 完善我国的信息管理体制。我国的信息管理体制虽已建立,但在发挥实际效能方面还有很大的不足,因此必须花大力气进行完善。首先,应该建立起统一的信息管理中心,作为行政部门和各行各业信息管理的领导机构。信息管理中心要明确职责,加大对管理范围之内的所有信息部门的领导和监督,对于有价值的信息,必须通过有效的渠道及时进行汇总和加工,以发挥出信息集中管理的较高效率。其次,加强现有的信息系统的建设,如加快对情报部门、统计部门、档案部门、图书资料部门和数据库等机构的改革步伐,端正它们为行政机关服务的态度,树立良好的服务意识,努力提高服务质量,以求实现信息管理工作的高效率。再次,建立符合现代社会需要的全新的信息收集和处理系统,在充分发挥行政部门内设的信息机构积极性的基础上,动员一切可能的途径为行政部门提供有效的信息。例如,充分利用大众媒体信息量大、时效性强的特点,通过一定的渠道加强行政部门和大众媒体机构的联系与合作,扩大行政信息的来源;努力发挥各种民办的信息机构的作用,如信息咨询公司和网络公司等,把各种有用的信息及时地收集和贮存起来,以供行政决策之用。

(2) 努力提高信息工作人员的素质。这是从"软件"方面着手进行的工作。信息人员的工作十分重要,他们的个人素质直接影响到信息处理的质量,因此必须十分重视对信息人员的培养。如在录用信息人员时坚持一定的学历要求,进行经常性的技能培训,建立相应的人员考核机制,对工作不力或在工作中出现重大失误的信息人员及时进行处罚并调离工作岗位,对工作成绩出色的信息人员加强奖励措施等等。其中特别重要的,是要求信息人员具有高度的时代感和工作责任感,牢固树立信息是领导决策依据的思想以及信息必须准确、及时和有用的观念,养成随时处于发现和捕捉信息的最佳精神状态,在工作中努力培养具有开拓创新和锐意进取的精神,解放思想,更新观念,掌握创造性的思维方法,学会用新的视角去捕捉和处理信息。

(3) 完善硬件设施,实现办公自动化。为了从根本上改变我国信息工作的落后状况,必须大力开展信息工作现代化的步伐,而信息工作现代化就是指实现办公自动化。一般来说,一个比较完善的办公自动化系统,应包括信息收集、信息处理、信息传递和信息存贮等基本环节,具备进行数据处理、文字处理、语音处理、图像处理和网络通信技术等一系列的技术与设备。具体来说,数据处理就是指在计算机上加工各种有用的数据,来计算和管理各种有关人事管理、档案管理、文书管理和信息检索等数据和资料;文字处理具有文件输入、输出、存贮和编辑等功能,可进行文件的文字编辑、修改、存贮与打印,能大大提高文件处理的效率;语音处理就是用计算机对语言信息进行处理,这类办公机器可与办公人员互相对话,直接交流信息;图像处理是以计算机为主要工具,把图像以数字形式输入计算机,进行处理后再把数字输出恢复为图像,包括图像数字化、图像增强与复原、图像数字编码、图像分割和图像识别等;网络通信技术就是把各种信息处理设备连成网络,使它们能够互相通信和共享资料,在办公自动化系统中,这种网络不仅可传送数据,而且还可传送声音、图形和图像等信息,可广泛运用于现代社会的各个领域。实现办公自动化,不但可以把行政人员从繁琐的办公事务中解放出来,有助于克服办事拖拉、扯皮的官僚主义作风,还能大大加快信息的传递速度,提高工作效率,加强信息的及时性和准确性,从而为决策提供可靠的科学依据,其意义是极其深远的。

第二节 行政信息沟通

一、信息沟通的含义

1. 信息沟通的概念和意义。所谓信息沟通,就是指各种可理解的信息或思想在两个或两个以上的人群中传递或交换的过程。简单地说,信息沟通就是信息的交流、联系和传递。

信息沟通的重要意义包括:

(1)沟通是协调行政组织内部各个体和各要素行动一致,保证组织成为一个牢固整体的凝聚剂。任何行政组织都由多人组成,他们各自的地位、利益和能力不同,对组织目标的理解也不同,为了保持上下一心,劲往一处使,需要在组织内部互相交流意见,统一思想认识,广泛地协调大家的活动,以保证组织目标的顺利实现。

(2) 沟通是领导者激励下属,实现领导职能的根本途径。一个领导者不管具有多么高超的领导水平,他都必须将自己的意图和想法告诉下属,激发起他们的士气,同时广泛征求下属的各种想法和建议,从而更好地调整上下级关系,做到上下同心,共同完成组织目标。

(3) 沟通是行政组织与外部环境建立联系的桥梁和纽带。任何行政组织的存在都必须不断地与外部环境进行物质与信息及能量的交换,离开了外部环境的支持,组织目标就难以顺利实现。为此,行政组织必须主动、积极地同外界进行信息沟通,从外界获取有价值的信息,扩大成功的机会,以适应外部环境不断变化的需要。

2. 沟通主体。沟通的主体包括信息的发出者和信息的接收者两个方面,由于信息沟通的全过程都是由人进行的,因而它实质上是一种人际沟通,也就是沟通双方对某一共同信息的分享。当一方是发出者时,另一方是接收者;当另一方是发出者时,这一方又成了接收者。只有在信息分享达到十分完善的水平时,信息工作人员之间才容易形成一种协调一致,亲密无间的关系。

3. 沟通渠道。行政沟通的渠道就是联接不同沟通主体的中间环节或传递媒介。如在召开电话会议时,电话线就成为沟通渠道。如果一个行政人员发一封公函通知另一单位的某个工作人员参加一次会议,那么公函的邮递则成了沟通渠道。由于沟通主要是传递和交流信息,所以任何媒介只要能担负此项功能,无论其形式如何都可构成沟通渠道。沟通渠道有时是有形的,有时是无形的,在行政体系内部,那些主管信息工作传输的部门,如办公室、调研室、情报资料处等,都构成为各级行政机构提供信息的主要沟通渠道。

沟通渠道种类繁多、形式不一。要想提高沟通效果,准确而迅速地传递信息,就必须努力提高沟通渠道的效率,增大渠道的容量,加快渠道的沟通速度,改善沟通渠道的质量,这四个方面应相互配合、相互依存和相互促进,忽视任何一方面都将会影响其他方面,带来沟通的低效和失实。例如,在一个行政系统中,由于沟通渠道效率低下,导致公文旅行,办事拖拉,许多问题不能及时得到解决;又比如联接上下级关系的沟通渠道存在大量干扰因素,即使上级决策部门制定了很有效的政策和措施,但在下级部门进行贯彻执行过程中却受到歪曲和挫折,未能取得所预期的效果,甚至导致产生"上有政策、下有对策"的不利局面。为了保证行政活动中信息沟通的准确性和真实性,各级行政部门可采用多通道重复传递的方法,并建立切实有效的抗干扰的信息反馈系统。同时,尽量扩大信息符号所携带的信息量,维持现有沟通渠道的正常运转,精简机构层次,缩短渠道长度,避免信息传递失真的情况出现。只要切实在这些方面努力,促进沟通渠道的畅通和完善就有了保障。

4. 沟通障碍。所谓沟通障碍,就是指那些不利于沟通准确性和时效性的影响因素。常见的沟通障碍主要有:

(1) 个人因素。包括有选择地接受和沟通技巧差异两大类。所谓有选择地接受是指人们拒绝或片面地接受与他们的期望不相一致的信息。研究证明,人们往往愿意听或看他们想听或想看的东西,而拒绝不中听的信息。除了人们接受能力有所差异外,许多人运用沟通的技巧也很不相同。例如,有的人不能口头上完美地表述,但却能够用文字清晰而简洁地写出来;另一些人口头表达能力很强,但书面表达能力则很差;还有一些人阅读速度较慢,并且理解起来比较困难。所有这些问题都妨碍进行有效的沟通。

(2) 人际因素。主要包括沟通双方的相互信任,信息来源的可靠程度和发送者与接受者之间的相似程度。沟通双方的诚意和相互信任至关重要,上下级之间的猜疑只会增加抵触情绪,减少坦率交谈的机会,也就不可能进行有效的沟通。另外,信息来源的可靠性实际上是由接受者主观决定的,当面对来源不同的同一问题的信息时,人们最可能相信他们认为最诚实、最客观的那个来源的信息。沟通的准确性与沟通双方间的相似性有直接的关系,沟通一方如果认为对方与自己很相近,那么他将比较容易接受对方的意见,并达成共识;相反,如果沟通一方视对方为异己,那么信息的传递将很难进行下去。

(3) 结构因素。主要包括地位差别、信息传递链和团体规模等。研究表明,地位的高低对沟通的方向和频率有很大的影响。例如,人们一般愿意与地位较高的人沟通;地位较高的人则更愿意相互沟通;地位悬殊越大,信息趋向于从地位高的流向地位低的;但是,普通员工却非常喜欢与地位高的人进行沟通,其原因一是这种接触是获得同伴承认和尊重的一种方法,二是与对自己未来有重大影响的上级交往可以增加成功的机会。此外,所谓信息传递链现象表明,信息通过的等级越多,它到达目的地的时间也越长,信息失真率则越大;当组织规模较大时,人与人之间的沟通也相应地变得较为困难。

(4) 技术因素。主要包括由语言及非语言暗示等造成的沟通障碍。尽管行政沟通的方式和途径有多种,但语言是占支配地位的一种,行政领导和行政人员若想进行沟通,都不得不借助书面的或口头的语言,但常常由于语言的误用和沟通的不当,导致信息被不恰当地歪曲,使语言的发送者和接受者对同一信息的理解完全不同。另外,当人们进行交谈时,常伴随着一系列有含义的动作,如手势、面部表情、眼神等等,这些无言的信号强化了所表述的含义。研究表明,在面对面的沟通中,仅有7%的内容通过语言文字表达,另外93%的内容是通过语调(38%)和面部表情(55%)来表达的,而如果接受者对这些非语言暗示不加理会,则沟通中出现障碍是必然的。

二、信息沟通的模式

所谓模式,是一种由符号和运行法则所组成的结构,它具有组合、启发、推断、测量四种功能。信息沟通的结构模式大致有四种,它们是:聚联式、单联式、互联式、分联式(如下图)。

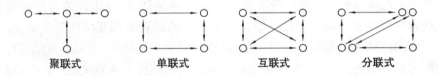

聚联式　　　　单联式　　　　互联式　　　　分联式

1. 聚联式。其特征是存在一个沟通中心聚集所要沟通的信息内容,然后统一向各方向传递。处于沟通中心的人可以和任何其他沟通点联系;而其他各点则只能与沟通中心发生联系,彼此间无相互的沟通渠道。若想发生相互间的沟通,则必须先通过沟通中心才能进行。在行政机构中,若能建立起这样一个卓有成效的信息中心,将有利于在整个行政体系中确立起强有力的行政领导,统一组织、处理和安排行政活动,出现问题也便于协调一致地进行控制,更容易取得高效的工作成果。但其也有不利之处,即容易由信息垄断而导致行政领导者的行政专断,不利于行政人员主动性和积极性的充分发挥。

2. 单联式。其特征是各个信息沟通点的地位是平等的,每个成员只能与其相邻的两点发生关系,共同交换信息,其他各点则相互隔离,无法沟通,有时传递信息、进行对话则需要经过很多步骤和层次,在行政管理工作中,若没有形成统一的信息中心,就会产生这种单联式的结构,尽管这种模式使信息沟通很容易进行,但容易造成行政领导缺乏权威,导致办事拖拉、工作缺乏效率的情况发生。

3. 互联式。其特征是各个信息沟通点都可以和其他所有的点发生关系,各类信息都可以互相沟通,不需要建立信息中心。这种模式下,信息沟通的深度和广度都比其他模式大得多。在行政管理工作中,如果建立这种互联式的结构,将会使全体行政人员都积极地参与行政管理的全过程,有利于行政工作的多元化和民主化。但其缺点也非常明显,就是沟通渠道过于杂乱,导致信息流失与信息失真严重,结果反而会影响信息的管理效率。

4. 分联式。其特征是存在着两个或两个以上的信息沟通系统,彼此间没有信息传递关系,从而形成了次信息沟通系统。在行政管理工作中,这种模式虽有利于局部工作效率的提高,但由于它造成了行政机关整体结构的分离,导致次系统间的相互隔离和相互封闭,助长了小集团利益的滋长,不利于行政领导者统一政令的贯彻执行,因此其弊端是十分明显的。

总之,四种沟通模式各有利弊,不能笼统地说哪种模式最适合于当前行政机关的信息沟通。由于各种结构模式中行政人员进行信息沟通的程度不一样,他们获得信息的途径不同,了解信息的多少又有区别,这样在各种结构模式中就会形成各种各样的权力关系和领导关系。这种权力关系和领导关系一旦形成,就会通过一定的方式固定化,并对信息沟通产生巨大的影响。

三、信息沟通的类型

信息沟通类型,是为了更好地协调行政体系中各种沟通关系而从形式上对行政信息传递关系所作的一种区分。总的来说,沟通的类型有正式沟通和非正式沟通两种,正式沟通又分为上行沟通、下行沟通和平行沟通三种主要类型。

1. 正式沟通。即依靠行政体系的正式机构和权限关系进行的沟通,如行政机构正式发布的命令、指示,正式召集的会议;上级机关因工作需要与下级进行的正式会谈和接触;下级向上级通过正式途径传递的请示、建议、申请、报告等。正式沟通依法办事,有章可循,具有一定的程序性,但有时沟通比较呆板,不能灵活行事。正式沟通一般可分为三种:

(1) 下行沟通。也可称为解释型沟通,是上级机关按行政隶属关系自上而下的直线型信息传递方式,目的是使下级行政人员了解行政目标、行政计划及其实施细则与执行步骤,从而达成共识,团结合作,协调一致。下行沟通想达到预期的目的,必须在沟通前解决两个问题:第一,上级对下级要有充分的了解,主要是对下级工作状况和思想倾向的了解,对下级情况愈熟悉,行政领导愈能有效地解决问题,下行沟通效率愈高。第二,在采取新的措施之前,一般应通过多种方式让下属有所了解并让他们充分发表意见,并在决策时尽量考虑这些意见。行政领导应具有与下级交换意见的热情,并养成一种积极主动的沟通态度,以增强下属的团队精神和对组织的责任心和归属感。

(2) 上行沟通。也称为汇报型沟通,是指下级行政机构和个人按照行政隶属关系自下而上地向上级机构和决策部门传递信息的方式。上行沟通的目的是随时反映下级在贯彻执行行政计划的过程中遇到的问题和困难,以便上级能及时控制和调整执行方案;同时,上行沟通也可为下行沟通提供背景资料和决策依据,广泛而多渠道的上行沟通可以扩大下级参与的幅度,鼓励他们发表意见,培养民主气氛。上行沟通必须注意两个方面,一是要坚持实事求是,不能一味地投上所好和报喜不报忧;二是要有时效观念,做到有问题及时上报,不推不压,防止放马后炮。

(3) 平行沟通。也称为协调型沟通,是指同级行政机构或同一行政机构内不同部门和人员之间的沟通方式。平行沟通以会商和协调为主,带有相互支持、相互帮助、相互促进的性质。平行沟通的形式一般比较灵活,不太会出现用正式文件往来的方式进行沟通,而可以采用会议、电话、拜访、协商等方式进行。在目前行政活动日益复杂化的情况下,加强行政机构间的平行沟通非常重要,如果相关部门都能通过横向跨越的方式联系解决有关的行政问题,就可以大大简化行政手续,促进各部门之间的合作与协调。

2. 非正式沟通。非正式沟通是指正式行政组织之外进行的沟通活动,一般以行政人员之间的交往为基础,通过各种各样的社会交往而产生。非正式沟通的方式多种多样,常见的有:行政人员私人之间的交往及日常社交活动;非正式的聚会和行政人员之间的闲谈;社会上以及行政机构内存在的各种谣言和传闻,等等。非正式沟通是多渠道的,信息传递的速度相当快,有时能传递正式沟通所无法传递的信息,有时能将上级的意图加上自己的理解后再进行传播,这种沟通富于弹性,有时能出现意想不到的效果,很具有大众特征。

非正式沟通的优点包括:可以弥补正式沟通渠道的不足,传递正式沟通无法传递的信息,使行政领导了解在正式场合无法获得的重要情况;了解行政人员私下表达的真实看法,为决策提供参照;减轻正式沟通渠道的负荷量,促使正式沟通提高效率等等。非正式沟通的缺点常常表现在所传递的信息容易受到歪曲,如非正式沟通大量存在,将会削弱正式沟通的威信,损害正式权力的行使,使上级命令无法执行。在特殊情况下,非正式沟通会导致谣言四起,小道消息泛滥,严重干扰正式沟通的顺利进行。

因此,在行政管理中应特别注意非正式沟通的形式,要充分发挥它的优点,克服它的缺点,使之为正式沟通服务。

四、信息沟通技巧

在行政管理工作中,行政领导者的任务就是要把行政人员的积极性和创造性发挥出来,为完成既定的目标贡献自己的才智和精力。这就需要领导者在大量占有信息的基础上,用语言和非语言的沟通手段,把行政人员的思想和行动引向既定目标,做到统一思想、统一意志、统一步调、统一指挥、统一行动。行动的过程就是一个上下沟通、分享信息的过程。为了提高行政工作效率,释放最大的行政能量,应当不断改善信息沟通渠道,使沟通的信息准确、迅速,使沟通人员心情舒畅。然而,行政部门的信息沟通常会涉及到一些沟通障碍,这些障碍的存在严重影响了沟通的质量。为了克服这些障碍,提高沟通的效果和质量,探索行政信息沟通技巧显得十分重要。这些技巧主要包括以下几种。

1. 听的技巧。要加强信息沟通,首先就必须学会听。人都长有两只耳朵,对于听力正常的人来说,能听并不难,但要准确把握听到的内容,理解说话人的意思,从听当中揣摩对方的意图,这些技巧,却不是人人都会的。听的技巧主要包括以下要点:

(1) 准确把握对方的语言内涵。行政人员在通常情况下进行沟通,都必须借助于语言。由于语言只是个符号系统,本身并没有任何意思,它仅仅是说话者描述和表达个人观点的符号或标签。因此,大多数沟通的准确性依赖于沟通者赋予字和词的含义,而语言极少对发送者和接收者双方都具有相同的含义。这是因为语言是静态的、抽象的,而实际是动态的、具体的。因此,对一个好的听者来说,他首先应该静心倾听,力争把对方所说的每一句话、每一个字都听得清清楚楚,然后细心琢磨对方说这些话的主要意图,这些话到底有没有"弦外之音",对方对一些问题的理解是否和自己完全相同,如有不同,那区别主要在哪里?同时,在听的态度方面,应表现得十分真诚和认真,应尽量直视对方的眼睛,不随意打断对方的话,当对对方说的意思表示赞同时,应通过点头等动作让对方看到你的反应。当然,要做一个好的听者,自己的内在修养十分重要,良好的涵养能使听者表现得谦逊而有风度,使对方产生一种亲切感,更有利于对方说出自己的真实感受。

(2) 努力把握非语言暗示的含义。当人们进行交谈时,常常伴随着一系列有含义的动作,如身体的姿势、头的偏向、手势、面部表情和眼神等。这些无言的信号强化了所表述的含义。例如,沟通者双方的眼神交流,可能会表明相互感兴趣、喜爱或者攻击。面部表情会表露出惊讶、恐惧、兴奋、悲伤、愤怒或憎恨等情绪。因此,对一个好的听者来说,应在用耳听的同时注意用眼仔细观察说话者的表情和动作,体会他所要表达的意思究竟是什么。特别要注意对方说反话的情况,要时刻注意说话者的表情和语言是否相一致。

2. 说的技巧。要提高沟通的水平,就必须学会说话的技巧。话人人会说,但能否说得好,说得准确、生动、吸引人,却不是人人都能掌握的。要学会说话的技巧,必须掌握以下几个要点:

(1) 注意语言用词的准确性。要能说好话,必须具有一定的遣词造句的能力,具有较好的语言表达功底。说话时应用词准确、直截了当,杜绝使用含糊不清的词语和概念,特别是模棱两可、容易产生歧义的词语更是切忌使用,要让听者一下就明白你所要表达的内容。

(2) 注意说话时的心态和情绪。要能说好话,必须在说话时具备一种良好的心态,既要做到不卑不亢,又要切忌骄妄和浮躁,只有从容不迫,平静沉着,才能充分发挥出内在的潜能,把所要表达的意思说清楚。此外,在说话时,说话者的风格对听者接受和认可所传递的信息影响很大,若亲切和气,言语坦诚,听者往往易于接受说话者的观点;若是态度冷淡,语言生硬死板,则容易使听者产生反抗心理和抵触情绪。

(3) 注意语言表达的生动性。有些行政领导者说话时,往往用词准确,心态平和,但听者对其反应并不佳,究竟是何原因呢? 原来他说话平铺直叙,老是一点、两点、三点说不完,语调缺乏应有的变化,就像一杯白开水,又像一首乏味的催眠曲,听的人开始还能应付,到后来就觉得有点昏昏欲睡了。对于那些善于表达的人来说,把握语言的生动形象是十分重要的,好的演说者往往一开口就能把人"抓"住,凭的就是其风趣幽默、抑扬顿挫的表达风格。因此,对每一个想要说好话的人来说,学会控制语速的变化,做到张弛有度是非常重要的。

(4) 注意提高语言的知识含量。许多人往往有这样的体会,与一位博学的长者交谈一番,常会感到受益匪浅,常言说"与君一席话,胜读十年书"就是这个意思。要想把话说好,最要紧的还是要从自身的知识修养方面下功夫。因此,要学会说的技巧,多读点书,多开扩自己的眼界是十分重要的。常言说得好:"取之于江河,杯杓皆是波涛",一个人的知识面广了,自然能在交谈时旁征博引,滔滔不绝,也更能使语言富有表现力且容易被听者接受。当然,这种能力不可能一蹴而就,俗话说"厚积才能薄发",一个人只有经过多年的努力,才能成为一名语言艺术的大师,但对普通人来说,努力提高语言的知识含量,是掌握说的技巧的关键所在。

3.处理沟通障碍的技巧。对于各种沟通障碍,也有不少处理的技巧。在行政信息沟通的过程中,以下一些方法在解决沟通障碍方面是行之有效的:

(1)提高信息发送者与接收者的素质。信息不管多么重要,都是要由人来掌握的,因此提高信息掌握者的自身素质十分重要。只有当信息的发送者和接收者都具有较高的文化素养和知识水平,都掌握了现代化的信息传输技术,才能在最短的时间内以最好的质量完成信息的传输任务,有效地避免信息的失真和误导。

(2)加强人际交往,建立相互信任与合作的关系。行政信息沟通是一项涉及到许多人的系统工作,它要求在整个沟通过程中保持连续性和完整性,为此,努力扩大行政人员的相互熟悉和交往,建立彼此间相互信任与合作的关系非常重要。只有相互信任,领导与下属之间才能推心置腹地交换意见,共同为完成组织的使命而献计献策;只有相互信任,同事之间才能友好交往,建立起一种融洽的关系,保证每一项工作的顺利进行。

(3)精简机构,减少沟通层次。根据信息传递链的原理,机构的层次越多,信息的失真率越大。因此,努力减少行政机关的机构层次,简化信息的传递渠道,才能真正做到减员增效,把行政信息沟通工作提高到一个新的台阶。

(4)积极开发多种类型的新型沟通渠道。随着现代信息沟通技术日新月异的发展,新的沟通渠道不断涌现。如移动通信和无线寻呼的普及,使人们可以在任何时间、任何地点几乎不受限制地进行信息传递。尤其是随着计算机大规模地进入办公室,使原先需要大量工作人员进行分工合作才能完成的信息收集、处理、储存、传输等工作只要由少数行政人员通过计算机就能轻而易举地完成。特别是近年来计算机网络的迅速扩展,使行政机关之间的信息联网成为可能,大量有用的信息可以借助于网络从世界各地以最快的速度传输进来。可见,只要行政人员积极开发利用多种新型的沟通渠道,一定能有效地克服各种现存的沟通障碍,为更好地提高沟通质量作出贡献。

【案例】

20世纪70年代中期,"川气出川"工程计划出台,按此计划,经过5年努力,在1980年四川将实现年产天然气300亿立方米,中国的能源结构也将发生根本性变化。为实现这一计划,政府主管部门作出了从国外引进一批天然气化工厂设备的决策,并决定铺设"川气出川"的管道长达2940公里,使年产的一半天然气通过管道沿长江而下,直抵上海。1975年工程全面展开,从重庆到上海的专用公路破土动工,全国先后有150多个单位、900多家工厂投入了这一工程。但是,到1980年,显赫一时的"川气出川"工程无声无息地不了了之,有4亿多元的工程建设物资积压在仓库里,已经投入的3.7亿元资金打了水漂,四川石油工业遭受了巨大的损失。这一工程项目决策的重大失误,完全是由于决策者掌握的信息不准确和不完整造成的。四川天然气储量本来并不多,1973年8月,四川石油管理局组织30多位技术人员到北京汇报天然气初测的情况时,受到了当时燃化部领导"思想不解放、右倾"的批评,在这种权势的高压下,四川石油管理局的技术人员不得不修改数据,提出了可采储量1万亿立方米和远景储量10万亿立方米的惊人数字。就这样,燃化部向国务院报告时把专家和技术人员们用压降法计算出来的一级可采储量从1千亿立方米扩大为1万亿立方米,并在此基础上作出了一系列错误决策,造成了国家经济资源的严重浪费。这其中的教训直到今天仍然值得我们深思。

请问:1. 上述案例中,造成信息失实的主要原因是什么?
   2. 在行政信息的收集工作中,如何有效避免下级机关隐瞒真相、虚报瞒报的行为?如何实现行政信息收集的科学化和现代化?

复习思考题

1. 什么是行政信息?它有哪些主要特征和作用?
2. 什么是行政信息系统?如何组建我国现代化的行政信息系统?
3. 何谓信息沟通?它有什么重要意义?
4. 我国目前行政沟通渠道的现状如何?存在哪些沟通障碍?应如何加以改善?
5. 信息沟通的模式主要有哪些?试举例说明。
6. 信息沟通的主要类型有哪些?它们一般存在哪些利弊?

第十章　行政法制

【提示】

　　某市人民政府年初发出《关于××公路北段改造预收过路费的办法》,对车籍在本市市属七个区的各类机动车一次性预收过路费,对不缴纳者处以应交数一至二倍的罚款,并且取消车辆参加年审资格和不予办理牌照。对此,当地不少企业联名向国家经委递交了《关于是否应当支付"过路费"的请示报告》。不久,国家经委会同财政部和审计署联合向该市人民政府发出传真电报,重申了国务院《关于坚决制止向企业乱摊派的通知》精神,强调:各级人民政府不得以任何借口,任何形式向企业摊派,不得以市政建设和城市公用设施为名向企业摊派费用。而该市却以"人民城市人民建"为名,在企业已按月交纳养路费和城市建设维护税之后,仍向企业加收车辆"过路费",并且通过企业的开户银行以政府名义强行扣收。对此做法,中央有关部门明确表态"实属不妥,应该尽快予以纠正"。但是半年多过去后,该市强收"过路费"的做法仍然没有改变。这种通过各地政府部门颁布地方性法规和规章,巧立名目乱收费的现象,在我国许多地区屡禁不绝,不能不引起人们的深思。

　　在当代行政活动中,要使行政机关充分发挥其良好的行政功能,需要以完备的行政法律制度作为活动的前提和基础。现代西方国家的行政管理最重要的特征是法制化的管理,也称为法制行政,这种法制行政的精髓就是行政法制。所谓行政法制,亦即关于行政的法律制度,它指的是有关行政的法律规范以及这些法律规范的制定、执行、适用等制度。目前,我国正在积极加强社会主义市场经济体制的建设,市场经济的本质是法制经济。与此相适应,我国政府职能也将发生重大转变,必然要求强化行政法制的建设。只有坚持依法行政,加强行政立法、行政执法和行政司法工作,才能使行政机构的组织、权限、职责、活动原则和工作程序等规范化,从而更好地调整行政机构之间、行政人员之间、行政机构和行政人员之间以及行政机构与社会团体及公民之间的行政关系,对我国实现行政管理的科学化和法制化也将具有重要的意义。行政法制的主要内容涉及行政法规、行政程序、行政立法、行政执法和行政司法等方面。

第一节　行政法规与行政程序

一、行政法规的含义与分类

1. 行政法规的定义与渊源。行政法规是指国家行政机关在国家行政管理活动中，根据宪法和法律的规定以及国家权力机关的授权，进行行政立法所制定和颁布的行政法律规范的总称。

在我国，行政法规的概念是指由最高行政机关国务院制定和颁布的行政法律文件。它具有两个基本特点：

（1）行政法规的效力仅次于宪法和法律，高于其他各级行政部门制定的行政法律文件，其效力涉及全国范围，对全体公民都具有普遍的约束力；

（2）行政法规的表现形式是各种实施条例。

行政法规的渊源，也称为行政法规的法源，指的是行政法规来源于哪些具体的法律规范，或者说，行政法规通过哪些法律形式表现出来。在西方国家，行政法规的法源包括成文法、习惯法和法理。在我国，行政法规的渊源主要有以下几方面：

（1）宪法。我国的宪法是国家的根本大法，也是行政法规的基本法源。宪法对国家行政活动的基本原则、国务院及各部委的组织和职权范围、地方行政机构的组织和职权范围以及公民在有关行政法律关系中的权利和义务关系等都作了原则性的规定。其中，许多条款实际上就是行政活动的准则，如关于社会主义法制的规定，关于公民基本权利与义务的规定，关于中央与地方各级国家行政机关的地位、组成和职权的规定等等。

（2）基本法和一般法律。这是仅次于宪法的国家的主要法律，主要对宪法制定的总原则进行具体的解释和规定，包括由全国人民代表大会制定的基本法和全国人民代表大会常务委员会制定的一般法律。其中，许多是具有行政法规性质的。如《国务院组织法》、《地方各级人民代表大会和地方各级人民政府组织法》、《民族区域自治法》、《国籍法》等等。这些都是我国行政法规的重要渊源。

(3) 行政法规、决定、命令、指示和规章。宪法规定,国务院有权根据宪法和法律制定行政法规,发布决定和命令;国务院各部、各委员会有权根据法律和国务院的行政法规、决定、命令,在本部门的权限内,发布命令、指示和规章。这些行政法规和部门规章,内容广泛,数量极多,是我国行政法规最主要的渊源。

(4) 地方性法规和规章。我国宪法规定,省、自治区、直辖市的人大及其常委会,在不同宪法、法律、行政法规相抵触的前提下,可以制定地方性法规,报全国人大常委会备案。按照地方组织法的规定,省、自治区的人民政府所在地的市和经国务院批准的较大的市的人大及其常委会根据本市的具体情况和实际需要,在不同宪法、法律、行政法规和本省、自治区的地方性法规相抵触的前提下,可以制定地方性法规,报省、自治区的人大常委会批准后施行,并由省、自治区人大常委会报全国人大常委会和国务院备案。省、自治区、直辖市以及省、自治区的人民政府所在地的市和经国务院批准的较大的市的人民政府,还可以根据法律和国务院的行政法规制定规章。地方性法规和规章绝大部分是规定该地区各方面行政管理的内容,它们也是我国行政法规的渊源之一。此外,经济特区和特别行政区的行政管理法规也都属于我国行政法规的法源。

(5) 自治条例和单行条例。我国宪法规定,民族自治地方的人大有权依照当地民族的政治、经济和文化的特点,制定自治条例和单行条例。自治区的自治条例和单行条例,报全国人大常委会批准后生效。自治州、自治县的自治条例和单行条例,报省或者自治区的人大常委会批准后生效,并报全国人大常委会备案。这些自治条例和单行条例,大多也是与行政有关的。因此,它们也成为我国行政法规的渊源之一。

2. 行政法规与法律的关系。行政法规与法律的区别和联系主要表现在以下三个方面:

(1) 行政法规对法律具有从属性。因为行政法规是为了执行法律而制定的文件,行政法规的内容和效力都必须和法律原则相一致,如果同法律相抵触,则行政法规应属无效;

(2) 行政法规对法律具有运用性。行政法规和法律都是规范性的文件。法律是一般性的规范性文件,行政法规则是把法律的原则运用到行政管理的具体场合,用于解决具体问题的个别性规范性文件;

(3) 行政法规同法律的制定、变更和废止权不同。法律只有立法机关有权制定、变更、废止和停止执行,行政法规在发布的机关就有权制定、变更、废止和停止执行,它的上级机关和国家权力机关也可依照法定的程序有权变更、撤销或停止执行。

3. 行政法规的分类。行政法规按其实施功能划分,可以具体分成四类:

(1) 法律性行政法规。这类行政法规主要是根据法律和以执行法律为目的,按法定程序制定,并由国家权力机关批准颁布的。由于法律性行政法规是经国家立法机构批准制定的,因而具有相当于国家法律的效力,在行政法规的效级中最高。其他行政法规都不能与此相抵触,否则无效。如《中华人民共和国治安管理处罚条例》就属这类。

(2) 执行性行政法规。这类行政法规是直接为了执行法律而制定的,它对法律的具体实施作出了规定。一般说来,这类法规不能在法律规定的内容以外增加新的法律规范,如果它所执行的母法变更或废止时,它也随即失效。执行性行政法规通常称为"实施办法"、"施行细则"、"执行措施"等等。如《中华人民共和国学位条例实施办法》是根据《中华人民共和国学位条例》制定的;《中华人民共和国外国企业所得税法施行细则》是根据《中华人民共和国外国企业所得税法》制定的。

(3) 补充性行政法规。这类行政法规是为了补充法律或其他行政法规而制定的。由于法律或行政法规在行政环境发生变化和产生新的行政需求时对于某些情况未曾预料到或有某些未尽事宜,不得不由国家行政机关或下级行政机关加以补充,作出更加切合时宜的规定,使其更臻完满。这类行政法规的名称一般称之为"补充规定"、"补充规则"等。如《国务院关于劳动教养的补充规定》是对 1957 年 8 月通过的《国务院关于劳动教养问题的决定》的补充。

(4) 自主性行政法规。这类行政法规是最高行政机构在权限范围内依法独立行使行政权而制定的行政法规。自主性行政法规的法律根据是宪法和制定机构的组织法。最高行政机构只要在制定机构组织法规定的范围内不与宪法和法律相抵触,就不需要特别授权。这是行政体系内最高行政机构独立行使职能的体现,是行政立法功能的重要方面。自主性行政法规的通常名称有:条例、决议、命令、规则、规定等。如《中华人民共和国国库券条例》、《关于税收管理体制的规定》、《关于开展全民义务植树运动的决议》等等。此外,制定自主的行政法规也可根据"授权"方式进行。如 1981 年 11 月 26 日,全国人大常委会通过决议,"授权广东省、福建省人民代表大会及其常务委员会根据有关的法律和政策的原则,按照各该省经济特区的具体情况和实际需要,制定经济特区的各项单行经济法规。"这两省依据这一授权就可以制定自主的行政法规了。

4. 行政法规的效力。已经生效并实施的行政法规,如同法律一样,也具有普遍的约束力,这可以从三个层次来看:

(1) 效力遍及整个行政体系。由于行政法规是由最高行政机构制定的,因此其效力的地域范围遍及整个行政体系,即对全国范围内的行政事务都有效。

(2) 效力涉及行政管辖的各级组织。由于最高行政机构制定和发布行政法规是代表国家进行的活动,具有国家权力的性质。因此行政法规不仅可以约束行政体系内各级行政部门,也可以约束其他国家机构、社会团体等组织。

(3) 效力普遍适用于行政管辖范围内的任何个人。行政法规对国家行政管辖范围内的全体公民都有制约作用,无论其在国内还是在国外。除了本国公民以外,行政法规的效力还涉及本国境内的外国人和无国籍人。

二、行政规章的含义及特征

1. 行政规章的含义。所谓行政规章,就是指由国务院部委一级和地方的省或相当于省一级人民政府依法制定的行政法律文件。

行政规章可具体分为两类:一是专业性行政规章,它是国务院各部委根据本部门的专业特点制定的行政法律文件,它的专业性很强,一般是针对某项具体事务所作的专门规定,它的效力只适用于本部门的范围。二是地域性规章,它是由省级人民政府和省级人民政府所在地的市以及由国务院批准的较大市的人民政府,根据本区域情况制定的地区性行政法律文件,它的效力只适用于本区域范围。

2. 行政规章的特征。我国行政规章的概念,是根据1982年的宪法以及《国务院组织法》和《地方各级人民代表大会和地方各级人民政府组织法》确定的,它的特征主要表现在以下两个方面:

(1) 行政规章的制定机构,在层级上低于最高行政机构。《国务院组织法》第10条规定:"根据法律和国务院的决定,主管部、委员会可以在本部门的权限内发布命令、指示和规章。"《地方各级人民代表大会和地方各级人民政府组织法》第35条第一项也规定:"省、自治区、直辖市以及省、自治区的人民政府所在地的市和经国务院批准的较大市的人民政府所在地的市和经国务院批准的较大市的人民政府,可根据法律和国务院的行政法规制定规章。"这些法律都严格限定了制定行政规章的权限范围。

(2) 行政规章的适用范围带有专业性和地域性的特点。即行政规章的行政法律效力只适用于本专业和本区域范围,超出这个范围就无效。此外,由于行政规章制定的依据是法律和行政法规,因而它既是法律和行政法规的具体展开,也是下级行政部门规定行政措施的根据之一。

总之,行政规章和行政法规虽然都是行政法律文件,但两者在效级上不同。行政法规是行政规章制定的依据之一,在效级上高于行政规章,行政规章的内容不能与行政法规相抵触,否则无效。

三、行政程序的含义与类型

1. 行政程序的含义与作用。行政程序是指国家行政机关在行使行政权力、实施行政活动过程中所遵循的步骤、方式、时限和顺序的总和。行政程序贯穿于行政活动的全过程,行政管理的每一个环节都离不开程序。具体来说,所谓步骤,是行政活动过程的若干必经阶段;所谓方式,就是行政活动过程的方法和形式,例如作出一个行政决定,需要采取书面形式说明理由等;所谓时限,是指行政行为必须在限定的时间内履行完毕;所谓顺序,是指行政活动步骤的先后次序。行政程序常常指行政机关行使行政职权的程序,它具有相对独立性和自身的规律性,在行政学研究中占有重要的地位。

现代法治国家特别强调对于重要的行政行为程序加以规范化,即对直接影响行政相对方重大权益的行政行为实行严密的程序控制,以法定的形式设置若干程序规则和制度来控制、监督行政权力的运行,规范行政行为的实施过程,力图反映现代行政的民主、法治精神,体现公正、公开和公平的原则。正因如此,行政程序成为现代行政活动中不可或缺的组成部分与重要内容。

2. 行政程序法的产生及其主要特点。行政程序的发展,是社会生产力和民主政治发展的必然结果。资本主义国家产生以后,建立了立法、行政、司法分立的政治体制,其中行政是指国家机构直接进行社会管理的活动。行政活动同样是由程序来完成的,但是在 19 世纪以前,行政程序没有引起人们的关注,主要原因是由于生产的社会化程度不高,社会生活不复杂,国家对社会的管理主要通过司法活动来进行。司法活动是在纠纷或不法行为发生之后才展开的,因而当时的政府是司法型的政府,奉行"不乱不理","不告不理"的原则。

19世纪后半叶开始,垄断资本逐渐形成,生产趋向于高度社会化,社会生活也随之变得复杂起来,司法型的国家管理方式无法适应社会的要求,于是国家管理方式发生了重大变化:一是国家对社会的事后监控逐渐转向越来越多地进行事先和事中监控;二是为了实行事先和事中监控,行政权力加强,行政机关的数量增加,对社会生活的干预大大加深了。

但是,行政权力的加强一方面能够建立和维护新的社会秩序,另一方面也容易出现行政机关滥用权力、侵害公民权利、影响社会效率的问题。这样,就出现了要求控制行政权力,保证被管理人正当利益,保障行政民主、公正的需要。要实现这个目标,各国主要采用了两项基本措施:一是制定行政实体法,规范公民在行政领域的实体权利义务;二是制定行政程序法,实行民主公正的行政程序。因此,从19世纪末开始,奥地利、德国、美国、日本等比较发达的国家都相继制定行政程序法。可见,行政程序法的发展,是社会生产力的发展引起国家行政管理方式发展之后,人们要求行政民主公正的结果。

所谓行政程序法,是指规定行政机关行使行政职权的方式、步骤、顺序和时限的法律规范的总和。它具有以下一些主要特点:

(1) 行政程序法所规范的对象是行政行为。根据权力分立或分工的理论,行政行为是相对于立法行为和司法行为而言的。规定立法机关的规范有议会议事规则等;规定司法行为的规范有刑事诉讼法、民事诉讼法、行政诉讼法等。而行政程序法所规范的主要对象是行政机关的行政行为。

(2) 行政程序法只是重要行政程序的法律化。在行政行为中,并不是所有的行政程序都要由法律加以规定。实际上,许多行政程序都不是法定的,而是由行政人员凭其主观能动性、个人智慧和工作经验,凭机关内部的工作习惯等加以运用的,只有同当事人权益和行政效率有关的重大的行政程序,才由法律规定,其目的是强行要求行政机关及其工作人员遵循一定行政程序,以保证行政工作的科学性和民主性,因此,从行政程序是否被上升为法律来区分,可以把它分为法定行政程序和非法定行政程序。一旦违反了行政程序法,即属违法行政行为,要依法承担一定的法律责任;而没有上升为法的一般程序,即使违反了,也不承担法律上的责任。

(3) 行政程序法是规范行政行为的方式、步骤、顺序及时限的法律,而并非包括规范行政行为所有方面的法律。行政机关能否为某种行为,即有无权限为某种行为,是由行政实体法所规定的;而如何去实施行政行为,采取何种方式、步骤和顺序去实施这种行为,才是由行政程序法所规定的。当然,这种区别只有相对意义。因为在实践中,实体法与程序法往往融为一体,难以区分。

行政程序法的制定,对提高行政机构的工作效率,避免无效行政;对防止行政专断,促进行政民主;以及防止行政机关滥用职权,保障公民合法权益都具有极其重要的作用。

3. 行政程序的类型。行政程序根据不同的标准可以分为几种不同的类型:

(1) 内部行政程序与外部行政程序。这是以行政程序的适用范围为标准所作的分类。所谓内部行政程序,是指行政机关在内部管理中所采用的程序,凡是基于上下级行政机关的领导监督关系或对等行政机关的协调关系而实施有关行为所遵循的程序都属于内部行政程序,如行政机构的设置、工作人员的调配程序、行政机关内部的监督、上下级的信息沟通及反馈程序等等。所谓外部行政程序是行政机关在对外管理中所适用的程序,即行政机关与行政相对方基于行政管理关系而实施有关行为所遵循的程序。如行政强制程序、行政处罚程序等。外部行政程序一般与行政相对方的权利和义务密切相关。内部行政程序与外部行政程序的区分不是绝对的,它们常常紧密联系,相互交织,有时还可以互相转换。

(2) 法定程序和自由裁量程序。行政程序以是否由法律加以明确规定为标准分为法定程序和自由裁量程序。所谓法定程序是指由法律加以明确规定,行政机关必须严格遵守的程序。行政机关实施行政行为时,违反法定程序将导致该行为的被撤销。所谓自由裁量程序,是指行政机关在进行管理,实施行政行为时自由选择适用的程序,自由裁量程序的存在是由行政管理的多样性、客观情况的复杂性所决定的。法定程序与自由裁量程序的区分同样不是绝对的,根据管理的需要和民主、效率的要求,两种程序可以相互转化。

(3) 事前行政程序和事后行政程序。这是按照行政程序适用的时间不同为标准所作的分类。所谓事前行政程序是指行政行为实施前或实施过程中应遵循的程序,如行政处理决定过程中的调查程序,行政立法过程中的征求意见程序等等。所谓事后程序,是指行政行为实施后,为确定其行为的合法性与正当性以及纠正违法、不当行为而适用的程序。如给予受害相对方补救的行政救济程序等。无论是事前程序还是事后程序,其目的都在于保障行政相对方的合法权益,监督控制行政权力。

(4) 行政立法程序、行政执法程序、行政司法程序。这是以行政程序适用于不同的行政职能为标准所作的分类。国家行政机关具有行政立法、行政执法和行政司法的职能,这些不同类型的行政行为都必然要适用与其相应的行政程序。行政立法程序专指行政机关制定行政法律规范所适用的程序。行政执法程序是指行政机关及其工作人员依法行使行政职能,实施具体行政行为适用的程序,包括行政决定程序、行政强制程序、行政处罚程序等,是行政程序的主要构成部分。行政司法程序是指行政机关以公断人的身份裁决行政主体与行政相对方的行政争议以及平等主体间民事争议所适用的程序,此种程序类似于人民法院处理争讼案件的程序,也被称为"准司法程序"。

第二节 行 政 立 法

一、行政立法的含义与分类

1. 行政立法的定义与特点。所谓行政立法,是指国家行政机关依照其职权或根据法律授权,制定和颁布有关行政管理方面具有法律效力的规范性文件的活动。这一定义包含以下内容:

(1) 行政立法的主体是依法享有行政立法权的国家行政机关。现阶段包括国务院;国务院所属各部、委;省、自治区、直辖市人民政府;省、自治区人民政府所在地的市和经国务院批准的较大的市的人民政府;

(2) 各立法主体必须在法定权限内严格按照行政立法程序进行立法;

(3) 行政立法就其所调整的对象而言,是国家行政管理活动中所发生的各种社会关系。

行政立法的作用有两个:一是执行法律,即对宪法和法律以及上级行政法律文件的具体展开和运用;二是授权立法,即行政机关根据立法机关的授权,对有关法律条文进行补充和完善。

行政立法作为行政机关一种特定的活动,它具有以下特点:

(1) 行政立法是一种从属性的立法。依照我国宪法规定,全国人民代表大会是全国最高权力机关。国务院是最高权力机关的执行机关。地方各级人民代表大会是地方国家权力机关,地方各级人民政府是地方各级国家权力机关的执行机关。国家行政机关由权力机关产生,并对它负责,受它监督。因此,行政机关的行政立法不得同宪法与法律相抵触,而且,行政机关所制定的规范性文件的效力低于权力机关制定的法律。同时,由于行政机关行使的行政立法权从属于权力机关的立法权,所以,行政立法严格受授权法规定的立法目的、授权范围、标准、原则、程序的制约,行政机关只能在授权法规定的职权范围内依法进行行政立法,不能超越授权法而自立标准和自定程序进行行政立法,不能把行政立法排除在权力机关审查的范围之外。

(2) 行政立法活动是一种准立法活动。其特点表现在:行政立法的主体只能是国家行政机关,而不是其他国家机关;行政立法的效力低于权力机关立法的效力;行政立法所调整的对象,只限于调整行政管理中的一定社会关系,而不是有关国家政治、经济、文化生活中的重大社会关系;行政立法的表现形式为行政法规和行政规章,其名称通常有条例、规定、办法等,而不能使用"法";行政立法的制定程序也比权力机关的立法程序简便灵活。

(3) 行政立法行为是一种抽象的行政行为。行政立法活动实质上是国家行政机关的一种行政管理活动,这种活动是一种抽象的行政行为,而不是具体行政行为,因为行政立法不是针对特定的人和事项作出的规定,而是针对不特定的人和事项所规定的一般行为规范。同时,在形式上有比较严谨的条文和结构,在时效上有相对的稳定性,在程序上须经过法定的特别程序。

2. 西方国家的委任立法。现代意义上的行政立法是随着社会政治经济文化的迅速发展,以西方国家的委任立法为起点应运而生的。所谓委任立法,就是行政机关因代表机关的委任或委托,在其法定的权限内进行的立法。按传统的"三权分立"理论,国家权力分为立法、行政、司法三部分,分别由立法机关、行政机关、司法机关掌握。这一原则在早期得到严格遵守,但随着社会政治、经济问题的日益复杂化,议会作为社会多种阶层利益交汇的场所,其工作时间和工作方法受到了很大的限制,无法适应社会政治经济迅速发展的需要,也无法应付来自各方面的紧急情况,满足日益增多的立法需求。因此,继续让立法机关独占立法权事实上已不大可能。同议会相比,行政机关的组织形式比较集中统一,工作方法较为迅速、完备,人员素质与知识结构也比较合理,如能由它参与立法,必将使立法效率大大提高。于是,西方国家纷纷对传统的"三权分立"原则加以改进,打破传统意义上立法权与行政权的界限,将那些议会无法行使或不宜行使的立法权"下放"给行政机关,即由立法机关委托行政机关根据宪法和法律进行立法,这就是委任立法的由来。

现代委任立法由英国首创,以英国 1834 年的《修正济贫法》为标志。随后,这一制度为西方许多国家所接受,不少国家还通过宪法对其加以确认,如

《意大利共和国宪法》(1947年)第76条规定:"立法权可以委托给政府行使,但必须遵守下述条件,即只有当确定了原则和领导性指示,并且在限定时间内和特定的目的下才能行使"。美国宪法对此虽无明文规定,但自从国会于1939年第一次以法律形式授权总统发布《改组政府计划》以来,总统在实际上已享有很大的委任立法权,并形成了惯例。此外,法国、日本等国也有类似的规定。委任立法在当今西方国家使用的范围很广,运用次数比议会立法更多,如英国1974年由政府制定的行政法规多达2213件,而同时期议会只通过58个公法案。

3.行政立法的依据。行政立法的依据是指行政机关立法权的来源或者法律依据。我国行政立法的法律依据包括立法机关的立法授权和行政机关的行政授权两种:

(1)立法授权。所谓立法授权是指国家权力机关通过宪法、法律或国家权力机关的决议而进行的授权。它包括以下两种形式。

第一,宪法和组织法依据。《宪法》第89条规定了国务院的职权,其中第1项规定,国务院"根据宪法和法律,规定行政措施,制定行政法规,发布决定和命令";《宪法》第90条第2款规定,国务院"各部、各委员会根据法律和国务院的行政法规、决定、命令,在本部门的权限内,发布命令、指示和规章"。《地方组织法》第60条规定,"省、自治区、直辖市的人民政府可以根据法律、行政法规和本省、自治区、直辖市的地方性法规,制定规章","省、自治区的人民政府所在地的市和经国务院批准的较大的市的人民政府,可以根据法律、行政法规和本省、自治区的地方性法规,制定规章"。上述规定确认了行政机关在职权范围内有权制定和发布行政法规和规章。这是根据宪法和组织法的有关规定而产生的行政立法权。

第二,全国人民代表大会及其常务委员会通过法律授权。《宪法》第90条第18项规定,国务院除行使《宪法》第89条所明文规定的职权外,还行使"全国人民代表大会和全国人民代表大会常务委员会授予的其他职权。"这种"其他职权"的规定,就是行政机关依照法律授权进行行政立法的宪法依据。这种授权立法的表现形式有两种:一种是在某一项法律条款中,授权行政机关具体制定实施本法的细则。如《中华人民共和国海关法》第60条规定:"海关总署根据本法制定实施细则,报国务院批准后施行。"另一种是国家最高权力机关将本应由其以法律形式规定某一方面事项的权力,以"决定"、"决议"的形式,特别授予行政机关去行使。在我国,很多改革中出现的新问题涉及面广,内容复杂,按理应由全国人大及其常委会通过国家立法制定法律来解决,但由于缺乏经验,立法条件还不成熟,因此,最高权力机关往往授权国务院立法,以解决一些急需解决的问题,同时也积累经验,为人大的立法创造条件。进入80年代以后,国务院的行政立法权因人大的授权而进一步扩大。如1984年9月,人大常委会通过的《关于授权国务院改革工商税制和发布试行有关税收条例(草案)的决定》和1985年4月全国人大六届三次会议通过的《关于授权国务院在经济体制改革和对外开放方面可以制定暂行规定或条例的决定》就是立法授权的范例。

(2) 行政授权。所谓行政授权,是指经宪法、法律授权制定行政法规、规章的行政机关再授权其所属行政部门或下一级人民政府及其工作部门制定特定的行政规章的行为。如国务院在其职权或法律授权范围内,授权其所属有关部、委或地方政府制定某项法规的实施细则或实施办法。如1993年12月国务院发布的《中华人民共和国营业税暂行条例》第18条规定:"本条例由财政部负责解释,实施细则由财政部制定。"

4. 行政立法的分类。行政立法的分类是指通过逻辑的方法按不同的标准将行政立法分为不同的类别。在我国,行政立法通常可分为以下几类:

(1) 一般授权立法和特别授权立法。这是根据立法权来源的不同而划分的。行政机关直接按照宪法和有关组织法的授权所进行的立法,称为一般授权立法;行政机关依照特定法律、法规的授权,或者依照国家最高权力机关或上级行政机关专门决定、决议所进行的立法,称为特别授权立法。

(2) 执行性立法和补充性立法。这是根据立法目的和内容的不同而划分的。行政机关为了执行法律、地方性法规或上级行政机关发布的规范性文件所进行的行政立法活动,称为执行性立法。执行性立法并不创设新的法律规则或新的权利义务规范,只是将法律或法规的一般性规定以实施条例、实施细则、实施办法的形式使其具体化。如为了执行《中华人民共和国水土保护法》,1993年8月1日国务院颁布了《中华人民共和国水土保护法实施条例》。行政机关根据权力机关的授权,为了补充已经颁布的法律、法规尚未规定的问题而进行的立法活动,称为补充性立法。补充性立法由于是对原法律、法规没有规定的事项所进行的适当补充,因此,必须创设新的法律规则或新的权利义务规范。补充性立法所制定的法规、规章通常以补充规定、补充办法的形式表现出来。

(3) 中央行政立法和地方行政立法。这是以立法主体的不同而划分的。

国务院制定行政法规和国务院各部、各委员会制定行政规章的活动,称为中央行政立法。中央行政立法所制定的法规、规章在全国范围内适用。地方行政立法是指地方人民政府制定行政规章的活动。在我国,目前有权进行地方行政立法的机关包括省、自治区、直辖市人民政府,以及省、自治区的人民政府所在地的市和国务院批准的较大的市以及经济特区的人民政府。地方行政立法适用于各地方立法主体所管辖的行政区域。

二、行政立法的程序

行政立法的程序,是指国家行政机关依照法律的规定,制定、修改和废止行政法规或规章的活动方式和步骤。纵观世界各国的情况,结合我国实际,行政立法一般要经过以下程序。

1. 规划。指行政立法主体在立法预测的基础上对一定时期内的行政立法的内容做出立法计划。编制行政立法的规划一般应遵循以下程序:

(1) 确定规划目标,明确今后几年中需要制定哪些行政法规;

(2) 审查立法项目,即从众多的行政立法项目中通过必要性和可行性方面的审查,精选若干项目编入行政立法规划;

(3) 由行政首长最后审定。

在我国,行政立法的规划过程大致如下:先由国务院各主管部门根据行政管理的需要提出本部门的立法方案,由国务院法制局通盘研究、综合协调、拟订规划草案后,上报国务院审定;计划经国务院审定下达后,国务院法制局负责组织实施和监督执行;在执行过程中,国务院法制局可以根据形势发展的需要,对规划和计划作适当的调整。

2. 起草。即根据特定的操作程序拟订法规草案。其程序一般为:

(1) 确定起草机构和成员。我国行政法规草案一般由国务院各主管部门分别负责,重要的行政法规草案或内容与几个部门有关的法规草案则由国务院法制局或主要的部门为主负责,组成各有关部门参加的起草小组进行工作;

(2) 调查。主要包括:了解立法目的及其要解决的问题;了解现行法律在上述问题上的有关规定;进行实地调查,听取有关部门的情况反映,收集相应的材料;了解、收集国外有关法律文件资料及实施情况;

(3) 确定名称。一般说来,行政规范性法律文件的名称可以反映其内容和法律效力的等级。在我国,行政法规的名称只能用条例、规定和办法三种。

条例是对某一方面的行政工作作出比较全面、系统的规定,如《中华人民共和国治安管理处罚条例》;规定是对某一方面的行政工作作部分的规定,如《关于鼓励外商投资的规定》;办法是对某一项行政工作作具体的规定,如《国家行政机关公文处理暂行办法》;

(4) 草拟文件。草案应当结构严谨、条理清楚、用词准确、文字简明,并注意与有关法律、法规的衔接。

3. 通告。指行政立法主体将有关行政立法的事项通过法定形式告知社会公众,其目的在于扩大公众参政权行使的途径。通告最恰当的时间是在草案拟定之后。在美国的行政立法过程中,通告是一种法定程序,行政机关不经通告而制定的规章将会因司法审查而被撤销,草拟的行政立法文件应登载在《联邦登记》(即美国联邦政府公报)上。在我国行政立法程序中,通告程序是不存在的,行政法规和规章在公布前基本上都不向社会公开其草案内容,并接受公众的评论,只有内部征求意见稿在一定范围内流通,这种行政立法程序有时会损害一部分利害关系人的权益,导致行政立法质量的下降。

4. 听证。指行政立法主体在公布行政规范性法律文件之前,应当告知利害关系人有表达意见、提供证据的机会以及由行政立法主体听取意见、接受证据程序所构成的一项法律制度。听证程序在客观上为社会公众评价行政立法的内容提供了机会,便于集思广益和促进行政立法的民主化。在西方各国,听证作为行政立法中的一个重要程序在整个行政程序中占有相当重要的法律地位。听证可由利害关系人申请,也可以由行政机关召集,它按"司法化"的方式进行,即由行政机关仿照法院的听审程序,进行提交证据和询问证人的听证程序。在我国,有关听证程序除了在少数省市有过一些小范围的试点外,基本上还是一个空白,但在新通过的《立法法》上已有类似规定。

5. 咨询和协商。咨询是指行政立法主体就行政立法中的专门问题向专家组成的咨询委员会提出的询问。英美等国一般都设咨询委员会,在整个规章制定过程中具有重要的法律地位。我国《行政法规制定程序暂行条例》第9条规定:"起草行政法规,应当征求有关部门的意见……",虽未明确提出咨询,但包含有咨询的含义,以后有关咨询的程序可望进一步发展。协商是指行政立法主体在制定行政规范性法律文件时,就某些具体事项与其他机关交换意见,协调行政规范性文件的有关内容。我国法律明确规定,行政法规涉及到其他主管部门的业务或者与其他部门关系密切的规定,应当与有关部门协商一致;经过充分协商不能取得一致意见的,应当在上报行政法规草案时专门提出并说明情况和理由。

6. 审议和决定。审议是指行政立法主体或行政首长对行政规范性法律文件进行审查和讨论的过程。审议的方式有两种：

(1) 通过会议的方式进行。如我国的行政法规草案可以由国务院常务会议审议，审议内容主要涉及所制定的行政法规是否具有宪法和法律的依据以及是否与现行宪法、法律相抵触。

(2) 通过行政首长审议的方式进行。如有些行政规范性法律文件内容比较单一，法律规定可以由行政首长个人审议，这一规定显然是为了提高行政效率。在我国，以"办法"和"规定"为名称的行政法规草案，因其只涉及行政工作的某一具体问题，因而可以由国务院总理个人审议。

决定是指行政首长对所审议的草案做出是否公布，或者提出需要进一步修改后再行公布的命令。行政立法不同于议会立法的显著特点在于行政立法不是以少数服从多数原则通过法案，而是由行政首长在充分考虑各方面的意见基础上作出最后决定，这是行政首长负责制在行政立法中的体现。

7. 公布。指行政首长将已审议通过的行政规范性法律文件以法定形式向社会公众发布的行为。它是行政立法程序中必经的、极其重要的一个步骤。非经公布的行政规范性法律文件，不能对行政相对人产生拘束力。我国行政法规公布的程序是：国务院发布行政法规，由国务院总理签署发布令；经国务院批准后由业务主管部门发布的行政规章，由其行政首长签署发布令。发布令应包括发布机关、序号、法规名称、通过或者批准日期、生效日期和签署人等基本内容。公开发布的行政法规通常由《国务院公报》和《人民日报》全文刊载。在行政规章中，部门规章以"中华人民共和国××部令"的形式发布，由行政首长签署，在本部门的报刊上刊载；地方规章以"××省(市)人民政府令"的形式发布，并由省(市)长签署。以"令"的形式发布的规章应当在本地日报上及时刊载。我国的行政规范性法律文件生效主要采用"自公布之日起生效"和规定生效日期两种方式，由于我国幅员辽阔，人口众多，采用规定生效日期的方式更加符合实际需要。

8. 失效。就是指原来根据行政立法过程制定的行政规范性法律文件，由于各种原因已不适应行政体系发展的需要而部分或全部地失去其行政法律效力。失效的情况主要有三种：

(1) 因废止而失效。废止的方法有两种：直接废止是由法律文件明文宣布废止原有的行政法律文件；间接废止是指原制定的行政法律文件如果同新制定的法律或上级和同级行政法律文件相抵触,其抵触的范围自然废止。

(2) 因撤销而失效。即那些因违反宪法、法律或上级行政机构的行政法律文件而被撤销,行政法律文件撤销后,一般以一定的形式加以公布。

(3) 因变更而失效。即为适应行政体系新的需要而变更原来制定的行政法律文件的内容,这一变更由上级监督机构或原发布部门作出。

三、行政立法的控制

为了保证行政立法的合法性和合理性,防止非法的行政法律规范性文件破坏行政体系的稳定,必须对行政立法进行控制,这种控制表现在通过立法机关和司法机关的牵制活动控制行政立法的实施。

1. 立法机关对行政立法的控制。这主要表现在:

(1) 备案。行政法律文件必须向立法机关备案是立法机关控制行政立法的一个必要程序。备案有单纯备案和限期废除两种,单纯备案是委任立法的一个手续,法案一经提交立法机关即行生效,立法机关成员只是进行质询,一经答复也就完成了手续。限期废除,是指在规定的期限内,立法机关可以对法案提出反对意见,并作出废除的决议,如果没有反对,到期生效。

(2) 批准。重大的行政立法必须经过立法机关的批准,一般程序是先向立法机关提交行政立法的草案,经立法机关批准后才能制定,如未能批准则不能制定。

(3) 审查。各国的立法机关一般设有专门审查委员会审议重大的行政立法,审查主要侧重于程序和技术方面的问题,如果立法机关发现已备案的行政法律文件有不清楚的地方,可以要求各部门限期作出书面或口头的解释。

2. 司法机关对行政立法的控制。在美国,这种控制被称为"违宪审查权",是指按"司法独立"原则设立的最高法院有权在对具体案件的审判过程中,宣布某项行政法律文件违宪,这样,这项行政立法就被宣布无效;同样,如果司法机关认定某项行政立法文件所依据的法律根据是违宪的,那么该文件也不能生效。英国的司法控制主要表现在对行政立法是否符合授权法的规定进行审查,如果行政法律文件未经法律授权而颁行,或其内容同授权法相抵触以及超越授权法的规定范围,都将被宣布无效。法国则由行政法院实行对行政立法的控制,主要表现为两种情况:一是经立法机构授权制定的具有法律效力的行政法律文件在颁布前须提交行政法院审查,如发生争议,该项文件可能被行政法院依法撤销;二是行政部门自己颁布的仅适用于一个部门的行政法律文件如被发现越权违法的情况,使公民的合法权益受到损害,行政法院将通过起诉予以撤销,并判决行政部门给当事人一定的补救赔偿。相对于西方国家的司法审查,我国的司法审查范围比较窄。司法机关只对行政主体根据其职权所实施的影响相对方的权利和义务的具体行政行为进行审查,而国家权力机关的立法行为、中央行政机关制定行政法规和规章的行为以及地方权力机关制定地方性法规的行为均不在司法审查之列。

第三节 行政执法

一、行政执法的含义与特征

1. 行政执法的含义。行政执法是国家行政机关在执行宪法、法律、行政法规或履行国际条约时所采取的具体办法和步骤,是为了保证行政法规的有效执行,而对特定的人和特定的事件所做的具体的行政行为。行政执法的含义可以从以下三方面来理解:

(1) 行政执法是执法的一种。执法除了行政执法以外,还有司法机关的执法,即司法。行政执法与司法的区别在于:行政执法的主体是国家行政机关,它是行政主体执行、适用法律处理国家内政、外交事务,对社会、经济、文化等各种事项及个人组织实施行政管理,遵循的是具有迅速、简便、以效率为优先特征的行政程序;而司法的主体是国家司法机关,它是司法机关执行、适用法律处理刑事、民事、经济、行政等各种争议案件,打击违法犯罪,维护社会、经济秩序,遵循的是具有公开、正式、以公正为优先特征的司法程序。

(2) 行政执法是行政行为的一种。行政行为除了行政执法行为以外,还有行政立法行为和行政司法行为。行政执法与行政立法的区别在于:行政立法是将权力机关制定的法律具体化,规定法律的实施、运作规则,或根据立法目的、法律的原则、精神,规定个人、组织在社会、经济、文化等各个领域的具体行为规范。行政执法则无论是直接执行法律,还是直接执行法规、规章(间接执行法律),都是将法的规范直接用于解决社会问题,调整现实社会关系,并最终实现法对社会的调节。由此可见,行政立法处于法律与行政执法的中间环节。行政执法与行政司法的区别在于:行政执法是适用法律、法规、规章处理涉及特定个人、组织权利义务的特定事项,以实现对社会、经济、文化等事务的行政管理,而行政司法是适用法律、法规、规章裁决个人、组织或个人、组织与行政机关之间的民事、行政争议,以解决纠纷,维护有关社会关系的稳定。行政执法所适用的程序是一般的行政程序,而行政司法所适用的程序是具有更多司法性的特殊行政程序——行政司法程序。

(3) 行政执法属于具体行政行为范畴。行政行为以其对象的特定性为标准,可以分为抽象行政行为与具体行政行为。抽象行政行为的对象是不特定的,其行为效力具有普遍性,而具体行政行为的对象是特定的,其行为效力仅限于特定人、特定事。行政立法行为属于抽象行政行为,而行政执法和行政司法均属于具体行政行为。

2. 行政执法的特征。行政执法与其他行政行为比较,主要有以下特征:

(1) 特定性。行政执法是各级行政部门针对具体问题所作的行为,是针对特定的人和特定的事物的,如市容监察机关命令某人拆除违章建筑物的行为就属此类。

(2) 单方面性。行政执法是行政部门根据法律和行政法律文件所作的单方面的决定,它不需要经行政行为施加的对象的同意就能成立。

(3) 强制性。行政执法是各级行政部门代表国家权力对行政活动中的具体问题作的处理决定,是行政部门执行法律和法规的具体形式,因而具有强制性。

(4) 多样性。行政管理的多样性,决定了行政执法行为的多样性。其内容涉及政治、经济、文化以及社会生活的各个方面。

(5) 灵活性。由于有权进行行政执法活动的部门范围很广,因此行政执法行为有很大的灵活性。但是由哪一层级采取的行政措施,其效力只限于那一级范围,不能越权。

3. 行政执法的主要类别。世界各国行政执法的类别各有不同。从我国实际情况看,根据行政执法本身的内容、性质为标准,可以把行政执法分为以下四类:

(1) 行政处理。即行政主体依照职权或依照行政相对方的申请实施某种行为,处理涉及相对方权利、义务的某种事项,以使相应的法律、法规、规章确定的行政管理目标得以实现。行政处理是一种内容最为广泛、形式最为多样化的行政执法行为。其具体种类主要包括行政命令、禁令、行政许可、免除、行政征收、征用、行政批准、登记、行政授予、撤销等。

(2) 行政监督。即行政主体为了保障相应的法律、法规、规章在其所管辖的地区、部门、领域的执行,实现其行政管理的目标和任务,依法对行政相对方守法和履行法定义务的情况进行监督的行政执法行为。其主要形式包括行政检查、审查、调查、行政统计、发布信息、情报以及财政、财务审计等。

(3) 行政强制。即行政主体为了保障相应法律、法规、规章在其所管辖地区、部门、领域的执行,实现其行政管理的目标和任务,在当事组织或当事人不履行行政法律文件对其规定的义务时,依法采取法定强制措施,迫使当事人履行自己的法定义务的行政执法行为。行政强制可分为预防、制止性强制措施与执行性强制措施两大类。

(4) 行政制裁。即行政主体对实施了某种违法行为的行政相对方依法采取行政处罚或其他制裁措施。行政制裁的基本形式是行政处罚,此外还包括对行政相对方采取某种对其权益不利的行政措施,如不发放某种许可证,不赋予某种资格等。

行政执法行为种类繁多,本节仅选择行政强制和行政处罚加以较详细的阐述。

二、行政强制

1. 行政强制的含义。行政强制是行政主体为了保障行政管理的顺利进行,强制不履行行政法义务的行政相对方个人、组织履行义务,或者出于维护社会秩序或保护公民人身健康、安全的需要,而对作为行政相对方的个人的人身、财产或作为行政相对方的组织的财产采取的直接或间接的强制措施。

行政强制可分为预防、制止性强制措施与执行性强制措施两大类。

2. 预防、制止性强制措施。预防、制止性强制措施是指行政主体为了维护社会秩序,保障社会安全,保护公民的人身、财产权免受侵害,采取一定的强制措施,对某种可能或正在发生的违法行为或危害社会及公民个人安全的行为予以预防或制止。预防、制止性强制措施主要有下述形式:

(1) 强制带离现场、盘问。根据《中华人民共和国人民警察法》的规定,公安机关的人民警察对严重危害社会治安秩序或者威胁公共安全的人员,可以强制带离现场,依法予以拘留或采取法律规定的其他措施。对有违法犯罪嫌疑的人员,经出示相应证件,可以当场盘问、检查;经盘问、检查,发现其有法律规定的某种情形的,则将其带至公安机关,经公安机关批准,可对其继续盘问。

(2) 约束、扣留。约束是行政主体对具有某种可能危害社会、他人或本人安全的行为或情形的个人的人身自由进行短时间限制,以保障社会和其他个人的安全。如对处在醉酒状态中的人可将其约束到酒醒,以防止其行为对本人和他人产生威胁。扣留指行政主体为及时制止或查明某种违法行为而依法扣留嫌疑人、有关物品或证件。如海关扣留走私嫌疑人,工商行政管理机关扣留投机倒把的商品物资等。

(3) 使用警械、武器。根据《中华人民共和国人民警察法》的规定,公安机关的人民警察为制止严重违法犯罪活动的需要,依照国家有关规定可以使用警械(如警棍、警笛、手铐、警绳等)。如遇有拒捕、暴乱、越狱、抢夺枪支或其他暴力行为的紧急情况,还可依照国家有关规定使用武器。

(4) 强制检疫,强制治疗。强制检疫是指卫生行政机关对可能患有某种恶性传染疾病的嫌疑人或可能带有某种病菌、病毒的人进行强制性疾病检疫,以防止其给社会带来危害。强制治疗指卫生行政机关对患有某种恶性传染疾病(如艾滋病、鼠疫、麻风病等)的人采取的强制隔离治疗措施。

3. 执行性强制措施。执行性强制措施是指行政主体为了保证法律、法规、规章和其他行政规范性文件以及行政主体本身依法作出的行政决定所确定的行政相对方的义务的实现,采取一定的强制措施,迫使违法和拒绝履行相应义务的行政相对方履行义务或通过其他法定方式使相应义务得以实现。

执行性强制措施分直接强制执行措施和间接强制执行措施两类。

(1) 直接强制执行措施主要有下述形式:第一,查封,即行政主体强制封存行政相对方的财产,查封期间限制财产被查封人处分其财产;第二,扣押,即行政主体强制扣押行政相对方的财产,限制其继续对之进行占有和处分;第三,冻结,即行政主体在对相对方作出行政处罚决定前,为防止相对方转移资金,以保证今后处罚的执行,通知有关单位冻结相对方的某种款项;第四,划拨,即行政主体通知银行从相对方的存款和其他款项中强行拨付其拒不缴纳的某种款项;第五,扣缴,即行政主体通知相对方所在单位从相对方个人工资收入和其他收入中扣缴其应付的某种款项;第六,抵缴,即行政主体对拒不履行金钱给付义务的相对方,强制征收其财产抵缴或变卖其财产抵缴;第七,强制收购,即行政主体对相对方私自买卖、借贷抵押国家禁止流通的物品予以强制收购;第八,限价出售,即行政主体强制违反国家物价规定,高价出售商品或倒卖商品的相对方,按规定的价格出售其商品。

(2) 间接强制执行措施主要有下述两种形式:第一,执行罚,即行政主体对拒不履行行政法义务的相对方科处一定数额的金钱给付义务,促使其履行,相对方在被科处金钱给付义务后如再不履行,可再次科处,直至其履行;如相对人不履行服兵役的义务、退出多占集体耕地的义务等可采用执行罚的方法。第二,代执行,即行政主体雇人代不履行行政法上义务的相对方履行其义务而强制义务人缴付劳务费用的强制执行方法;如相对方拒绝执行行政机关搬迁房屋、拆除违章建筑等处理决定,行政机关都可以对其适用代执行的强制方法。

三、行政处罚的含义与特点

1. 行政处罚的含义。行政处罚是国家行政机关对于违反行政管理法规应受惩罚的当事人给予的行政制裁。它包含三层意思:

(1) 行政处罚缘于当事人违反了行政管理法规所规定的义务;

(2) 行政处罚一般由国家行政主管机关裁决;

(3) 违反行政管理规定应受处罚的当事人包括公民、法人及其代表。

行政处罚不同于行政处分,二者的区别是:行政处罚是对实施了违反行政管理秩序的行政相对人的制裁,行政处分是对违反政纪的国家公务员的惩戒;行政处罚属于外部行政行为,相对方不服可以提起行政诉讼,行政处分属于内部行政行为,被处分者不服只能申诉,不能提起行政诉讼;行政处罚的对象既可以是公民个人,也可以是法人或其他组织,而行政处分的对象一般只能是公务员个人。

行政处罚也不同于刑罚,二者的区别是:行政处罚是对违反行政管理秩序行为的制裁,而刑罚是对犯罪行为的惩处;行政处罚一般由国家行政机关来裁决,刑罚则由司法机关裁决;行政处罚适用行政程序,刑罚适用刑事诉讼程序;行政处罚多为金钱性或申诫性处罚,刑罚多为剥夺自由性质的处罚,甚至剥夺人的生命;行政处罚的对象可包括公民、法人及其代表,刑罚只限于犯人,对法人不能使用刑罚。

2. 行政处罚的种类。1996年3月八届人大四次会议通过的《行政处罚法》将行政处罚的形式归为六类:

(1) 警告。警告是对实施了较轻微的违法行为的行政相对人所给予的申诫性处罚,是行政主体适用最经常、最普遍的行政处罚形式之一。警告既可以专用于个人,也可以适用于组织。警告具有教育性质,能促使被警告的当事人提起应有的注意和警惕;警告也有强制性质,因为它是更重处罚的预示,若逾期不改,将赋予较重的行政处罚。

(2) 罚款。罚款是对实施了违法行为的相对方个人及法人组织的经济性制裁,也是行政主体适用最经常、最普遍的行政处罚形式之一。罚款通常由法律或法规规定一个限制幅度。如《治安管理处罚条例》规定对违反该法的行为罚款幅度是 100—200 元。针对纳税单位和个人偷税漏税所作的经济处罚称为罚金。凡是罚款或罚金都应用书面通知,规定在一定的期限内交纳,如到期不交,对违反义务的当事人可加倍处罚或改处拘留。

(3) 没收违法所得、没收非法财物。没收主要是对生产、保管、加工、运输、销售违禁物品或实施其他营利性违法行为的当事人所给予的经济性制裁。如海关没收走私者的走私物品,文化行政管理机关没收黄色书刊,工商行政管理机关没收投机倒把物品及其违法所得,公安机关没收违反治安管理的违禁财物等。

(4) 责令停产停业。这是指行政主体命令作为行政相对方的企业组织停止生产或营业。这种行政处罚通常是对严重违法的行政相对人实施的。行政主体实施这种处罚,一方面是为了制裁违法的行政相对人,另一方面是为了保护社会公众利益免受违法企业违法行为的损害。

(5) 暂扣或者吊销许可证、暂扣或者吊销营业执照。这种处罚多适用于违反经济管理秩序,违反工商行政管理法律规范的企业、个体经营户或其他经济组织。如未经核准登记擅自开业、擅自改变经营范围、伪造或擅自复印营业执照,逃避债务,从事非法经营活动等等,主管机关都可根据情况予以吊销营业执照的处罚。

(6) 行政拘留。它是对实施了违法行为的行政相对方个人所给予的限制其人身自由的处罚形式。此种处罚由于涉及公民的人身自由,故法律对它的适用作了较严格的限制性规定,如法律只授权公安机关适用,其他机关无权适用;只适用于法律明确规定的较严重的违法行为,对法律未规定的违法行为不适用。此外,在适用时间上,法律规定拘留时间 1 至 15 日,行政主体适用拘留不得超过 15 日。

除了上述六种处罚形式外,现行行政处罚中还有一种更为严厉的处罚形式,即劳动教养,《行政处罚法》虽未加以规定,但在目前行政管理实践中仍然适用。劳动教养是对染上了某种恶习,实施某种职业性、习惯性的违法行为或轻微犯罪行为,但尚不够刑罚处罚,且又有劳动能力的人所适用的一种改造和制裁性处罚形式。劳动教养的对象包括杀人抢劫犯罪团伙中不够刑事处罚的;有流氓、卖淫、盗窃、诈骗等违法犯罪行为,屡教不改但不够刑事处罚的;聚众斗殴、寻衅滋事等扰乱社会治安,不够刑事处罚的,等等。劳动教养是对被处罚人的人身自由予以较长时间限制,劳教期限可达3年,必要时还可延长1年。劳动教养对维护国家法纪、教育挽救违反法纪、罪行轻微的人有重要作用。

以上各种行政处罚一般由行政主管机关裁决,并作出裁决书交给违反义务的当事人。对罚金、罚款要规定时限,并给予收据,逾期不执行的则可依法强制执行。

受到行政处罚的当事人如不服裁决,可在规定时间内向裁决机关的上级行政机关提出申诉,或向人民法院起诉。上级行政机关或人民法院受理复查并作出最后的裁决,可变更原裁决的一部分或全部,并通知原裁决机关和申诉人。

第四节 行政司法

一、行政司法的含义与作用

1. 行政司法的含义。行政司法是国家行政机关在管理和服务于社会的活动中,为适应现代社会纷繁复杂的情况对政府管理和控制能力提出的要求,而衍生的一种带有司法特征的行政职能,也是现代国家行政职能向传统的司法领域拓展的结果。从世界范围看,行政司法的产生,最初是来自于政府加强对社会干预的需要,它以行政权力的自我膨胀和扩张为原动力。因此,行政司法的作用在刚开始时更多地体现在提升行政效率,强化对社会的管理上;随着现代民主政治的建立和发展,随着"依法治国"作为一种重要的治国方略在世界许多国家的成功实践,行政司法在保护公民的合法权益,监督行政机关依法行使职权,推进"法治行政"上的作用逐渐体现出来。

所谓行政司法,是指由行政机关充当争议的裁决人,依照行政司法程序解决行政争议和其他特定纠纷的一种行政行为。这个概念可以分解为三个层次:

(1) 行政司法的主体是行政机关。行政司法是相对于行政立法、行政执法而言的一种行政行为,它的主体必须是行政机关。但是,并不是所有行政机关都有权处理行政争议和其他特定纠纷,只有法律授权的行政机关,才能充当行政争议和其他特定纠纷的裁决者。

(2) 行政司法程序是一种特殊的法律程序。行政机关解决行政争议和其他特定纠纷,既不适用一般的行政程序,也不适用完全的司法程序,而是把行政程序和司法程序融于一体,形成一种具有行政性质的司法程序,可以称之为准司法程序。它吸收了行政程序的简易高效的特点,同时又体现了司法程序平等公正的精神。

(3) 行政司法的范围在解决行政争议之外不断扩展。随着行政法制建设的不断加强,涉及行政司法的法律、法规越来越多。根据现有法律、法规的规定,行政司法既可以解决以行政机关为一方当事人的因行政法律关系而引起的争议,也可以解决公民之间、组织之间或者公民与组织之间发生的一些民事、经济纠纷。当然,行政司法解决的民事、经济纠纷是法律、法规特定的,即只解决与该行政机关职能活动或与其主管事项相关联的民事、经济纠纷。

2. 行政司法的作用。

(1) 行政司法是行政法制的重要组成部分。行政法制包括行政立法、行政执法和行政司法三个方面,行政立法是行政的基础,行政执法是行政的实现,行政司法则是对行政的监督和保障。通过行政司法,可以检查、发现行政立法和行政执法中存在的问题,不断完善和改进立法和执法活动,防止行政机关及其工作人员滥用权力行为的发生,促进国家行政管理的民主化和法制化。

(2) 行政司法是保护公民、法人和其他组织合法权益的有效手段。行政机关在广泛的领域内进行管理活动,必然会与被管理的公民、法人及其他组织发生争议和矛盾。行政司法为个人、组织提供一系列保障其权利和利益的程序,为当事人提供了一条得到行政救济的渠道,使其合法权益不致遭到任意侵犯。通过行政司法活动,维持正确的行政决定,纠正错误的行政决定,既保护了公民、法人和其他组织的合法利益,也促进了行政机关严格依法办事,达到维护社会秩序和公共利益的目的。

此外,由于行政司法程序比较灵活简便,节省开支和精力,可以大大缩短处理纠纷的时间;加上行政机关熟悉和掌握有关法律、政策和专业、技术知识,由他们先行处理行政争议以及与其主管业务相近的民事纠纷,也是比较便利的。因此,行政司法程序不但减轻了人民法院的压力,又避免了一些争议和纠纷被久拖不决,有利于社会的稳定。

行政司法因其处理对象的性质和适用的程序不同,可以分为解决行政争议的行政复议制度和解决民事纠纷的行政裁决制度。以下将作较为详细的阐述。

二、行政复议

1. 行政复议的含义与特征。行政复议又称行政诉愿,它是指国家行政机关在行使其行政管理职权时,与作为被管理对象的相对人发生争议,根据行政管理相对人的申请,上一级国家行政机关或者法律、法规规定的其他机关依法对引起争议的具体行政行为进行复查并作出决定的一种具体行政行为。复议的种类可包括公安行政复议、工商行政复议、税务行政复议、物价行政复议、审计行政复议、土地行政复议等等,凡是有具体行政行为侵犯行政管理相对人合法权益的国家行政机关主管部门,都存在行政复议。

早在1914年5月18日,当时的北洋军阀政府公布了《诉愿条例》,正式确立了人民因不服中央或地方机构的违法或不当的处分,可以得到行政救济的制度,这是我国行政复议制度建立的开始,同年7月12日公布了《诉愿法》。南京国民政府成立后,于1930年正式公布施行了《诉愿法》。新中国成立后,1950年12月,政务院公布施行《税务复议委员会组织通则》,第一次在法规上正式使用了"复议"一词。50年代中后期,行政复议制度有了初步发展。这一时期复议制度的特点是:复议决定为终局决定,当事人不得对复议决定提起诉讼。60年代到70年代后期,行政复议制度遭到破坏。80年代以后,复议制度得到恢复和发展,我国已对100多个法律和行政法规规定了行政复议的内容。国务院于1990年12月24日发布了《行政复议条例》,1999年4月29日正式颁布了《行政复议法》,并于1999年10月1日起施行。

行政复议的特征主要有:

(1) 行政复议是通过行政途径依法解决行政争议的一种方式,其主管部门是法定的行政机关,而且申请复议的范围仅限于该行政机关的主管事项。

(2) 行政复议是因个人、组织不服行政机关所作出具体行政行为而引起的,因此,必须由个人、组织提出申请,才能引起行政复议。

(3) 行政复议的程序既不同于作出一般行政决定的程序,也不同于行政诉讼的程序,而是司法化了的行政程序,具有行政与司法的两重性。

行政复议能充分保障公民、法人或其他组织的合法权益,维护社会政治与经济秩序的稳定,并能大大减轻人民法院审理行政案件的负担,其作用是非常明显的。

2. 行政复议的范围。《行政复议法》对公民、法人或者其他组织申请复议的范围作了逐项列举式的规定。主要内容包括:

(1) 对拘留、罚款、吊销许可证和执照、责令停产停业、没收财物等行政处罚不服的;

(2) 对限制人身自由或者对财产的查封、扣押、冻结等行政强制措施不服的;

(3) 认为行政机关侵犯法律、法规规定的经营自主权的;

(4) 认为符合法定条件申请行政机关颁发许可证和执照,行政机关拒绝颁发或者不予答复的;

(5) 申请行政机关履行保护人身权、财产权的法定职责,行政机关拒绝履行或者不予答复的;

(6) 认为行政机关没有依法发给抚恤金的;

(7) 认为行政机关违法要求履行义务的;

(8) 认为行政机关侵犯其他人身权、财产权的;

(9) 法律、法规规定可以提起行政诉讼或者可以申请复议的其他具体行政行为。

3. 行政复议管辖。复议管辖是确立行政机关受理复议案件的分工和权限的制度。由于我国行政机关的设立具有层级多、分布广、相关性强的特点,也就决定了复议管辖的多样性和复杂性。根据行政复议条例关于复议管辖的有关规定,大体分成以下几类:

(1) 部门管辖。是指法律、法规规定对不服县级以上人民政府工作部门作出的具体行政行为的部门管辖。大体分成两种情况:一是由上一级主管部门管辖;二是由作出具体行政行为的部门管辖。

(2) 政府管辖。是指法律、法规规定不服地方各级政府的具体行政行为申请的复议,由上一级人民政府或者由作出具体行政行为的人民政府管辖。这也分成两种情况:一是上一级人民政府管辖;二是同级人民政府管辖。

(3) 选择管辖。是指两个和两个以上的行政机关都有管辖权时,申请人可以选择其中一个申请复议,申请人最先选择了哪个行政机关,哪个机关就具有案件管辖权。申请人向两个和两个以上有管辖权的行政机关申请复议的,由最先收到复议申请书的行政机关管辖。

(4) 指定管辖。是指两个或者两个以上具有复议管辖权的行政机关,因管辖权发生争议,协商不成,而由他们共同的上一级行政机关确定的管辖。

4. 行政复议程序。

(1) 复议申请。行政复议申请必须在法定期限内提出,期限的长短因案件的性质而异,行政复议条例规定为15日,因不可抗力等特殊情况可以延长,但要由有管辖权的行政机关决定是否准许;申请人必须是认为具体行政行为直接侵犯其合法权益的公民、法人或者其他组织;申请人必须在复议申请中明确指出实施侵犯其合法权益的具体行政行为的行政机关是谁,是一个还是两个或者两个以上,否则,复议机关的复议活动就无从进行;复议必须要有具体的复议请求和事实根据;复议申请必须以书面形式提出。

(2) 受理。复议机关接到复议申请后,首先要对复议申请书进行审查。在10日内,对符合复议申请条件的,依法受理;对不符合法定条件的,作出不予受理的裁决并告之理由;对复议申请书不符合法定要求的,限期补正。已经向人民法院提起行政诉讼的,不得再申请复议。复议机关在受理复议申请之日起7日内将复议申请书副本发送被申请人,被申请人在收到复议申请书副本之日起10日内,向复议机关提供作出具体行政行为的有关材料或者证据,并提出答辩书。

(3) 审理。行政复议主要实行书面复议制度,即复议机关在审理复议案件时,仅就案件的书面材料进行审理而不传申请人和被申请人,以及证人或其他复议参加人到场。但复议机关在必要时,可以要求双方当事人到场说明问题。在行政复议审理期间,申请人基于各种情况撤回申请,须经复议机关同意。申请人撤回申请必须符合自愿原则。

(4) 决定。复议机关根据事实和法律,以书面形式对有争议的具体行政行为作出判断和处理,就是复议决定。复议决定的种类包括:决定维持;决定补正;决定被申请人在一定期限内履行法定职责;决定撤销或变更。复议决定应自复议机关收到复议申请书之日起两个月内作出,法律、法规另有规定的除外。行政复议决定须采用书面形式,并符合法律规定的格式与要求。复议申请书一经送达,即具有法律效力。

三、行政裁决

1. 行政裁决的概念和特征。行政裁决是指国家行政机关根据法律授权,以第三者的身份依照一定的程序,裁决平等主体之间与行政管理相关的民事、经济纠纷的行政行为。行政裁决的主体是国家行政机关,而不是国家司法机关或社会团体或民间组织。因此,它与司法裁判和民间仲裁完全不同;行政机关的裁决权来源于法律的授权,非经法律授权的任何行政机关均不得为裁决行为;行政裁决的对象是平等主体之间与行政管理相关的民事、经济纠纷,不是非平等主体之间的行政纠纷。

行政裁决的特征表现在以下几个方面:

(1) 行政裁决在意思表示上具有单方面性。行政机关根据当事人的请求或者依照职权,以第三者的身份处理纠纷,属行政管理的行为,它体现了国家的意志,而不是当事人与行政机关的意志,更不是当事人双方意思表示一致的结果。行政机关作不作出裁决,作出怎样的裁决,并不受纠纷当事人双方意志的支配,而完全有权根据自己的单方意志决定。

(2) 行政裁决在效果上具有强制性。行政裁决一经作出,就会在当事人之间设定一种民事、经济上的法律关系,当事人若对该裁决不服,虽可申请复议或提起诉讼,但绝不能自行改变或推翻该裁决。如果当事人不通过合法途径申请复议或提起诉讼,又不履行该裁决,行政机关则有权依法采取强制措施迫使其履行或申请人民法院强制执行。

(3) 行政裁决在解决纠纷上具有非终局性。为保障和监督行政机关依法行使该项职权和保证司法权的统一,国家设定了不服行政裁决可以向人民法院提起诉讼的制度,体现了司法最终裁决的原则。

2. 行政裁决的种类与形式。根据目前我国有关法律的规定,行政裁决归纳起来主要有以下几类:

(1) 损害赔偿的裁决。这是指行政机关对与行政管理相关的平等主体之间,因受到侵害而发生的赔偿争议所作的裁决。这种裁决在我国应用领域最广,数量也最多。

(2) 权属纠纷裁决。这是指行政机关对平等主体之间,因某财物的所有权、使用权的归属发生的争议,所作出的确定性裁决。此类裁决常用于解决土地、草原、森林、水面、滩涂、矿产等资源权属纠纷。

(3) 侵权纠纷裁决。这是指行政机关根据当事人的申请为解决平等主体之间所发生的民事纠纷而作出的制止侵权行为的裁决。这种裁决通常与损害赔偿裁决一起使用,单独作出比较少。

我国法律授予行政裁决权的形式主要有:

(1) 法定职责型,指法律规定行政机关在处理行政事务时,必须对平等主体之间的纠纷进行裁决,如《土地管理法》第 13 条规定:"土地使用权和使用权争议,由当事人协商解决;协商不成的,由人民政府处理。"

(2) 当事人选择型,指法律规定行政机关拥有的裁决权,必须在当事人有申请的情况下才能行使。当事人不申请就不能主动裁决。当事人有选择权,既可选择行政机关裁决,也可以选择直接向人民法院起诉。

(3) 行政机关自主型,指法律只规定行政机关可以作出裁决,而没有规定其他限制条件,行政机关既可以主动作出裁决,也可以根据当事人申请作出,还可以不裁决而让当事人直接向人民法院起诉。作出这种规定的法律最多,有《商标法》(第 39 条)、《专利法》(第 30 条)等等。

【案例】

1990 年 3 月,鸿运商场承包人孙某在个体药摊上购得印有"神奇"牌商标的补脑液一批,后以本商场的名义将这批补脑液全部批发给县利民药材总店,获取非法所得。利民药材总店购入该"神奇"牌补脑液后,批发和零售给本县各药店,致使全县有 19 家药店经销了这批补脑液。在销售过程中,县医药总公司接到消费者的举报,反映该"神奇"牌补脑液药味不正,可能是冒牌货,即派出质检人员进行检查,证实该"神奇"牌补脑液质量确有问题,便通知各药店停止销售,抓紧退货。后各经销单位全部向鸿运商场退了货。"神奇"牌补脑液注册商标所有人,某生物制药厂得知自己的商标被侵权后,于 1990 年 9 月向县工商行政管理局申诉,请求对销售冒牌补脑液的经销单位依法进行查处。县工商行政管理局经调查后认为情况属实,依据《中华人民共和国商标法》及其实施细则的有关规定,于 1990 年 10 月以某工商[1990]第 21 号文件作出《关于对鸿运商场和县利民药材总店及 19 家药店销售"神奇"牌补脑液的处理决定》,内容包括:① 所有经销冒牌补脑液的部门必须立即停止侵权行为,并按规定赔偿被侵权人的损失;② 对鸿运商场和利民药材总店各罚款 500 元;③ 鸿运商场和县利民药材总店以及 19 家药店负责消费者的退货,并将全部退货上交我局没收,连同已封存在鸿运商场的 600 盒假"神奇"牌补脑液一并销毁;④ 将鸿运商场和县利民药材总店及 19 家药店所得非法利润全部没收上缴国库。鸿运商场和利民药材总店及 19 家药店(本案申请人)对该决定不服,共同向县人民政府提出复议申请,要求撤销县工商行政管理局(本案被申请人)的处罚决定,理由是县工商行政管理局的行政决定运用法律错误,其行为超出法定的职权范围。复议机关受理此案后,经审理认为,县工商行政管理局作出的《关于对鸿运商场和县利民药材总店及 19 家药店销售"神奇"牌补脑液的处理决定》,确实存在适用法律错误和越权问题,遂作出"撤销某县工商行政管理局的处理决定"的复议决定。

请问:1. 本案申请人的行为是否侵犯了《商标法》?被申请人作出的行政处理决定适用法律是否准确?
   2. 本案中有关当事人提出复议申请的程序是否合法?复议决定是否有效?

复习思考题
1. 何谓行政法规?我国行政法规具有哪些特点?
2. 行政法规的主要类型有哪些?试分别举例说明。
3. 简述行政法规和行政规章的主要区别。
4. 什么叫行政程序?行政程序的主要类型有哪些?
5. 什么叫行政立法?它与立法机构的立法有什么不同?行政立法要经过哪些基本程序?
6. 何谓行政执法?它有哪些种类?
7. 何谓行政司法?它的作用有哪些?

第十一章 行政监督

【提示】

　　2000年6月4日,河北省霸州市康仙庄派出所副所长杜书贵,用一把"六四"式手枪在他的辖区结束了青年司机牛亚军28岁的生命。用杜书贵在法庭上的话说,"我与他无冤无仇"、"我是警察,你竟敢比我牛!"6月30日,廊坊市中级人民法院经过连续11小时的审理,以故意杀人罪一审判处杜书贵死刑,剥夺政治权利终身。6月22日,廊坊市纪委常委会研究并征得市委同意,对有关领导人进行责任追究。给予霸州市公安局局长李建国党内警告、行政记过处分;给予霸州市公安局政委潘分生党内警告、行政记过处分;其他有关人员也分别给予相应的处分。霸州血案震惊全国,也使公安部门的高层领导深为震动。正是由于传媒的介入、公安部长的直接干预,杜书贵才受到严惩,牛亚军才不致枉死之后还背上抢夺枪支的罪名。然而,令人发指的是,就在全国舆论对杜书贵的一片谴责声中,河南禹州又发生了更加血腥的惨案:民警刘德周枪杀无辜市民三人,伤两人。公安败类非止一二,如此丧心病狂,严重损害了群众对政府的信任,对社会正义的信心,严重危害着安定团结的政治局面。事实告诫人们,在当前形势下,对行政执法部门加强监督是一件极其紧迫的大事。

　　任何一个行政机构为了保证组织目标的顺利实现,在进行行政决策和行政计划的同时,必须对行政过程中的各个环节进行监督,这属于行政机构内部上级行政机关对下级行政机关的指导和控制。此外,行政监督还包括政党、国家权力机关、公民和社会团体依法对行政机关和行政人员的行政管理活动进行的监察和督导。行政监督的实施,不但有效地保护了国家、政府、各社会团体和公民的利益,而且还对行政法制化建设起很大的促进作用。在当代社会行政管理活动日益繁杂的情况下,行政监督的重要意义表现得越来越明显。

第一节 行政监督概述

一、行政监督的含义和特征

1. 行政监督的含义。所谓监督(Supervision)的原义是监视和督促的意思。在行政管理活动中的监督称为行政监督,是指对行政机构和工作人员是否依法行政所进行的监察和督促。行政监督的含义有狭义和广义之分,狭义的行政监督是指行政机关内部的监督,也就是在行政体系内部,由上级行政机关和行政首长对下级行政机关及其工作人员行使职权的权限、活动加以观察、指导和控制,或者由专职的行政监督机关对其他国家行政机关实施监督。广义的行政监督是指对行政管理活动进行监督的所有形式,包括行政机构的内部监督和外部监督,所谓外部监督是指国家立法机关、司法机关、社会团体和人民群众通过多种形式,对各级各类行政机关及其工作人员实施国家法律、政策、法令、执行政府的决议、命令和上级机关的命令、指示等行政活动进行的监督、检查和监察。本章所述的行政监督是指广义的行政监督。

2. 行政监督的特征。行政监督有以下几个基本特征:

(1) 特定的监督主体。行政监督的主体是具有监督权限的国家行政机关以及国家权力机关、检察机关、审判机关、政党、社会团体和人民群众等。

(2) 特定的监督对象。行政监督的对象是国家行政机关和国家公务员。至于依法拥有行政管理权力的非行政机关组织及其工作人员,则视同行政机关及其公务员对待,也属于行政监督的对象。

(3) 特定的监督内容。行政监督的内容,是国家行政机关的行政行为和国家公务员的职务行为。由于行政行为是由国家强制力作保障的,能对行政管理相对人产生具体的以权利义务为内容的法律后果,因此必须对这种行为进行监控。

(4) 特定的监督程序。行政监督的性质是监督主体对行政机关及其行政人员的一种法制监督。这是由于监督主体享有的监督权是法律赋予的,要严格依法定程序进行,同时监督的重点也放在行政机关及其行政人员行政活动的合法性与合理性方面。

(5) 特定的监督目的。行政监督的主要目的是防止国家行政机关的专断和腐败,及时发现并纠正国家行政管理活动中的违法或不当行政行为,促进国家行政机关的清正廉洁,提高行政效率,保障国家行政管理活动的正常进行。

3. 行政监督的意义。"以权力制约权力"是西方行政学的一项重要原理。在我国,国家行政机关在政治、经济、文化、科技、教育、卫生等诸多方面进行着广泛的行政管理,行使着广泛的行政权力。通过行政监督活动,从一定程度上对行政权力进行有效的制约,对于实现"依法行政、依法治国"的目标具有极其重要的意义。

(1) 通过行政监督,增强国家公务员的公仆意识。在我国,政府的宗旨是为人民服务,国家公务员不论职位高低、权力大小,都是人民的公仆。实施和加强对行政行为的监督,将行政机关的行政活动置于广大人民群众的监督之下,可以增强国家公务员的公仆意识,促进其更好地为人民服务。

(2) 通过行政监督,保障行政机关正确地行使权力。在我国的行政活动中,努力实施和加强对行政行为的监督,能够及时发现问题并及时加以解决,防止或纠正违法或者不当的行政行为,使国家行政机关沿着法制的轨道正确地行使人民交给的权力。

(3) 通过行政监督,保护公民、法人和其他组织的合法权益。国家行政机关在实施行政管理活动中,由于种种原因,可能出现违反法律规定,侵犯公民、法人和其他组织的合法权益的情况。实施和加强对行政行为的监督,可以尽可能使公民、法人和其他组织的合法权益免受侵害。即使受到侵害,监督主体可以根据不同的情况,采取措施,通过适当的方式、适当的手段,使受到的侵害得到相应的救济和补偿。

(4) 通过行政监督,克服官僚主义和腐败现象。国家行政机关在行政管理活动中,由于种种原因,会存在人浮于事、办事拖拉、不负责任、相互推诿等官僚主义现象;同时,行政机关中还存在着不少利用手中的行政职权牟取私利、行贿受贿、贪赃枉法等腐败现象。实施和加强对行政行为的监督,可以揭露官僚主义和腐败现象,促进国家行政机关及其公务员提高工作效率,加强廉政建设,积极惩治腐败现象。

二、行政监督的对象、范围及其方法

1. 行政监督的对象。一般来说,行政监督是以国家行政机关及公务员的抽象行政行为和具体行政行为为监督对象的。抽象行政行为即行政立法行为和规定行政措施的行为,具体行政行为即根据法律、法规的有关规定,通过采取具体行政措施的方式来实现的行为,如市场管理,交通违章处理等等。

2. 行政监督的范围。行政监督的范围一般来说有以下几个方面:

(1) 协调有关国家行政机关之间的行政执法活动。目前存在两方面的问题,一是行政执法出现"空档",许多领域没有执法或一些执法机关因无利可图而不愿执法,致使许多违法行为得不到制裁。二是行政执法重复交叉,致使执法机关之间相互掣肘或互相扯皮推诿,形成内耗,产生矛盾。行政监督就是要责令有关部门对行政执法中出现的"空档"予以补漏,并对行政执法机关间相互推诿的情况予以协调。

(2) 撤销违法或不当的、影响行政管理相对人利益的具体行政行为。对公民、法人或者其他组织的复议请求,有关国家行政机关应当依法受理,并作出符合法律规定的复议决定,以保护公民、法人或其他组织的合法权益。

(3) 指导监督对象的行政执法活动,处理监督对象在行政执法中越权、滥用职权或失职渎职行为。

(4) 研究解决行政法律规范自身存在的问题。如对条文规定不具体、不明确,或发现有过时或违法时,应及时研究解决。

(5) 监督检查本行政区域内国家行政机关及公务员是否遵纪守法,履行职务,并依法作出相应的处理决定。

3. 行政监督的主要方法。行政监督的方法是多种多样的,基本方法有以下三种:

(1) 行政命令的方法。这是行政内部监督所采用的特有的方式,是由行政管理的性质所决定的。行政命令是指上级行政机关及其领导者对下级行政机关及其工作人员的行政管理活动下达命令,下级行政机关及其工作人员必须服从和贯彻执行。上级行政机关及其领导者如果在监督过程中发现下级行政机关及其工作人员在行政管理活动中出现失误和错误,可以用行政命令的方法责令其立即改正。行政领导所发布的命令,只能在法律所规定的权限范围内行使,否则,其发布的行政命令无效。

(2) 法治的方法。就是指行政监督活动在具体实施时,必须根据宪法、法律以及行政管理法规的有关程序和制度来进行。要使法制在行政监督中发挥作用,首先必须制定和颁布完整的、系统的、全面的、科学的行政管理法规,作为行政监督工作的依据。然后进行严格的执法,并对出现的违法行为予以追究。

(3) 社会舆论的方法。这是行政外部监督所经常采用的方式。主要适用于当行政工作人员在行政管理活动中的行为有明显的不当,但又没有违反宪法、法律或行政管理法规的有关规定时。对于这种情况,行政监督的主体就应该按照社会道德的标准,利用社会舆论工具加以谴责,使其受到警示并加以改正。

三、国外行政监督的主要模式

进入20世纪以后,西方国家的政治体制的发展出现了两大趋势:一是行政权力随着社会和经济的发展不断扩张和膨胀,二是对行政权力的监督与控制体系不断健全与完善。许多国家建立的针对行政权力的监督体系是以分权制衡为理论依据的,一方面设置了权力拥有者与权力行使者相分离的体制,另一方面构造起各种权力之间的相互制约与平衡的机制。目前,国外行政监督的主要模式包括以下四种。

1. 宪法监督制度。即通过宪法法院或普通法院审查政府的法规、决定、命令是否违宪,并裁决国家权限争议和受理违宪诉讼案件。

2. 委任立法制度。议会授权政府制定各种法规,但是政府制定的法规必须提交议会备案,议会两院联合委员会专门审查委任立法行为,法院也可以按照"越权无效原则"对政府不在授权范围内制定的法规宣告其无效。

3. 司法审查制度。即法院在对政府行为的监督方面具有重要的作用,它不仅监督政府的抽象行为,如政府制定法规的行为,而且审查政府的具体行为,如行政裁决、行政命令和行政决定等;对政府行为的程序违法、权力滥用、不履行法定义务和记录中的法律错误等都进行审查和判决。

4. 议会督察专员制度。这是北欧国家为防止政府公务员规避行政责任和官僚主义泛滥、权力扩张侵犯公民权利而首先发展起来的监督制度,并被各国所采用。议会督察专员由权力机关选举产生,通常由可胜任护法的法律专家组成,他们通过批评建议的方式,监督法律、法令在公共事务中的执行,保证政府当局公平、合法地行使职权。

由此可见,西方国家对行政活动的监督模式是多种多样的,我国在确立适合本国国情的行政监督模式时,应该吸收和借鉴国外的先进经验,努力克服其弊端,从而为提高行政活动的效率,实现依法治国奠定基础。

第二节 行政机关内部监督

行政机关内部监督是由行政机构内部形成的监督系统进行监督的制度,即从国务院到地方各级人民政府及其所属的各个工作部门之间对行政行为的实施所进行的监察和督促。行政机关内部监督具有直接、及时、灵活、迅速的特点,由于国家行政机关在执行法律过程中出现的偏差,包括违法或不当的行政行为,国家行政机关往往能最先了解到,这是其他国家机关所不能比拟的,因此,一般来说,国家行政机关能够迅速、及时而直接地纠正这些偏差。同时,国家行政机关拥有长期的行政管理经验和各种先进的物质技术手段,加之具有一定的专业知识队伍,可以运用各种灵活的方式和手段使问题得到较快的解决,从而保证执行的正常进行。行政内部监督注重行政效率的提高,有利于加强行政人员的法制观念和政治责任感,克服和防止官僚主义。所以,它是最经常、最直接和有效的监督。

一、层级监督

1. 层级监督的含义与特点。层级监督,也称一般监督,是指各行政机关相互之间按照隶属关系进行的双向工作监督,它既包括上级机关对下级机关行使权限实行监督,也包括下级国家行政机关对上级国家行政机关的监督,以及互不隶属的国家行政机关之间的监督。比如国务院对全国一切国家行政机关的监督、地方各级人民政府对其工作部门和下级人民政府以及设在本辖区内的其他国家机关的监督等等,都属于层级监督的范围。

政府内部的层级监督,具有经常性、广泛性和直接性的特点。从政府内部监督的各种类型分析,层级监督的频率远高于监察和审计等专门机关的监督;而且层级监督的范围最广,所有涉及行政管理的活动,只要是行政行为,都列入它的监督视线之内;再则层级监督是以隶属关系纽带维系的,监督主体与监督对象之间具有直接、密切的联系。

2. 层级监督的形式。层级监督的主要形式可以分为以下三种:

(1)日常监督。即国家机关在日常工作中根据需要随时进行的各种双向监督。主要包括上级监督和下级监督两种形式:上级监督是指上级行政机关或行政领导在推行政令过程中对下级机关及其人员所实施的监督,以避免在日常工作中出现偏离行政目标的不当行为,保证行政任务的完成;下级监督是指下级行政机关的行政人员对上级行政机关及其人员违法违纪行为所进行的检举、控告等。日常监督的主要方式包括报告、检查、审查和调查等。

(2) 主管监督。即上级主管部门对下级相应的工作部门的监督。如国务院各部委和直属机关对地方各级人民政府相应的工作部门、上级地方人民政府部门对下级地方人民政府相应工作部门的监督等。这种监督,有些属领导关系,有些属业务指导关系,其权限范围由中央和地方上下级部门之间实行领导或业务指导关系的不同而相区别,有时仅有专项业务指导统筹关系,有时还有人财物等方面的权限分割或双重领导关系,从而使监督的内容和方式有所不同。

(3) 职能监督。即政府各职能部门就其主管的工作,在其职能范围内对其他部门实行的工作监督,它包括平行关系和上下级关系的政府职能部门的监督。如财政部就其主管的国家财政收支工作,对各部委、各地区的预算、计划、收支等工作实施的监督等。职能监督是以业务内容为核心的专项监督,是上级行政机关对下级行政机关监督的重要内容之一。

3. 层级监督的制度。政府内部的层级监督对行政机关及其公务员的行政管理活动往往产生直接的甚至重大的影响,因此建立完善的层级监督制度显得尤为重要。一般来说,层级监督制度的主要内容包括以下几个方面:

(1) 报告工作制度。我国宪法明确规定:"地方各级人民政府对上一级国家行政机关负责并报告工作"。因此,听取和审查本级政府工作部门和下级政府的执法情况报告,是政府内部监督的重要方式之一。这里所说的报告是指下级国家行政机关向上级国家行政机关就工作重大措施、主要事项、重大事件、主要问题等所作的工作报告,它分为工作简报、年度工作报告、专题报告、临时报告和综合报告等形式。这些报告能保证上级国家行政机关及时了解下情、掌握动态、发现问题、采取措施,进而有效地领导和监督下级国家行政机关的工作。

(2) 执法检查制度。这是由监督主体主动了解被监督对象的执法情况并及时纠正违法不当行为的法律制度。它具有深入实际、真实客观的优点。执法检查包括对执行计划、决议、命令、任务的情况进行检查,分为全面检查和专题检查两种方式。通过检查,能使上级行政部门及时发现可能出现或已经出现的问题,从而迅速采取措施,预防可能发生的问题和纠正已经发生的问题。

(3) 审查批准制度。审查批准是指监督主体按照有关的法律规范对被监督对象的部分行政行为进行审核确认的活动。审查批准的内容主要涉及比较重大的行政行为,包括抽象行政行为和具体行政行为,如对某一行政法律规范、行政决定、命令、预算、决算、财政收支计划、报表、账册、单据等进行审阅核对,以确定其是否合理合法及符合必要的程序和形式要求。审查主要分事先审查和事后审查两种形式。

(4) 行政复议制度。凡是公民、法人和其他组织认为行政机关及其公务员所作的行政行为侵犯其合法权益并造成损害的,有权依法申请复议。受理复议申请的复议机关是具有层级监督权的机关,即作出该行政行为的行政机关所属的本级人民政府或者上一级行政机关。国务院专门就行政复议制定了《行政复议法》,从而使行政复议成为层级监督中规定比较完善、周密的一项法律制度。但行政复议只涉及具体行政行为,不涉及抽象行政行为。

(5) 备案检查制度。根据法定要求,被监督对象制定的规章及其他规范性文件或者某些行政执法活动都应在事后报上级主管机关备案,以供监督主体了解情况。如果在备案检查中发现违法或者不当之处,可以责令被监督对象予以纠正或者由监督主体直接撤销。

(6) 违纪调查制度。就是指具有监督权的国家行政机关对某一国家行政机关所发生的事故和违法乱纪案件所进行的调查,它包括一般性问题的调查和比较重大、复杂的违法乱纪问题的专案调查。

(7) 考核惩戒制度。就是指监督主体依法对行政执法人员的具体执法行为进行定期考核,如果发现执法人员的违纪违法行为,则视情节轻重由任免机关或者行政监察机关作出行政处分决定。

4. 层级监督的完善。在我国,政府内部的层级监督在行政工作中发挥了较大的作用,但目前还存在一些问题,主要是层级监督的职权和责任不够明确,层级监督的行为不够规范,制度还不健全。特别是由于政府内部的层级监督完全从属于政府及其所属部门,这种监督职能很难从行政管理职能中分离出来,造成行使这种监督的机构缺乏相对的独立性。同时,由于层级监督的评判标准常常被管理的标准所取代,致使监督权的行使带有一定的主观随意性,缺乏客观性和权威性。因此,要完善层级监督体制,必须从上述存在问题的几个方面入手。

(1) 要从组织上保证落实好层级监督的机构和人员。各级政府及其所属部门应把主要精力放在对行政人员工作实绩的考核上,并围绕着如何切实加强行政监督这一目标进行工作重点的战略性转移。例如,可以考虑把省市级执法机构的执法任务全部或大部分下放给相应的各区县级的执法机构,从而使省市级执法机构把主要精力转到层级监督工作中来。

(2) 要确立和完善层级监督的规范和制度,积极探索监督方式的新路子。目前,我国在规范各级政府内部层级监督方面的法律规范还存在着空白,有些地方虽制定了有关的地方性法规或地方政府规章,但总体上还不够完善,须进一步充实和强化。

另外,从监督方法这一角度看,尚待完善的方面还有很多。如目前主要进行的是静态的、被动的、单一的监督方式,今后应逐步转向动态的、主动的、全方位的监督方式;目前的政府内部层级监督主要放在事后的监督,今后应逐步转向以事中监督和事前监督为主。

二、专门监督

它是指政府内部设立具有专门监督职能的机构对所有部门的行政工作以及公务员的行政行为实行专业性分工的监督。专门监督主要包括对人事管理的行政监察监督和对财务管理的审计监督。

1. 行政监察监督。监察,是监视督察的意思。行政监察是指政府内部设立专门行使监察权的监察机关,对所有行政部门的行政管理工作以及公务员的行政行为进行全面的监督。行政监察的目的,是为了保证政令畅通,维护行政纪律,促进廉政建设,改善行政管理,提高行政效能。目前,我国的监察监督,是指政府通过专门机构对国家行政机关及公务员的行政行为进行的专门的综合的监督检查。它包括以下几个基本要素:第一,从本质上讲,它是行政机关内部的一种人事监督活动;第二,监督的主体是各级国家行政监察机关;第三,监察的客体是行政行为;第四,监察的对象是国家行政机关及公务员和国家行政机关任命的其他人员;第五,监察的方式是依法独立进行检查、监督。这五者有机结合起来,构成了我国监察监督体系的基本内容。

(1) 行政监察机构。我国在 1949 年由政务院设立了人民监察委员会,负责监督政府机关和公务人员是否履行其职责,1954 年,国务院设监察部,在全国各省、市、自治区内分别设立了监察厅、局、处。从 1955 年起,党的纪律检查委员会改称党的监察委员会,在党的监察机构对党员干部进行监督的同时,党的各级委员会也通过各种渠道对相应的人民政府的工作进行监察。但是,随着我国政治体制从20世纪50年代后期开始日益走向过度集权,刚刚建立起来的行政监督体制受到了严重破坏。1959年4月,监察部以及全国各地的行政监察系统被全部撤销。行政监察的职能部分被废弃,部分则由党的监察委员会和各行政机关自行行使。而"文革"一发生,党的监察委员会也名存实亡。到1969年党的九大后,党的监察委员会也被取消。这样,直到1978年党的十一届三中全会,整整十年,专职监察机构——不管是来自党的还是来自行政自身的均告空缺。与此同时,大字报等所谓"四大"武器赋予了人民形式上的监督权,实际上却成了相互攻击和诬蔑陷害的最有效方式。

党的十一届三中全会后,恢复了正确的政治路线和思想路线,开始对行政监督问题有了正确的认识,行政监督体系重新得以恢复和发展。在党的十一届三中全会上,重建了党的监督机构——中央纪律检查委员会。1986年12月,我国再度设立了国家监察部,并随即在各省、自治区、直辖市以及自治州和县、区设立了监察厅或监察局,恢复了行政监察体制。1990年12月9日发布实施的《中华人民共和国行政监察条例》指出:"监察机关是人民政府行使监察职能的专门机构,负责对国家行政机关及其工作人员和国家机关任命的其他人员执行国家法律、法规、政策和决定、命令的情况以及违法违纪行为进行监察。"几年之后,《行政监察法》颁布实施。

1993年初,为了适应新的形势,理顺党的纪律检查部门和行政监察部门的关系,形成合力,以便更好地发挥党政监督的整体作用,中共中央、国务院决定中央纪律检查委员会和监察部合署办公,实行一套工作机构,对外两块牌子,履行党的纪律检查和行政监察两项职能的体制。合署办公的指导原则是:要有利于在党中央和各级党委的统一领导下,进一步加强党的纪律检查和行政监察两项职能;要有利于国务院和各级政府继续加强对行政监察工作的领导,使各级监察机关领导班子便于继续向政府负责;要有利于避免纪检、监察工作的重复交叉以及有利于精简机构和人员。合署办公后的监察部按照宪法规定仍属于政府序列,继续在国务院领导下工作,监察部长、副部长的任免仍按有关规定办理,监察部的职责、权限、工作程序以及原来与国务院及其各部的业务往来、请示联系制度等,仍按国务院发布的《中华人民共和国行政监察法》的规定执行。监察部保留部长办公会议制度,除重大问题由中纪委常委集体讨论决定外,其他问题由部长、副部长和部长办公会议按规定和职权范围处理。在对违纪案件的审理上,党纪和政纪案件仍分别以纪检或监察机关的名义办理处分手续。监察机关向政府请示报告工作,向人大报告工作并接受人大的监督,同时重大事项要经纪检常委会审议。就是说,合署办公后的监察机关向政府负责和向纪检委负责是统一的。纪检监察机关合署办公这种新体制,既可以防止过去曾经发生过的撤并监察机构、削弱行政监察职能的倾向,又有利于避免党政监督机构分设对纪检、监察工作交叉重复和力量分散的现象。有利于加强行政监察工作,促进党政监督整体效能的提高。

(2)行政监察范围。我国行政监察监督的业务范围主要包括:

第一,监督检查国家行政机关及公务员和国家行政机关任命的其他人员贯彻执行国家法律、法规和政策以及决定、命令的情况;

第二,受理对国家行政机关及公务员和国家行政机关任命的其他人员违反国家法律、法规以及违反政纪行为的检举和控告;

第三,调查处理国家行政机关及公务员和国家行政机关任命的其他人员违反国家法律、法规以及违反政纪的行为;

第四,受理国家行政机关及公务员和国家行政机关任命的其他人员不服行政处分的申诉,以及法律、法规规定的其他由监察机关受理的申诉。

(3)行政监察权限。我国行政监察机关的基本职责主要为两个方面:一是行政效能监察,即对被监察对象是否遵守和执行法律、法规和人民政府决定命令的情况进行监督;二是清正廉洁监督,就是对被监察对象是否违反法律、法规以及违反行政纪律的行为进行监督。为确保监督任务的有效进行,行政监察机关拥有以下两大权限。

第一,检查、调查权。即行政监察机关可以根据监察计划,定期或者不定期地对行政机关及其公务员贯彻执行法律、法规和人民政府决定、命令的情况进行检查;根据本级政府或者上级监察机关的决定或者本地区、本部门工作的需要,对被监察部门的工作进行专项检查;对违法违纪行为进行立案调查。行政监察机关在检查、调查中有权采取一些必要的措施,如查阅、复制与监察事项有关的文件、资料、财务账目等;责令被监察的部门和人员在规定时间、地点就监察事项涉及的问题作出解释和说明;建议有关单位暂停有严重违法违纪嫌疑的人员执行职务;查询案件涉嫌单位和涉嫌人员在银行或者其他金融机构的存款,必要时可以提请人民法院采取保全措施,依法冻结涉嫌人员在银行或者其他金融机构的存款,等等。

第二,建议、处分权。即监察机关对监察确认的事实和问题有权分别提出监察建议或者作出监察决定。按照职责权限,对某些不能由监察机关直接处理的事项,由监察机关向有权处理的行政机关提出监察建议,如拒不执行法律、法规以及人民政府的决定、命令,应予以纠正的;给国家利益、集体利益和公民的合法权益造成损害,需要采取补救措施的;录用、任免、奖惩决定明显不适当,应予纠正的,等等。对于有些事项,监察机关有权自行作出监察决定,如:违反行政纪律,按照管辖权限,依法应当给予警告、记过、记大过、降级、撤职、开除行政处分的;又如,违反行政纪律取得的财物,依法应由监察机关没收、追缴或者责令退赔的。根据《行政监察法》的规定,凡是可以作出监察决定的情形,也可以提出监察建议。

(4)行政监察程序。行政监察机关实施行政监察通常包括两个程序:

第一,检查程序。包括立项、制定检查方案并组织实施、向本级人民政府或者上级监察机关提出检查情况报告以及根据检查结果,作出监察决定或者提出监察建议。

第二,调查程序。即对涉及行政机关和公务员违反行政纪律行为的控告、检举,由监察机关受理,并按不同情况采取不同步骤。如对需要调查处理的事项进行初步审查,认为有违反行政纪律的事实,需要追究行政纪律责任的,予以立案;立案后组织实施调查,收集有关证据;如有证据证明其违反了行政纪律,需要给予行政处分或者作出其他处理的,进行调查审理;根据调查审理的结果,针对不同的违法违纪情况,提出监察建议或者作出监察决定。

就某项具体案件而言,行政监察工作的大致程序包括:第一,准备阶段,即制定行政监察工作方案,通知被检查部门和有关人员等;第二,立案阶段,即对违反行政纪律的行为事实进行收集证据和审核证据的过程,立案的条件一是确有违反行政纪律的事实,二是需要追究行政责任或给予行政处分,立案要填写立案审批表,经领导机关审批后作为正式立案,期限一般为6个月;第三,案件的审理阶段,案件审理要求事实清楚,证据确凿,定性准确,处理恰当,手续完备,基本过程包括与被调查人谈话,召开会议集体讨论,把作出的监察决定以书面形式送达被调查者本人等,对监察决定不服的可提出复审,再不服的可向上一级监察机关申请复核,对已构成犯罪的,则移送司法机关依法处理。

2.审计监督。这是一项有关财政经济方面的专门监督制度,它通过依法对国家行政机关和企事业单位的财务收支以及有关经济业务活动的检查和监督,来实现政府管理经济、维护行政领域的法制秩序的基本职能。

现代社会的发展,已使政府的经济职能成为最主要的职能,也使政府官员的违法违纪案件大多数属于贪污、受贿、侵吞公款、挥霍浪费等经济不法行为。因此,通过国家审计部门来监督行政机关及其工作人员,便成为行政监督不可缺少的手段。

(1) 审计监督主体。我国在建国初期,没有设立专门的审计监督机构,由各级政府的行政监察机关和各部门的内部监察机构担负审计监督的任务。其后,随着行政监察机关的撤销,审计监督在20多年内未能起到作用。1983年9月,根据宪法的有关规定,我国建立了国家专门审计机关,形成了由国家审计、部门单位内部审计和社会审计相互配合的审计监督体系。这一体系包括:第一,国家审计机关。在中央,是1983年成立的国家审计署,它是国家最高的审计机关,在国务院总理的领导下,组织领导全国的审计工作;在地方,是县级以上地方各级人民政府设立的审计局。第二,部门单位内部审计机构。在我国的国家金融机构、全民所有制大中型企业、大型基建项目的建设单位等可以按需要设立内部审计机构,独立行使审计职权,对本单位负责并报告工作,在业务上必须接受国家审计机关的指导。第三,社会审计组织。目前主要有会计师事务所和审计师事务所。会计师事务所是指经国家财政部门审核批准,由取得注册会计师资格的专业人员所组成,依法独立承办注册会计师业务的事业单位。审计师事务所是指经国家审计机关审核批准,由具有能独立从事审计工作能力和相应政策水平的人员所组成,依法独立承办审计查证和咨询服务的事业单位。它们从事审计工作,必须接受国家机关、企事业单位或个人的委托,接受审计机关的管理和业务指导,它们作出的审计报告应当报送审计机关审定。

(2) 审计监督的内容。我国审计监督的内容主要有:对财政计划、信贷计划的执行及其结果进行审计监督;对国有企业、事业组织、基本建设单位、金融保险机构的财务收支及其经济效益进行审计监督;对行政机关、中国人民解放军和有关国家资金或接受国家补助单位的财务收支进行审计监督;对严重侵占国家资财,严重损失浪费及其他严重损害国家利益等违反财经纪律的行为进行专案审计;对国家利用国际金融组织贷款的建设项目、联合国专门机构援助项目的财务收支进行审计;以及督促包括行政机关、企事业单位在内的一般部门机构建立健全的会计制度,等等。通过上述内容的审计监督,可以掌握国家经济计划的执行和完成情况,发现其中的不良环节并予以纠正;可以督促国家各项财经制度的严格执行,促使有关机构有效地利用资金,提高经济效益;可以揭露贪污、浪费、营私舞弊、侵吞公共财物等不法行为,为检查司法机关提供确切的资料和证据,以打击和制止各种经济犯罪活动。审计的种类按审计目的又可具体分为财务财政审计、经济效益审计和财经违纪审计等等。

（3）审计监督主体的权限。为保障审计监督职能，审计机关被赋予调查权、审查权、建议权、处理权和通报权等一系列法定职权。根据《审计法》的规定，审计监督主体的具体权限包括：第一，要求报送权。审计机关有权要求被审计单位按照规定报送预算或者财务收支计划、预算执行情况、决算、财务报告，社会审计机构出具的审计报告，以及其他与财政收支或者财务收支有关的资料，被审计单位不得拒绝、拖延、谎报。第二，检查权。审计机关有权检查被审计单位的会计凭证、会计账簿、会计报表以及其他与财政收支或者财务收支有关的资料和资产，被审计单位不得拒绝。第三，调查权。审计机关有权就审计事项的有关问题向有关单位和个人进行调查，并取得有关证明材料，有关单位和个人应当支持、协助审计机关工作，如实向审计机关反映情况，提供有关证明材料。第四，制止并采取措施权。审计机关对被审计单位正在进行的违反国家规定的财政收支、财务收支行为，有权予以制止，制止无效的，经县级以上审计机关负责人批准，通知财政部门和有关主管部门暂停拨付与违反国家规定的财政收支、财务收支行为直接有关的款项，已经拨付的，暂停使用。第五，通报权。审计机关可以向政府有关部门通报或者向社会公布审计结果，但应依法保守国家秘密和被审计单位的商业秘密。第六，处理权。审计机关发现被审计单位违反国家规定的财政、财务收支行为，有权依法作出处理。

（4）审计监督的程序。按照有关规定，审计机关每年要编制年度工作计划，报上级审计机关，并报本级人民政府。审计监督的程序主要分以下三个阶段：第一，准备阶段。关键在于确定审计工作的项目，内容包括：审计的目的和范围、审计的重点、审计的时间安排和步骤、审计人员的分工，等等。第二，实施审计阶段。这一阶段的中心任务是做好查证核实工作。实施审计有两种方式：一种是就地审计；另一种是将账册和其他有关进行经济活动的资料报送审计机关审计。这两种审计方式，都要求政府各部门和企事业单位按规定向审计机关提供财政或财务收支计划、信贷计划、预算、决算、财政或财务报表、财经规章制度以及其他有关经济活动的资料。第三，终结阶段。经过查证审核后，在审计终结阶段，要做好综合分析研究工作，切实解决问题，写好审计报告。审计机关在提出审计报告时，应当征求被审计单位的意见，然后再作出审计结论和决定，通知并监督被审计单位和有关部门执行。被审计单位如有异议，可以向上一级审计机关申请复议。

第三节 行政机关外部监督

行政机关外部监督,是指由来自行政机关以外的监督主体,为保证行政工作的合法性、正确性以及社会效益而对行政机关及其公务员实施的监督。主要包括政党监督、政权监督、司法监督和社会监督等。

一、政党监督

政党监督在西方国家主要指在野党对执政党组织的政府的监督,主要途径一是通过舆论工具批评或反对政府的政策,揭露行政机关及其工作人员的违法违纪行为;二是通过议会等机构对政府进行调查、批评、质询、弹劾等,以约束政府活动。我国实行的是中国共产党领导下的多党合作和协商的政治制度,因此我国的政党监督主要包含以下两方面的内容。

1. 中国共产党对行政机关及公务员的监督。中国共产党作为执政党,是整个国家的领导力量,有权对政府执行党的方针、政策的情况进行监督,并有权对行政机关中的党员干部违反党纪的行为进行检查、审查和处理。中国共产党的监督主要有三种方式:

(1) 日常监督。即通过各级党组织了解和掌握社会政治经济的发展状况,研究国家行政机关决策和执行中存在的各种问题,提出正确的主张或改进意见,并督促和约束行政机关内部的党员尤其是党员领导干部遵纪守法,依法行政。同时,把在基层了解到的行政机关工作的缺点和问题等,通知行政机构负责人或报告党的上级组织。

(2) 专门监督。即通过从中央到地方普遍设立专门的纪律检查机构,来检查党的路线、方针、政策和决议的执行情况,协助党委整顿党风,维护党的纪律,对政府中的党员进行党纪监督,检查处理违纪案件和受理党员的控告、申诉以及接受人民群众对党员违法违纪行为的控告和检举。

(3) 此外,党的信访部门通过接受信访,对有关政府中党员的问题进行核实后,由党内做出决定或转交有关行政部门处理,并就有关情况向来信来访者做出解释或答复。

2. 中国民主党派对行政机关及公务员的监督。民主党派对行政部门的监督,是我国行政监督体系的一个重要组成部分,民主党派在一定程度上代表了一定阶层一定范围的民众的利益要求,加强民主党派的监督,能在坚持国家利益和整体性的前提下,兼顾社会各集团、各阶层利益的特殊性。民主党派的监督主要有两种形式:

(1)通过政治协商会议或通过该党在人民代表大会中的代表,协商国家大事,参与制定国家的大政方针和国家事务的管理,参加政府工作并对政府机关的活动提出批评和建议;

(2)通过该党党员以及主办的各种报纸刊物对各级政府的行为提出批评和建议。

二、政权监督

政权监督是指国家权力机关对行政机关的监督,又称为立法监督,是具有高度法律效力的监督。在西方国家,这种监督是指议会对政府的施政、财政、人事及其他法定事项的监督检查。在我国,政权监督是指各级人民代表大会及其常委会对政府工作的监督。人大监督具有最高的法律效力,具体包括法律监督与工作监督两种。法律监督针对行政机关执行宪法、法律、行政法规和地方性法规的情况;工作监督针对行政机关执行人大决议、决定的情况。

政权监督的内容和方式主要有以下六种。

1. 计划预算监督权。根据我国宪法的规定,各级人民代表大会有权审查和批准同级人民政府关于国民经济与社会发展计划及其执行情况的报告,以及预算和决算报告等,这是每届人大会议召开时的重要议程之一,通过这种方式,权力机关直接掌握了对政府财政预算的监督和控制权。

2. 工作报告审议权。根据我国宪法的规定,国务院要向全国人民代表大会及其常务委员会报告工作,地方各级人民政府要向同级人民代表大会及其常务委员会报告工作。各级权力机关听取和审议同级人民政府的工作报告,这是权力机关监督行政机关的基本形式。从实践来看,这种工作报告分为综合工作报告和专题工作报告两种,一般都是就工作的主要成绩、经验、存在的问题,缺点及其原因、下一步的工作部署和克服缺点的措施等向权力机关作出报告,请权力机关审议。权力机关通过听取工作报告,进行讨论和审议,对政府工作予以评价,提出意见,肯定成绩,指出问题,批评错误、缺点。这种听取和审议工作报告的过程,就是监督的过程。

3. 法制审查权。是指各级人大有权就政府的提案进行审查和表决；此外，各级人大及其常委会有权审查同级行政机关颁布的行政管理法规，撤销同宪法、法律相抵触的行政管理法规、决议和命令，对政府遵守和执行宪法、法律和法令的情况实施监督。

4. 人事监督权。宪法和法律规定，政府组成人员由人大或人大常委会决定任免。全国人大三个以上的代表团或十分之一以上的代表，可以提出对国务院组成人员的罢免案，罢免案由大会主席团提请大会审议，在被罢免人提出申辩意见之后，经大会表决过半数通过即为成立。此外，根据《地方人大和政府组织法》第44条的规定，县级以上地方各级人民代表大会常务委员会在本级人民代表大会闭会期间，有权决定撤销本级政府个别副职领导人员和由它任命的其他政府组成人员的职务。

5. 质询和询问权。我国宪法第73条规定："全国人民代表大会代表在全国人民代表大会开会期间，全国人民代表大会常务委员会组成人员在常务委员会开会期间，有权依照法律规定的程序提出对国务院或者国务院各部、各委员会的质询案。受质询的机关必须负责答复。"《地方人大和政府组织法》第28条规定："地方各级人民代表大会举行会议的时候，代表十人以上联名可以书面提出对本级人民政府和它所属各工作部门以及人民法院、人民检察院的质询案。"这表明我国各级人民代表大会及其常委会在开会期间，代表和委员有权依照法律规定的程序对本级人民政府及其所属行政机关提出质询，以及时了解并监督政府事务，消除其不适当的行政行为；人大代表对政府工作的某些方面或某位领导者不满，要求追究责任时，可依法提出质询案。法律规定，在全国人大开会期间，一个代表团或30名以上的代表可以联名提出质询案，质询案必须写明问题和质询对象，交由大会主席团，由其决定并交由被质询的机关，答复可用口头和书面两种形式。另外，《全国人大组织法》第17条规定："在全国人民代表大会审议议案的时候，代表可以向有关国家机关询问，由有关机关派人在代表小组或者代表团会议上进行说明。"《地方人大和政府组织法》以及《全国人大议事规则》也对权力机关的询问作出了规定。询问这种监督形式与质询有所不同。质询一般是在认为某项工作存在问题时才提出的，带有追究、批评之意，所以法律规定了比较严格的程序。询问是人大代表或人大常委会委员在审议某项议案、工作报告和其他事项过程中，为了解有关情况、弄清有关问题而提出的，没有严格的法定程序，一般是以口头方式提出，人数没有任何限制，有关机关口头答复即可。对于比较重大的问题，需要作出书面答复的,有关机关可以作出书面解释和说明。

6. 视察与调查权。人民代表视察和检查政府工作,是权力机关监督行政机关的重要方式。人民代表通过视察和检查,可以就政府的工作情况听取人民群众对政府工作的意见,从中发现问题,并针对所发现的问题向政府提出意见和建议,督促政府及其工作部门改进工作,做好工作。我国人大常委会设有专门处理人民群众来信来访的机构,接受人民群众对行政事务的意见和建议以及对政府机关及其工作人员违法失职行为的检举控告。人大代表也有权直接对政府工作进行检查、视察或调查。人大代表主要是利用业余时间,结合工作,就地就近进行经常的分散的视察活动,但每年也要进行一定时间的集中视察,并依据所了解到的情况向有关方面提出意见或建议。近几年来,执法检查成为全国人大常委会和各专门委员会经常采用的一种监督方式,执法检查可以由人大常委会组织进行,也可以由人大专门委员会组织进行,如1995年,全国人大常委会先后组织17个检查组,对《农业法》、《环境保护法》、《妇女权益保障法》、《台湾同胞投资保护法》等法律法规的实施情况进行了检查,其目的主要是检查监督法律实施主管机关的执法工作,督促国务院及其部门和其他机关及时解决法律实施中存在的问题。此外,宪法第71条规定:"全国人民代表大会和全国人民代表大会常务委员会认为必要的时候,可以组织关于特定问题的调查委员会,并且可以根据调查委员会的报告,作出相应的决议。"可见,组织调查委员会就特定问题进行调查,作出相应的决议,是权力机关对行政机关就特定问题实施监督的一种重要方式。

三、司法监督

司法监督是指国家司法机关依照司法程序以司法手段对国家行政机关及其工作人员的行政行为进行监督。西方国家的司法监督主要有司法审查、行政诉讼和行政裁判等方式。在我国,司法机关的监督包括人民检察院和人民法院对行政的监督,它主要针对行政机关及其人员的违法行为进行。

1. 检察机关的行政监督。我国的人民检察院是国家法律监督机关,对行政机关及其工作人员是否遵守宪法和法律,行使检察权。检察机关对行政机关及其公务员的行政行为的监督主要有如下两个方面:

(1) 对公安、安全机关侦查活动的监督,这种监督主要是在审查批准逮捕和审查起诉中进行的,是对公安机关侦查行为的合法性进行的监督;

(2)对监狱、看守所、劳动教养机关活动的监督,主要涉及对监狱执行刑罚活动是否合法实施监督,对看守所和劳动教养机关执行国家法律和劳动教养工作方针、政策情况进行监督等。

此外,检察机关还有权受理公民或法人就行政侵权行为提起的诉讼,并在内部设立举报中心,接受全社会就行政机关中的违法现象进行的检举,或接受行政监察机关和审计机关转交的严重行政违法或刑事违法案件,进行调查并决定是否向法院起诉;如认为是一般违纪案件,则转有关部门直接处理。目前,由检察机关内部设立的反贪局对国家机关工作人员贪污、受贿行为的调查和监督,构成了我国司法监督的重要内容。

2. 审判机关的行政监督。我国的人民法院是国家的审判机关,通过审理与行政机关和行政人员有关的案件,处罚行政人员的违法犯罪行为。法院对行政的监督主要通过对行政机关中的违法案件的审判来实现:即通过审理行政诉讼案件,审查行政活动的合法性与合理性;处罚行政机关及其工作人员的违法行为,责成有关机关恢复公民被侵犯被损害的合法权益。审判机关的行政监督和其他部门的监督不同,它具有几个显著的特征:

(1)审判机关的监督是在行政机关及其公务员的行政行为已经正式作出之后实施的事后监督;

(2)审判机关的监督是消极的、被动的监督,即不告不理,只有当事人起诉,才会进入监督程序;

(3)审判机关的监督权是有限的,仅限于对具体行政行为进行监督,不包括抽象行政行为,并且主要审查行政行为的合法性问题,至于行政行为的合理性问题则不属于审判机关监督的范围;

(4)审判机关的监督是依照司法程序进行的,由行政诉讼法来调整。除了通过司法裁决达到监督目的外,还可以通过向行政机关提出司法建议的形式来发挥审判监督的作用。

四、社会监督

社会监督主要是指由社会各界,即各人民团体、群众组织、企事业单位和公民个人以及新闻媒体和社会舆论对国家行政机关及其工作人员的行政行为实施的监督。社会监督的方式很多,主要有以下三种。

1. 团体监督。即工会、妇联、共青团等机构有权以社会团体的名义,对政府的决策和执行情况、政府制定颁布的法规等,向有关行政机关提出质询,表达自己的要求和建议,并对行政侵权行为进行检举。

2. 公民监督。我国宪法规定了公民个人对政府的监督权,它不仅包括公民可对侵犯其人身的行政侵权行为、自己不满意的行政决定提出申诉、控告或要求复议的权利,而且包括对自己确知的行政违纪、违法现象进行检举,对政府的工作提出意见、建议等权利。在近年的反腐败斗争中,公民举报的日益频繁表明了个人监督愈益重要。近几年来,政府领导人常定期召开新闻发布会或座谈会,与公民进行对话;或设专线电话,让公民直接发表意见。

3. 舆论监督。报纸、刊物、广播、电视等新闻媒介具有信息量大、传播速度快、覆盖面广和反应敏感等特点,具有广泛的社会影响和巨大的冲击力,是人民群众了解政情和表达观点的有效途径,能与其他机构的监督相配合、相补充,对国家行政机关及其工作人员形成广泛的监督和强大的威慑。舆论监督的途径包括:

(1) 召开记者招待会或新闻发布会,由政府机关公布国家事务的重大决策以及对一些大案要案的查处情况,并接受记者的提问,以阐明政府的立场和观点;

(2) 通过调查,以新闻、通讯、报告文学等方式把行政机关中的违法行为及与政府相关的社会问题揭露出来,让公众了解事件真相,并引起有关方面的重视,进行追究或予以解决;

(3) 新闻报刊杂志可以对政府的内外政策进行分析、讨论和批评,并登载人民群众对政府工作的批评和建议;

(4) 通过民意测验的方式征集公众对某项政治问题的态度,并将结果公布于众,形成对政府政策的反馈意见以及对政府行为的监督;

(5) 由学术性刊物和报纸登载关于政府行为、政策、重大社会问题等方面的分析文章,提出问题症结,分析对策,这是更深层次上对政府工作的监督。

【案例】

2000年7月9日,中央电视台"焦点访谈"栏目播出了记者在湖南郴州市嘉禾县高考试场拍摄到的大面积舞弊案,立时震惊全国,国务院副总理李岚清很快作出批示,要求严肃查处有关人员。7月10日,在湖南省教育厅、监察厅联合组成的调查小组赶赴嘉禾的同时,郴州市、嘉禾县各自成立调查组,开始调查舞弊事件,不久,当地教育行政部门的有关人员相继受到查处。省调查组一再表示:"本案无论涉及到什么人,都要一查到底,决不姑息!"这一事件表明,嘉禾舞弊案是一些地区基层教育行政腐败的一个典型案例——像高考这样一种如此牵动社会神经的领域,钱权交易、徇私舞弊竟然长驱直入。在基层行政机关尚未建立起有效的行政监督制度的情况下,充分发挥新闻舆论机关的报道优势,及时地向社会揭露一些腐败事件,有利于促进我国行政监督体制的完善和发展。在这一方面,新闻舆论部门任重而道远。

请问:1."嘉禾高考舞弊案"给我们留下的最深刻的教训是什么?通过行政机关内部的机构改革能否从根本上解决这些问题?
2. 在行政监督过程中,大众媒介究竟能够发挥出多大的作用?

复习思考题
1. 什么叫行政监督?加强行政监督意义何在?
2. 行政监督的对象和范围主要有哪些?
3. 行政机关内部监督的主要形式有哪些?
4. 何谓行政监察监督?我国行政监察监督的业务范围和权限分别有哪些?
5. 行政机关外部监督的主要形式有哪些?
6. 如何完善我国各级人大对行政机关的监督机制?
7. 请结合实际,谈谈在我国当前应如何动员全社会的力量开展反腐倡廉斗争。

第十二章 行政心理

【提示】
　　某公司为了激发员工的积极性,采取了每个季度评选先进工作者,并发给一定数量的奖金以示鼓励的方式。但实施了一段时间以后,发现这种方式起不到原先预想的激励作用,不少人对多拿些奖金不感兴趣。公司领导通过详细了解情况,逐渐意识到其中的缘由,原来公司员工对发奖金的做法已经习以为常,这种奖励的效能就大打折扣。公司主管意识到,只有深入了解员工的需要,对症下药,使奖励与被奖励者的优势需要相吻合,奖励的效果才会成倍提高。于是,公司主管开始考虑其他的激励方式。不久,公司根据一线员工年轻人居多,没有集中休假时间,却又很想看看祖国大好河山的心理,规定从下半年起,凡能按计划完成任务量,且连续6个月工作质量评为优等的员工,每人给10天"荣誉假",可携带家属及其一名子女实地去登泰山,爬长城,逛上海,游西湖,来往路费及住宿费由单位报销。这一决定立刻受到了广大员工的普遍欢迎,连续两年每年都有40多名员工擂鼓报捷。可见,只要主管人员了解员工的需要层次并采取相应的措施,调动员工的积极性并不一定要很高的成本,有时一顿便餐,几句赞赏鼓励的话,会比发奖金起的作用更大。

　　在当代行政活动中,对行政心理的研究被摆到了越来越重要的位置,因为行政心理是行政组织和行政人员在行政活动中表现出来的一种精神状态,它与行政人员的行政行为以及行政组织的工作效率有着密不可分的关系。任何一个行政体系如果忽略了对行政人员的动机、情感、气质、性格等因素的了解,就不可能真正地做到人尽其才,也不可能建立起良好的行政秩序并获得较高的行政效率。积极开展行政心理研究,掌握行政体系内部个体和群体的心理活动规律,将会更好地协调行政个体和行政群体之间的心理平衡,调动行政人员的积极性和创造性,更好地提高行政管理的水平。

第十二章 行政心理

第一节 行政心理概述

一、行政心理的基本概念

1. 什么是行政心理。所谓心理，是指客观事物在人脑中的反映，它是感觉、知觉、思维、情感、性格、能力等功能的总称。在人的心理活动过程中，认知、情感和意志构成了三大基本要素。所谓认知，是人在实践过程中能动地反映客体所取得的认识，从心理学上说，这是在认知过程中心理活动的基础上形成的认识，它由三部分内容构成：首先，思维是认知的核心；其次，知识是认知的表现形态；再次，价值观念和价值标准是认知的内在尺度。所谓情感，是指人们对具体事物产生好恶等的主观体验和感受，是一种内在的心理倾向，情感和情绪组成了人的感情世界，情感是带有认识性、评价性的具有一定理智成分的、比较稳定的深刻的心态，如责任感、荣誉感、羞耻感等；情绪带有欲求性、冲动性和自发成分较多些，因而不稳定、较表面、易变化，如喜、怒、哀、乐等。所谓意志，是人自觉地确定目的并调节其行动以实现目的的心理过程，它是通过人的有目的的行动表现出来的，体现了人的行为自主性，是人的行动的一种驱动力和调节源。

既然人的心理是如此丰富多彩、错综复杂，因此在19世纪中期，随着自然科学的进展和实验方法的采用，心理学逐渐成为一门独立的学科，心理学的概念则固定为研究心理规律的科学。在心理学后来的发展中，社会心理学作为其中的一个重要分支得到了长足的进步。社会心理学的研究领域主要涉及到两个方面：一是社会环境、文化、风俗习惯和社会学习对个人的性格和心理产生的持续性影响，并内化成个人对待他人行为的一般准则；二是研究处于群体中的个人的行为，探讨群体和个体之间心理的互动关系。

随着社会行政活动的领域不断扩大，行政学研究中日益把人的要素放到中心位置。因此，行政心理作为人的心理在行政活动中的具体化，也日益得到行政学研究者的重视，行政心理学作为一门处于心理学和行政学之间的交叉学科而逐渐发展起来。

所谓行政心理是指作为行政体系主体的人在行政过程中的心理活动。行政心理研究是心理学研究在行政活动中的扩展和应用，它着重考察行政体系中的主体——人的各种心理状况、心理表现和心理规律,研究行政人员的心理活动对其行政行为的互动影响,同时,也研究社会心理对行政体系的影响,其研究目的是为了更好地提高行政能量,发挥行政效率。

2. 为什么要研究行政心理。研究行政心理主要有三个重要作用:

(1) 帮助人们充分认识行政个体的潜能。人的心理现象包括心理过程和心理特征两部分,心理过程指人的认知、情感和意志的活动,心理特征包括人的智力、能力、气质、性格等个性因素,两者的有机结合构成了人的基本心理活动的全貌。不同观念和动机的行政个体,在参与行政活动时所表现的行政行为是不同的,行政个体的个性差异对行政活动起着非常重要的作用。因此,如果能从心理的角度把握行政个体,就能充分认识行政个体的行政潜能,充分发挥他们在行政体系中的作用。

(2) 帮助行政体系更好地完成组织目标。由于行政组织的目标要由行政组织的成员通过决策、用人、组织、协调、监督等多个环节的共同努力才能最终实现,因此在整个工作过程中行政个体的思想、情绪、心理等必然会影响到行政组织的工作效率。加强对行政心理的研究,了解并协调好行政个体的心理与周围环境的关系,必将对行政组织目标的实现创造良好的心理基础。

(3) 帮助人们加快行政经验系统化和理论化的过程。在行政管理领域,流传着大量历史上颇有影响的管理格言,如"先下手为强"和"欲速则不达","万事开头难"和"行百里者半九十","三个臭皮匠,顶个诸葛亮"和"三个和尚没水吃"等经验性格言,用它们作行动的向导,往往具有片面性。而研究行政心理能帮助人们科学地解释、预测和控制人的行政行为,把日常积累起来的行政经验经过科学分析而系统化、抽象化、理论化,使之更具有科学指导价值,以提高整个行政系统的管理水平。

二、社会心理与行政活动

行政个体的活动一般来说不但要受行政体系内部人际关系的影响,还要受到行政体系外部社会关系的制约。社会心理因素对行政个体的个性心理影响很大,主要表现在以下几个方面。

1. 社会传统因素对行政个体的影响。社会传统因素主要指由于民族、区域、文化、风俗等方面的不同而形成的各种外在因素,这些内容在长期的历史发展过程中渗透到行政个体的思想意识中,对行政个体的心理和行为产生了巨大的规范作用。黑格尔曾说:"水性使人通,山性使人塞;水势使人合,山势使人离。"希腊、罗马、英国、日本等都是典型的海洋国家,人们栖息在半岛或群岛上,对外面的世界充满向往,追求商品交换和人际交往成了民族的传统心理倾向,这些国家充分利用海运便利的优势建立了发达的商业体系。而我们中国的祖先自古生活在东亚大陆上,东濒茫茫沧海,西北横亘漫漫戈壁,西南耸立险峻高原,这种外部交通极不便利,内部回旋余地又相当开阔的自然环境,使民族文化获得了比较完备的隔绝机制。由此逐渐形成一种传统心理定势,这种心理定势对维持已建立的行政体系的秩序可以起到积极作用,但它在新的行政体系面前往往很难迅速表示接受,并形成新的行政氛围。

2. 社会角色对行政个体的影响。所谓社会角色,是指个体在社会上所处的地位、从事的职业和担任的职务。每个具有一定行政角色的个体同时都有一定的社会角色身份,如一个中年男子可同时担任着丈夫、父亲、儿子、经理、会员等等角色。在社会生活中,一个人每天面对不同的对象需要不断地从某一角色位置转换为另一位置,其行为也随着不同的情境而变化,只有这样,个体才能真正适应社会生活的客观需要。由于不同的社会角色形成的心理各有差别,往往容易引起角色心理的冲突。比如一位行政人员在行政体系内部是最低层的小职员,整天唯唯喏喏,有强烈的服从心理,但回到家里后,他又回到了家长的角色,能对家庭成员颐指气使,发号施令,久而久之,他极易把工作单位所受的委屈带到家中,以家庭成员作为发泄的对象,这两种不同的角色心理常会发生冲突和转换。

3. 社会道德规范对行政个体的影响。一个人生活在社会中,不能不受到社会现存的道德规范的影响。在一定条件下,社会的道德规范可以渗透到社会各个成员的内心中,并成为一种评判事物和行为的心理准则,这些心理准则有时可以长期支配一个行政个体的思想、观念和行为。比如说在我国,虽已处在社会主义初级阶段,但仍然存在着封建道德观念的遗毒。例如,孔子曾说过:"君子有三畏:畏天命、畏大人、畏圣人之言",这里所谓畏大人,就是指畏惧那些身居高位的权贵及长者,在儒家思想的长期影响下,形成中国人崇尚权威、畏惧权力的传统心理特征。又如,我国封建社会中强调"礼治",遇到纠纷争议时,往往由一位具有权威和声望的人来劝解和调停,要求双方重情义、轻利害、顾大局、识大体,这就慢慢助长了中国人重感情、要面子,凡事怕撕破脸皮的心理,遇到发生各种纠纷时,宁愿调解,不愿对簿公堂,这种心理状态对建立一个知法守法的法治社会极为不利。

第二节 行政个体心理

一、行政体系中的个体心理

行政个体是指在行政体系内部具体的单个的人员。个体既有生理的特性,又有心理的特性。行政个体心理就是行政个体在行政活动中的心理现象的总和,也是个体的个性和心理过程的综合。

1. 个性的含义。所谓个性,是指人的比较稳定的心理活动,它包括需要、动机、理想、性格、兴趣、能力、爱好、气质、才能等等。个性是在个人的生理素质的基础上,在环境和教育的影响下形成和发展起来的。每个人的个性不可能完全相同。一般把个性理解为一个人的整个精神面貌,它具有稳定性、整体性、独特性和倾向性等基本特点。个性的核心是人对于自我的认同感,在此基础上,形成了人的自尊意识以及更高层次上的各种心理需求。因此,分析行政个体的心理活动,必须从分析人的个性着手。

在对行政体系中的个体进行心理分析时,我们首先应注意对其个性的归类和研究,只有把握住行政个体的心理和生理因素,再加上对社会因素及外在环境的综合影响的分析,就能较为准确地了解行政个体的个性特征,并在此基础上把握个性对行政行为的重要影响。

2. 性格与行政行为。所谓性格,是指表现在人的态度和行为方面的较稳定的心理特征,是人的个性的重要组成部分。性格常包括人的意志特征、情绪特征、理智特征三部分。性格的意志特征是指人对自己的行为进行自觉调节方面的特征,如独立、主动、坚定、勇敢以及与之相反的依赖、被动、怯懦、散漫等;性格的情绪特征是指人在情绪活动中所表现出来的稳定的特征,如热情奔放与文雅恬静、抑郁消沉与乐观开朗等等;性格的理智特征是指人在认知过程中所表现出来的稳定的特征,如认识的精细性与粗略性、深刻性与肤浅性、严谨性与轻率性等等。性格并不是完全靠先天形成的,而是在一个人的生理素质的基础上,在社会实践活动中逐渐形成、发展和变化的。

根据不同的标准可对性格进行分类,如按理智、意志和情绪在性格特征中何者占优势,可分理智型、意志型、情绪型三种类型;按个体独立性程度可分为顺从型和独立型两种,前者依赖性强,后者做事较有主见。瑞士著名心理学家荣格以一种不可捉摸的所谓"无意识的生命力"作为人的心理活动的基本动力,其流动的方向决定人的性格类型。他认为生命力内流占优势的人属内倾型,他们重视主观世界,常沉浸在自我欣赏和幻想中;生命力外流占优势的人属外倾型,他们重视外在世界,好活动,爱社交;大多数人属中间型,同时兼有内倾和外倾的特征,但程度各有不同。

在行政过程中,纯粹属于一种性格类型的行政个体是没有的,性格是一个十分复杂的心理构成,它反映的是个体所特有的人格化的综合性心理特征,并结合成一个有机的、独特的整体。性格从结构上看可分为处世原则、对事物的态度和个体行为方式三个基本要素,它们不但能准确地反映出个体的人生观,对社会、对组织、对他人以及对自己的基本态度,也能反映出个体表达其个性心理的种种行为方式。了解了这些,对把握行政个体在行政活动中行为就有了一定的理论依据。比如说,在行政体系内和社会环境中没有两个性格完全相同的个体,某种性格特征总归为某个个体所特有,它一旦形成就比较稳固,尽管有时会有情境性、偶发性的行为表现,但应认识到这不能代表个体真正性格特征,要认识一个人,只有去观察他经常性的、本质方面的态度和行为才能真正了解他。

此外,在行政管理活动中,领导者应根据行政人员的不同性格采取有针对性的管理方式,如对独立型的行政个体要坚持平等对待,坚持在说服帮助的前提下实行管理,而不能采取独断和压服的管理方式;对顺从型的行政个体则利用言语或行为进行暗示,通过对其行为进行严格的要求和指导以期达到目的。另外,对于外倾型的行政个体,在发现他们的工作出现严重过失时,可以采取公开批评教育的方法,督促他们改正错误,吸取教训;对于内倾型的行政个体,则不应在公开场合进行批评,而应采用私下单独谈心和做工作的方法,促使其认识错误并加以改正。

再次,在进行行政机关人员配备时,应本着群体互补的原则,把性格类型不同的人员配置在需要互相协作配合的岗位上,充分发挥其不同的长处,避免因性格冲突而影响合作。在组成行政领导班子时,也要注意主要领导人员的性格相合,以更好地进行性格互补,把行政工作做好。

3. 气质与行政行为。所谓气质,是指个体的高级神经活动类型在个体的行为和活动中的表现,其主要体现在情绪体验的快慢、强弱、表现的隐显以及动作的灵敏或迟钝方面。气质和性格一样,也是在个体的生理素质的基础上,经过实践活动,在后天环境影响下形成的,它要受到个体的世界观和性格等的控制。气质的特点一般是在个体之间的相互交往中显示出来。

气质这个概念最早是由古希腊医生希波克拉底和罗马医生盖仑提出的。他们根据日常观察,把人体内存在的四种体液——血、粘液、黄胆汁、黑胆汁各人多寡不同的假设把人分为四种气质类型,即:多血质(人体内混合液体比例中以血液占优势)、粘液质(以粘液占优势)、胆汁质(以黄胆汁占优势)、抑郁质(以黑胆汁占优势)。这四种不同的气质在行政过程中的表现也各有不同:

(1) 多血质的行政个体,活泼、好动、敏感、反应迅速,喜欢与人交往,对行政活动的注意力容易转移,兴趣和情绪容易变换,外倾性强;

(2) 粘液质的行政个体,安静、稳重、沉默寡言,对行政活动反应迟钝,性格不外露,注意力稳定,难于转移行政目标,忍耐力强,内倾性强;

(3) 胆汁质的行政个体,热情、直率、精力充沛,容易冲动、兴奋,脾气急躁,反应迅速,内心变化剧烈,外倾性强;

(4) 抑郁质的行政个体,孤僻、行动迟缓,情绪体验深刻,感受性强,善于察觉他人不易察觉的细节,具有内倾性。

传统的气质体液说沿用到现在又演化出许多新的气质学说,例如,气质的体形说认为,行政个体的身体结构与气质特点有一定的关系,美国医生威廉·谢尔登提出了三种不同的体形:

(1) 内胚层型,也称内脏优势型,就是个体的身体较肥胖,消化器官过于发达,这类人贪吃,喜爱交友,慢条斯理又宽宏大量;

(2) 中胚层型,也称身体优势型,就是个体的身体结实,肌肉发达,这类人精力充沛,自信而又大胆;

(3) 外胚层型,也称大脑优势型,就是个体的身体瘦长而虚弱,神经系统敏感,这类人性格较为拘谨,内向,胆小怕事,大多数人爱好艺术。

用一句话来概括,那就是"快活的胖子、大胆的运动员和脆弱而敏感的艺术家"。

此外,较为有名的还有气质的血型说,即把人的血型分为O型、A型、B型和AB型四种,每种血型都有其较为独特的性格特征,等等。事实上,气质本身并无好坏之分,每一种气质类型都有其优缺点,判断一个行政个体的气质主要是观察和测定行政个体具有哪些行为特点,然后针对其特点委以相应的责任,以保证每一位不同气质的人都能在行政体系中发挥其最大的潜力。

研究行政人员气质的主要作用体现在人员的选拔和配置方面。因为气质直接影响着行政人员活动的效率以及对环境的适应能力,因此,当一项工作要求承担者具有灵敏快速的反应能力时,多血质的人较为适宜,因为多血质的人具有较高的灵敏性,能够适应多变的外界环境。但是,如果要从事持久、细致、耐心的工作时,多血质的人就可能不适应,因为多血质的人注意力不够稳定,兴趣容易转移,但对粘液质的人来说则能够适应这种工作的要求,因为粘液质的人注意力稳定持久,忍耐力较强。实践证明,当一个人的气质特点符合工作要求时,他所完成工作的效率就高,个人的工作兴趣也较高,因此,如果在行政管理工作中能够充分了解行政人员的气质,就可以在人员选拔过程中使人的气质类型与工作性质要求相适应,从而提高行政个体的工作效率,为更好地完成行政组织的既定目标打好基础。

4. 动机与行政行为。所谓动机,是指驱使个体按照某种方式进行活动的内在力量。最简单的例子就是,当一个人感到饥饿的时候,就会躁动不安,并驱使自己朝着放置食物的冰箱走去。和动机关系最为密切的概念是需要,即个体对某种目标的欲望或渴求。从本质上说,需要和动机都是人的个性积极性的内部动力状态。

动机的两个基本要素是驱力和诱因。驱力是指从后面对行为的推动力,诱因指那些诱出个体行为的目标对象。以前,心理学家们把驱力突出为比较重要的要素,现在,在分析人的行为时,诱因已经作为动机研究最主要的方面。例如,在管理学的发展过程中,对人的本性的认识,就是围绕着促使人努力工作的根本动因是什么这个问题而展开的。

早期,管理学界流行着"经济人"的假设,所谓"经济人"的理论假设源自英国经济学家亚当·斯密的古典自由主义理论。按照斯密的观点,人的本性是懒惰的,必须加以鞭策;人的行为动机是为了最大限度地满足自我的经济利益,工作只是为了获得经济报酬。因此,管理制度的设计要么能确保个体自由地追求私利,要么以权力强制或其他激励措施使员工服从集体利益的需要。后来,科学管理理论的提出者泰罗也继承并发展了"经济人"的观点,这一理论在19世纪末20世纪初较流行,但很快就受到了人际关系学派的批判。20世纪30年代,"社会人"的假设首先由"霍桑实验"的主持者梅奥提出,梅奥认为,人不是孤立存在的,而是属于某一工作集体并受这一集体影响的,他们不是单纯地追求金钱收入,还要追求人与人之间的友情、安全感、归属感等社会的和心理的欲望的满足。人既然是有思想、有感情、有人格的活生生的"社会人",因此人的最大需求是社会需求,只有满足他的社会需求时,工作的积极性才能得到充分的发挥,传统理论把人看成是"经济人"的观点是错误的。

二战以后,人本主义心理学开始在西方国家盛行。美国人本主义心理学家马斯洛提出的"需要层次理论"进一步发展了动机对人的行为产生重要影响的观点。需要层次理论的基本论点有两个:第一,人是有需要的动物,其需要取决于他已经得到了什么,尚缺少什么,只有尚未满足的需要构成的动机才影响人的行为,换言之,已经得到满足的需要不能起激励作用;第二,人的需要都有轻重层次,某一层的需要得到满足后,另一个需要才出现。马斯洛将人的需要分为五级:一是生理的需要,包括人体生理上的主要需要,如衣、食、住、行和性的需要;二是安全的需要,如人身安全和工作及财产安全的保障等;三是情感和归属的需要,如友谊、爱情、归属感等方面的需要;四是尊重的需要,既包括自尊也包括受到别人尊敬的需要;五是自我实现的需要,这是最高层次的需要,就是"人希望越变越完美的欲望,人要实现他所能实现的一切欲望"。要想实现所有这些需要,人就会有一种强烈的内驱力促使自身从低层次的满足向高层次的满足方向发展,这就构成了人们采取各种行为的根本动机。

在行政管理的具体实践中,有关利用人的动机进行管理的理论被称为"动机诱导理论",它的基本主张包括:通过报酬和处罚的巧妙运用来尽力增强适宜的行为;利用地位这个动机诱导的手段来促进更大程度的合作;采用货币的和其他的刺激方式来激励下属;通过扩大行政人员之间的社交往来来满足他们的社会交往需要,等等。这些做法往往在实践中获得了较好的效果,使行政人员的内在动机得到了一定程度的满足,对提高其工作效率也产生了积极的意义。

二、行政个体的心理挫折及其解决方式

1. 挫折产生的原因。所谓挫折,是指行政个体在行政过程中遇到障碍或干扰,行政个体动机得不到实现,个体需要得不到满足时行政个体内心所产生的情绪状态。产生挫折的根本原因是需要和动机得不到满足,具体又可分为以下一些原因:

(1) 主体方面的原因,如容貌和体形上的缺陷导致的自卑,行政过程中遭受失败后受到挖苦或嘲笑而感到的心理压力和苦恼等等;

(2) 客观环境方面的原因,如天灾人祸造成的打击,家庭婚姻的不幸,政治上受到压抑,经济上受到不公平待遇,人际关系紧张以及人身受到攻击等等。

在行政体系中,每个行政个体都会遭受挫折,但不同的人在挫折面前的反

应差别很大,有的人具有较强的忍耐力,抵抗挫折的能力强;也有的人性格比较脆弱,面对挫折缺乏忍受的经验和能力。因此,在分析挫折产生的原因时,我们也必须注意不同的个性在挫折面前的不同表现。

2. 挫折的类型。行政个体常见的心理挫折类型主要有三种:

(1) 双趋型冲突。即行政个体面对两个相互排斥但又都是自己想要的对象,只能选择其一时所产生的冲突。例如,某一行政个体同时面对晋升和入学深造两种选择,这两种选择对他都具有同等重要的吸引力,但他只能选择一种,放弃另外一种,由此必然引起冲突。

(2) 双避型冲突。即行政个体面对两个自己都极为反感的对象,必须选择其一时所产生的冲突。如单位效益太差,面临着要么下岗回家,要么减薪工作的两难选择时。一般来说,行政个体面对这种情况时的第一反应是避免或逃避,若逃避不了时,可能会拒绝选择,但不管怎样,双避型冲突必然使行政个体陷入左右为难的焦虑不安的境地,使个体的挫折感增加。

(3) 趋避型冲突。即某一个对象对行政个体既具有吸引力又具有排斥力时在个体内心产生的冲突。如想干一番大事业但身体状况不能胜任时。这种冲突在行政个体身上大量存在,一个健全的个体必须学会面对这类冲突时作出恰当反应的本领。

3. 心理挫折的解决方法。行政个体遭受到各种心理挫折以后,必然会在他的行政行为上表露出来,有时甚至会影响行政个体的工作情绪。因此,对每一个行政组织的领导者来说,应该用一定的时间和精力来调整每一个组织成员的心理状态,尽量减少由于心理挫折和内心冲突而造成的破坏性。通常可采取以下措施解决矛盾:

(1) 理解和宽容并重的方法。每一个领导者在面对遭受挫折的下属时,应本着同情和帮助的目的,对他们的所作所为表示理解,即使他们的某些过激行为造成了一些破坏性的后果,也应该本着宽容的态度予以化解,只要充分尊重下属的人格,就能因势利导,化解矛盾,把挫折造成的破坏性减小到最低的程度。

(2) 精神宣泄法。即为遭受挫折的行政个体创造一个环境,在这个环境中,受挫者能自由地表达出自己内心被压抑的情感,使其饱受压抑的紧张情绪充分地宣泄出来,从而达到彻底的精神放松,以恢复到正常的状态。例如,日本一些公司就专门设立了所谓"情绪排泄控制室",墙上挂着老板的橡皮模拟靶,每个情绪压抑受挫者都能进去用棍子或拳头痛击人形靶,以宣泄内心的不满。

(3) 情景改变法。即使遭受挫折的行政个体离开原先感到受压抑的工作岗位,调到一个具有良好人际关系的行政环境中,使其逐渐放弃心中原有的破坏欲,用新的行政氛围引导他树立积极的工作态度,以达到克服心理挫折的目的。

第三节 行政群体心理

群体,是指按照一定的社会关系所结成的有共同生活和活动的人群集合体。行政群体通常是指介于行政组织和行政个体之间的人群结合体,即在行政活动中,若干行政个体组成的为实现共同的行政目标和利益而互相影响、互相作用的人群结合体。行政群体一旦形成,就会对群体中的每一个成员的行为规范和价值观念产生特定的影响,在此基础上,通过团体规范和从众行为等方式,逐渐形成群体心理和群体凝聚力,并通过群体压力等形式迫使行政个体服从群体的共同规范。行政学强调对行政群体心理的研究,就是试图发现行政群体对行政个体所产生的各种潜移默化的影响力,在加强对行政群体管理的基础上,解决群体与个体之间的心理冲突。

一、团体规范对行政个体的影响

1. 什么是团体规范。团体规范(Group Norm)是指在一个团体中每个成员自觉或不自觉地遵守着的行为标准。这种团体规范可以是由团体的领导者依据团体成员公认为最适当的情况而定出的,也可以是自然而然地形成的。团体规范一旦确立以后,对其成员的行为便具有较大的影响力,真正成为其行为的摹本和规范。

著名心理学家谢里夫曾做过许多知觉判断的实验,如判定线段的长度、矩形的大小等,并比较人们在单独受试时和在多数一起受试时所做的答案的差异。实验结果发现,在单独受试时,人们的答案差距很大,具有明显的个别差异;但在团体受试的情况下,答案则倾向于某一个标准值,偏离这个标准值的行为是很少的。另一类的实验结果表明,只要有他人在场,即使是一些默不作声的观众和同事,也会影响一个人的行为,如在运动员比赛、演员表演和朋友闲聊时,观众的人数和注意力在很大程度上助长了表演者的行为表现方式。所有这些实验都清楚地反映出团体规范的存在及其影响。实验证明,在社会生活中的任何个人,他的行为之所以不可能完全是独立的,或多或少要受到团体的影响,那是由于在他的心目中总是向往着某一个团体,而不管他自己是否意识到。个人心目中参考团体的规范则是他的行为的摹本,他所做的一切行为都要以这一摹本作为参考,也就是作为比较的对象,然后才作出自己的判断和行为来。

2. 团体规范对行政个体的影响。团体规范对行政个体的影响从深度上来说可以分为顺从、同化和内化三个层次。这是凯尔曼(Kelman)在1961年提出的。

(1) 顺从。所谓顺从只是从表面上转变自己的观点,使自己的看法和其他人的看法趋于一致,这是个人的态度发生改变的第一阶段。在社会心理学的实验当中,有关顺从意愿的演示结果表明,社会上大多数普通人在被要求以特定的方式伤害他人时会奉命行事,只要他们认为这个命令来自一个合法的权威,便可以不顾这种行为的内容,也不受良心的谴责。这一结论不禁令人想起希特勒统治下德国人的顺从行为。由此可以推断,在一个行政群体中,当一个权威很高的领导者命令行政个体去做他们所不愿意做的事时,顺从也会表现得十分明显,因为在多数人按照同一方式采取行动时,顺从对个人来说最安全。

(2) 同化。所谓同化是指个人不是被迫而是自愿地接受他人的观点、信念、态度与行为,并使自己的态度与团体的态度相接近,这比起顺从来说又进了一步。

(3) 内化。所谓内化是指行政个体真正从内心深处相信并接受他人或团体的观点而彻底转变自己的态度,这时,个体已把来自团体的新观点与新信念完全纳入自己的价值体系之内,并成为自己价值体系中的一个有机组成部分。至此,按照美国贝尔研究所研究员长谷川晃的话来说,就是个体的人已经完全转变为一个"组织人"了。

就这样,通过顺从、同化和内化这三个层次,团体规范步步深入,直到把每一个"个体人"都改造成"组织人"为止。

二、从众行为对行政个体的影响

1. 什么是从众行为。当个体与群体中的多数人意见不一,与团体规范发生冲突时,个体就会感到压力,这种压力会迫使个体违背自己的意愿而采取相反的行为,社会心理学把这种现象叫做"从众行为"。出现从众行为的原因有三点:

(1) 个体缺乏足够的自信心,不能始终坚持自己的观点;

(2) 相信多数人的意见是正确的,有"随大流"的心理趋向;

(3) 宁愿放弃自己的观点也要和团体保持一致,因为害怕在团体中受到冷遇。

2. 从众行为对行政个体的影响。从众行为的存在,对每一个行政个体的行为都会产生相当大的影响。这种影响又可分为积极的影响和消极的影响两个方面。

(1) 积极影响:从众行为有助于达成组织目标,维护行政组织的存续,如一个行政组织可以通过集体影响和团体压力改变行政个体的不良行为和观念,增强行政组织的整体活动能力。此外,团体一致的行为还有助于使行政个体确立自己的行为的社会真实性,增强个人的安全感。

(2) 消极影响:从众行为的存在往往容易导致一边倒的舆论倾向,会压制一些具有创造性的见解和有思想深度的理论,形成人云亦云的盲从现象,导致流言蜚语和谣言不断,使一些组织的叛逆者迫于"人言可畏"而被迫放弃自己的主张。另外,从众行为的存在还会导致人与人之间的冷漠和隔膜现象,大家都有这样的经验,大街上出现有人遭到抢劫或发生歹徒行凶的事件,往往路过的几十个行人中很少有人肯伸出援助之手,这种袖手旁观、无动于衷的态度常使人感叹"世风日下",其实,这种现象不仅涉及到社会道德问题,还有从众行为的规律在此,因为心理学研究证明,当受害者需要帮助时,在场的人越多,他所能得到的帮助会越少,尤其在存在许多可能的帮助者的情况下最不会得到帮助,这是从众行为的一个必然反映。

正因为如此,每一个行政组织都应该正视从众行为的存在,并努力引导其发挥积极的作用,克服消极方面的影响。

三、行政群体与个体的心理冲突

从行政心理学的角度看,行政组织可以等同于由若干行政个体为实现特定的行政目标而组成的相互影响、相互制约的一个行政群体,因此我们常说的行政群体与个体的心理冲突,就是指行政组织与行政个体之间的心理冲突。

1. 冲突的形式。应该说,行政组织与行政个体之间有着多种方式的相互心理影响,但归纳起来,主要表现为相互吸引与相互排斥的关系。

(1)相互吸引关系,主要表现为行政个体在心理上对行政组织的一种依赖,即行政组织一旦在目标、途径、方法等方面确立了明确的规范,行政个体就会产生一种标准化的心理压力,并在其行政活动中作为准则,久而久之,这种心理压力就会变成一种固定的心理结构,当这种持久的心理结构扩展到大多数行政个体时,就形成了组织意识。因此,对一个理想的行政组织来说,应该努力发挥这种标准化的心理结构的作用,增加行政组织对行政个体的吸引力,加强行政组织的凝聚力,使行政个体的精神状态得到健康发展,并从整体上提高行政群体的士气,减少离散于行政群体之外的现象,这对提高行政组织的效率、减少行政组织与行政个体的心理冲突极为有利。

(2)相互排斥关系,主要表现为行政组织和行政个体的心理冲突。其实,任何行政组织和行政个体之间都不可能没有冲突,只是冲突的形式和程度不同而已,因为任何价值观及心理习惯的不同,都有可能引起冲突。

行政组织和行政个体之间的心理冲突又可具体分为两类:

第一,相容性冲突,即在行政组织与行政个体目标和利益一致基础上产生的冲突,这种冲突只存在于双方对实现组织目标的方法和途径上的分歧,因此从程度上看不是很严重,如能在组织和个体之间加强沟通和协调的话,这类冲突能较容易地解决。

第二,相斥性冲突,即在行政组织与行政个体目标和利益不一致基础上产生的冲突,这种冲突表现在双方都采取敌视和对立的立场,毫不妥协,从程度上看较为严重,也较难顺利地加以解决。例如,不从众行为的存在就是一例,不从众行为可分为独立和反从众两种情况,独立是指个体在团体压力下仍保持相当的独立性,其行为不过分受团体压力的影响,采取独立行为的个体虽与组织存在着心理冲突,但在程度上较为和缓,通过一定的协调与沟通,可说服个体顺从于组织的目标;但是反从众行为则不然,所谓反从众行为,就是行政个体不但不从众,而且还主动地反抗团体的准则与行为,对组织怀有敌意,反从众行为如果只体现在极个别组织成员身上,则危害还不大,但如果反从众行为扩展到组织中的一部分成员,形成一个具有一定规模的小集团,则必将危及到组织目标的实现。因此,对于反从众行为,行政组织必须给予高度重视,并及时化解矛盾,以维护组织的存续。

2. 冲突的解决方法。为了解决行政组织与行政个体之间的心理冲突,可

以采取各种切实可行的办法,常用的主要有:

(1) 诱导性宣传,使行政个体逐步理解行政组织的意图,从而主动改变对抗态度,和组织保持一致;

(2) 下放决策权力,主动听取组织成员对组织任务的意见和建议,发现组织自身存在的问题时不能欲盖弥彰,而是公开地加以承认,并主动接受批评,使行政个体对组织增加信任感,把组织目标自觉地当作为行政个体自己的目标和任务;

(3) 避免强制手段,当冲突发生时,行政组织动辄使用强制手段,压制组织成员的意见和要求,不仅不能彻底消除冲突,反而会为更大的冲突埋下祸根。当然,在必要的时候,组织也可以使用一些强制手段,但必须保证其有效性,并尽可能使组织成员感到心服口服。

【案例】

某公司需要物色一位合适的新总经理,各方面的意见最后集中到李厂长和王厂长两个中选一个。

李厂长,39岁,文化程度大学本科,中共党员,原是该厂技术员,高级知识分子家庭出身。他被提升为厂长后,对厂里进行了一系列的改革,加强了科学管理,使工厂的面貌大为改观,大大提高了经济效益,职工收入也大幅度增加。李厂长性格开朗,精力充沛,善言谈,好交际,活动能力很强,他积极与全国各地30多个企业开展横向联系,千方百计、不惜重金引进人才;他还很重视产品的广告,每年要花几十万元的广告费进行产品宣传。李厂长事业心强,一心扑在工作上,早出晚归,南来北往,一年到头风尘仆仆,不辞辛劳,曾获市优秀厂长称号。但李厂长也有一个明显的缺点,就是骄傲自满,自以为是,常常盛气凌人,有时性情急躁,弄不好还会暴跳如雷,不大把公司的领导放在眼里,经常顶撞他们,因此公司领导对他这一点颇为不满。另外,他不善于处理和其他单位领导的关系,也不善于做思想工作,与几位副厂长关系处理得也不太好,领导上几次协调也无济于事。

王厂长,37岁,文化程度大专,中共党员,有技术员职称。他最大的特点是精于企业管理,在学校学了计算机原理后,他率先把计算机运用到企业管理中去。他对整个厂的机构设置、行政人员的配备、岗位责任以及各副厂长、科长、车间主任和各级管理人员的职责都有明确的规定,每年考核两次,奖惩分明。王厂长性格内向,沉稳,不喜欢大大咧咧地发议论,对什么事情总要深思熟虑,三思而后行,人们说他"内秀"。对一些出风头的社会活动,他不太喜欢参加,但对各种开阔思路的业务技术讲座却很感兴趣。他很善于做职工的思想工作,对一些老大难问题,他从不推诿,都是亲自处理,他还要求各级行政干部做人的思想工作,并把它作为考核的内容。他和党支部、工会的关系都很好,积极支持他们的工作。他待人谦和,彬彬有礼,和本公司上下左右关系都不错,人缘挺好。和李厂长不同,他不喜欢花高价引进工程技术人员,宁愿多花些钱来培养自己厂里的技术人员;他也不喜欢高价做广告,宁愿把做广告的钱用来购买先进的技术设备,为提高质量服务。王厂长也曾荣获市优秀厂长和局优秀党员称号。但有不少人认为,王厂长缺乏开拓精神,求稳怕变,按部就班,工作没有多大起色。按照厂里的基础和实力,应该发展得更快些,可他们的效益比不上李厂长他们厂。和李厂长比,他就显得保守,过于谨慎,处事比较圆通,不得罪人。王厂长听了这些议论,不以为然,依旧我行我素。

李厂长和王厂长谁当总经理更合适,上级领导部门至今议而未定。

请问:1. 依据有关个性理论,两位厂长的能力、气质、性格表现如何?
2. 通过对他们个性的分析比较,你认为谁当总经理更为合适?怎样才能做到"扬长避短"、"人尽其才"?

复习思考题

1. 什么是行政心理?在现代行政管理活动中注重行政心理研究具有哪些重要作用?
2. 我国的传统文化对行政个体的心理和行为主要产生了哪些影响?
3. 举例说明行政个体的性格和气质是如何影响行政行为的。
4. 研究个体的行为动机在行政管理活动中有什么意义?
5. 如何有效地解决行政个体的心理挫折?
6. 什么叫"从众行为"?它对行政个体的活动会产生什么影响?
7. 怎样才能有效地减少行政组织与行政个体之间的心理冲突?

第十三章 机关行政

【提示】

某省职工自学成才表彰会只开了7分钟,没花1分钱会议费。这次表彰会是由省总工会主持召开的。4月29日,他们在市工人文化宫召开的庆祝"五一"国际劳动节大会上,见缝插针,会间休息时,他们在接待室召开了新闻发布会。会上,省总工会的领导宣读了表彰奖励决定,并向被表彰的集体和个人发了奖。整个表彰会只用了7分钟。会议一没有特意请领导,二没有特意请新闻单位,三没有租会议室。会议开得简短有气氛,新闻单位都作了宣传报道,收到了省时间、省人力、省经费事半功倍的效果。会后,大家都说这次会议开得好。

行政机关的管理在政府行政机关内部具有很强的协调性和综合性,它能对实现政府行政职能和工作目标起到核心和枢纽的作用。因此,如何进一步完善行政机关的管理活动,努力提高机关管理效率,并使其走上科学化、法制化和现代化的轨道,是我国现阶段行政学面临的重要课题之一。

第一节 机关行政概述

一、机关行政的含义

1. 什么是机关?机关,按其本来意义,是指整个机械中的关键部分,起发动和控制全机的作用。这一概念运用到行政学中,泛指所有行政组织为实现其职能而建立的固定机构,它既是行政人员处理日常工作时的活动场所,也是与外界人士或其他机关接洽公务的地方,并为该机构收发、汇集和典藏文书资料的所在,它在任何一个行政组织中都起着核心与枢纽的作用。

机关一般分为权力机关、行政机关、党群机关、司法检察机关、企业事业单位机关等。其中,行政机关是依法使用国家权力,执行国家行政职能的机关。从广义上说,行政机关是指一级政府机关的总称,即国家政权组织中执行国家意志,从事国家政务、机关内部事务和社会公共事务管理的政府机关及其工作部门。从狭义上说,行政机关仅指政府机关内部的综合办事机构,即办公厅(室),它是在行政首长直接领导下为处理综合性事务,辅助进行全面管理工作而设立的机构。本章所阐述的机关行政,主要是指狭义的概念。

2. 机关行政的含义。机关行政,即指对政府机关内部综合性事务的管理。机关行政的主要工作内容,概括起来有:调查研究、熟悉信息、协助决策、承上启下、协调沟通、处理事务、后勤保障。根据我国的实际情况可进一步概括为:参与政务、处理事务、搞好服务。机关事务的具体工作通常由各级政府及其所属各行政机关的综合办事机构——办公厅(室)和机关事务管理机构来承担。机关行政功能的发挥及其质量状况,对整个行政工作都会产生直接影响。在我国,承担机关行政的机构是:国务院和地方政府所设的办公厅(室)以及机关事务管理机构。国务院办公厅在国务院秘书长领导下工作,其行政地位略高于部级;国务院所属各部、委和直属机构以及省、直辖市、自治区人民政府的办公厅,其行政地位略高于局级;地级市、自治州人民政府、地区行政公署以及县级人民政府均设办公室;更小的行政基层组织一般只设一个专职人员负责秘书工作,协助领导处理日常事务。

二、机关行政的地位和作用

机关行政工作虽然不是直接行使国家权力,但它却是行使行政决策、行政执行和行政监督等职能所必不可少的。在整个行政组织中,办公厅(室)处于中枢和要害部位,其地位和作用主要表现为以下几点。

1. 中心的地位和作用。机关办公厅(室)虽然不是一级政府或一个单位的法定领导,而是从属于领导层之下的辅助层,然而它却要代表领导处理全局性的问题,起着辅助领导的作用,是指挥、控制整个行政机关工作的中心部门。同时,办公厅(室)又是一个单位的信息网络中心,是各种信息的交汇点和集散地,上至党和国家的方针、政策,上级机关的指示、指令,下至本单位的行政计划、领导决策以及各种重大事件、重大活动过程中所形成的文件资料、下级单位的情况反映、各方面的情报资料等等,上下左右、四面八方的信息,都在这里汇集和发送。此外,作为综合管理部门,办公厅(室)还在多渠道的立体交叉的管理网络中居于中心的地位。

2. 枢纽的地位和作用。机关的办公厅(室)在行政机关中是沟通上下、协调左右、联系各方、保证机关工作正常运转的枢纽。在一个具体的行政机关中,行政首长是领导者和决策者,但秉承首长意图在起指挥和组织作用的则是办公室。领导者要依靠办公室指挥全局,推动各职能机构运转。所以,办公室在综合承办工作的过程中,实际上犹如水陆联运的枢纽站,处于整个单位管理系统中总控制、总调度的地位。

3. 窗口的地位和作用。办公厅(室)是行政机关的总进出口,对于上下级和其他兄弟单位来说,处于联络站的地位,是联络上下左右、沟通四面八方的窗口。通常,一个行政机关与外界的联系,首先要经过办公室,外界对一个单位的第一印象也常常是看办公室的精神面貌、思想作风、管理水平和工作效率等等;此外,本单位领导得到外界的各种信息,也必须借助于办公室这个窗口。

可见,机关行政工作的地位极其重要,其工作的好坏直接关系到党和国家的路线、方针政策能否在本地区、本单位的贯彻落实;直接关系到本地区、本单位行政机关的形象和声誉。

三、机关行政的原则

1. 服务原则。机关行政是领导工作的基础,其各项具体任务都围绕领导行为这条主线去开展,因此,机关行政最根本的任务归纳起来就是"服务"两字,为领导工作服务和为基层服务是机关行政的核心。机关行政的服务原则体现为:

(1) 平等服务。即应本着对上负责与对下负责一致的精神,提供平等的优质服务;

(2) 适时服务。即当工作需要或当行政人员产生某种正当需要时,应及时向其提供服务;

(3) 按章服务。机关服务工作是一项政策性很强的工作,部门的资金、物资的使用,办公等用房的分配和维修,医疗卫生保健工作以及用车等服务都应有明确的规章制度。凡规章制度允许的,不论是谁,都要及时、热情地提供服务;凡规章制度不允许的,不能以情面关系慷国家之慨,同时要做好耐心细致的解释工作。

2. 廉洁原则。这要求做到三个方面:

(1) 勤俭办事。机关行政天天要与钱、物打交道,如何有效地使用人民群众创造的物质财富,最大限度地节约人力、物力和财力,学会少花钱多办事,是衡量机关行政廉洁和高效的基本标准。为此要建立各种运用经济手段进行管理的制度,对经费使用严格把关,对物资购置精打细算,对物资注意保养和维修,对办公用品的发放和使用进行监督检查等。

(2) 反对以权谋私。从事机关行政的人员身处政府机关,上能接近领导,下能管理一定的人、财、物,可能会使人不知不觉中产生优越感,甚至利用职权营私舞弊,搞不正之风,这是应该坚决反对的。

(3) 克服官僚作风。官僚主义的产生,一是思想认识上的原因,由于领导干部和机关工作人员脱离实际、脱离群众造成的。二是由于行政机关编制过大,层次过多,导致公文多、电话多、表格多的"三多"现象,使机关行政人员疲于奔命而造成的。为此,应通过制度上、监督上的努力来遏制官僚主义作风。

3. 效率原则。这是指机关行政要以最少的人力、物力和财力的消耗,来提供最快最好的服务。目前,我国各级行政机关中纪律松弛,有章不循和执行制度不严的现象比较普遍,严重影响了工作效率。据报载:"湖北省城市抽样调查队不久前对120个省直机关的调查表明,上班没有迟到现象的办公室只有13.7%,经常或偶尔有人迟到的办公室高达86.2%,能在上班后5分钟内开始工作的办公室只有52.4%,42.8%的办公室需要15至30分钟后才能办公。此外,68%的办公室存在着上班聊天现象,聊天的时间长短不等,聊天的内容无所不包;所有的办公室每天都要接为数不等的私人电话,有些人甚至利用电话闲聊天。"为了提高办公效率,有必要对现有的管理方式作一些整改,如推行目标管理,先由各办公室按岗按人分解出若干具体目标,再用量化的目标来检查、监督、考核每个办公室与每个工作人员的工作情况;此外,还必须努力提高办公室人员的素质,激发工作人员的工作热情,等等。

4. 密切联系群众的原则。机关行政一方面直接贯彻领导班子的各项决议,为领导服务,另一方面又直接面向广大群众,代表领导同群众打交道,因此,办公厅(室)成为领导与群众联系的纽带和桥梁,密切联系群众应成为各级机关行政工作应该坚持的重要原则。行政机关绝不能是那种"门难进、脸难看、话难听、事难办"的旧衙门,行政人员要时刻关心群众的疾苦,对那些花钱不多或不花钱也能办成的有利于群众的好事,应当尽可能多办。机关行政工作种类繁多,但不管什么工作,都同人民群众的利益息息相关,为人民利益而工作,应成为各项工作的出发点和归宿。各级行政领导和行政人员往往掌管着这样那样的权力,这些权力是人民给予的,权力的使用必须符合人民的利益,绝不能以权谋私,搞权钱交易。此外,机关行政人员要善于倾听群众的呼声,为了把实际情况搞准确,要求工作人员必须深入调查研究,亲自取得第一手资料,而不能整天坐在机关大楼里听汇报、看文件。在行政机关内部的管理工作中,也应该通过各种民主讨论的方式,调动广大工作人员的积极性和创造性,群策群力、团结协作,共同把机关工作做好。

四、机关行政的职能

机关行政的职能具体可分为以下几个方面。

1. 信息管理。各级领导者在制定决策和执行决策的过程中,需要掌握完整、准确、适用的信息,办公厅(室)是行政机关的"窗口",最先接触各种信息和人员,其管理工作是行政信息的收集、加工、处理、传播和反馈的工作过程,它对信息集散的处理状况直接决定着机关行政效率的高低。办公厅(室)对信息的集散应该是加工型而不是收发型的,它首先要对接收的信息进行初步加工,分出不同的类型和轻重缓急,根据不同情况分送各主管与分管领导,在信息处理的过程中和处理后,办公厅(室)必须及时进行登记,并立卷、归档。

2. 组织协调管理。就是由办公厅(室)对行政机构内各个方面、各个部位、各个环节、各类人员进行科学、有效的组织,使之相互联系紧密、配合得当、和谐一致。机关内部主要的协调工作有:关系协调,即在政府领导者与各处、室以及部门之间起到中介联系的作用;工作节奏协调,即对职责轻重、预算多寡及工作进度快慢的协调等;事务协调,即对会议安排、联合发文以及领导活动等方面的协调。良好的协调工作能使决策实施过程中产生的各种问题和矛盾得到正确的处理和疏导,保证组织和人员的协同合作,步调一致,减少内耗,从而高效地实现组织目标。

3. 日常事务管理。行政机关本来就是行政领导的办事机关,需要处理大量的、例行的日常事务,以及临时性的、突发性的各种事务。如根据领导者的授权,将上级指示、命令等传达下去,将反馈意见收集上来,协助各业务处室履行其职能,沟通其与领导人员的联系;协助领导者或代表本机关加强对其他部门和机关的控制,搞好机关内外的环境管理,搞好接待管理和车辆管理工作,等等。

4. 机要保密管理。在实际工作过程中,行政机关常常会涉及很多需要保密的工作,如对上级发来的机密文件、资料、传真电报以及本单位产生的机密文件的保密;领导核心会议有关内容的保密;在收集到的信息中,有关外事工作、科研课题、治安情况的保密等等。为此,机关行政工作要加强保密思想教育,制订严格而完善的保密制度,切实做到慎之又慎,万无一失。

5. 信访工作管理。群众来信来访是人民群众利用自己的民主权利参与社会管理的一种行之有效的重要形式,是人民群众主人翁精神的体现。机关行政部门应根据实际工作需要设立专门信访机构,配备专职信访人员,单位规模较小的办公室也应有专职或兼职人员具体承办这一工作,务求做到件件有交代,事事有着落。

机关行政还涉及到一些重要事务的管理,我们将在以下几节一一介绍。

第二节 文书档案管理

一、机关文书管理

1. 机关文书管理的含义与作用。机关文书管理是指按照一定的工作程序,制发、收办公务文书,并组织运行的一套工作,具体来说由文书撰制、文书处理和文书管理三个方面组成,它是沟通行政信息,实现行政管理职能的重要手段。

机关文书也称为公务文书,简称公文,它作为应用文种,常采用议论、说明和记叙的文体,内容组成上一般包括标题、发文机关、正文、附件、机关印章与签署、发文日期、收文机关和公文编号等。特种公文还有不同的标记,如绝密、机密和秘密属密级标记,急件、特急件和要求限时属缓急程序标记。此外,阅读范围、对象和份数也以标记表示。

机关文书管理在整个行政机关管理工作中具有十分重要的作用,表现在以下几点:

(1) 领导和指导作用。在行政活动中,上级机关经常通过制定和公布决议、意见、计划、通知等文件,对下属机关的工作进行领导和指导。搞好文书管理,可以有效地加强上下级之间的联系,保证行政管理工作的顺利进行。

(2) 联系和沟通作用。在机关日常工作和业务活动中,文件的流转往往能起到沟通上下左右联系,进行互相协调的作用,文件本身就成为行政管理工作中必不可少的信息流的主要形式,为加强行政信息沟通奠定了基础。

(3) 规范和约束作用。在上级发往下级的大量文书中,有相当部分是具有法律规范性和强制约束力的法令、规章和条例等,它代表上级国家行政机关对下级国家机关的立法和执法行为进行规范和指导,下级机关应该认真贯彻执行,以文件的要求规范自己的行为,并把管理工作纳入法治的轨道。

(4) 宣传和教育作用。我国各级党组织和政府机关常常通过发文的方式向下属机构宣传党的路线、方针、政策,宣传和表彰各级各类的先进模范的事迹,要求各级党政机关以模范单位和模范人物为榜样,开展大规模的宣传教育活动。这些文件为宣传党的方针政策起了很大的作用,行政机关应认真贯彻学习。

(5) 依据和凭证作用。各级行政机关在撰拟行政文书时,通常要把底稿登记存档,行政机关收到的各类行政文书在失去它的现实效用以后,通常也要归档保存起来,成为机关工作和活动的历史见证。可以在以后作为总结历史经验,研究机关工作成就等问题的重要依据。

2. 公文种类和行文关系。公文的种类简称文种。文种是指各级各类机关与组织普遍使用的文件名称,它概括地表明文件的性质、制发文件的目的要求,以便收文机关阅读文件和进行文书处理。各种文种的确定和它们的使用方法都是国家统一规定的,任何机关单位不得随意更改混用。2000 年 8 月,国务院发布《国家行政机关公文处理办法》,它把所有行政公文分为 13 种,它们是:① 命令(令);② 决定;③ 公告;④ 通告;⑤ 通知;⑥ 通报;⑦ 议案;⑧ 报告;⑨ 请示;⑩ 批复;⑪ 意见;⑫ 函;⑬ 会议纪要。在实际工作中使用的通用文种要比以上更多一些。

行文关系是文书处理工作的原则之一,遵循一定的行文关系可以使公文运转自如,达到指挥灵敏管理协调的目的。目前机关之间的行文主要分为三个方向:

(1) 下行文,即上级领导机关对所属的下级机关的行文,这类公文主要有命令、令、指令、指示、决定、决议、规定、条例、布告、公告、通告、批复、传票等。根据发文的不同目的和要求,可以采取逐级行文、多级行文和直达基层与人民群众等方式。

(2) 上行文,即下级机关、一般工作人员或公民发给所属的上级机关、领导或主管机关的公文。这类公文包括报告、请示、报表、建议书、意见书、申请书、请愿书等。各级国家行政机关一般不得越级行文请示问题,如因特殊情况必须越级行文时,应当抄报所越过的机关。

(3) 平行文,即互相没有隶属关系、同级或不属同一级部门之间的行文,这类公文主要有函、通报和笺函等。

3. 机关文书管理制度。任何机关单位的文件,不外乎三个组成部分:一是外发文件,即由本单位拟制、发出的文件;二是收进文件,即由外单位拟制、发来的文件;三是机关内部拟制、流转的文件。机关文书的管理程序包括两个方面:一是收文,二是发文。收文程序包括签收、拆封、登记、分发、传阅、拟办、批办、承办、催办、注办、清退、归卷等内容;发文程序包括拟稿、审核、签发、缮印、校对、用印、登记、封发、注发、归卷等。这些工作是由机关内的收发部门、秘书、办公部门、打字文印部门以及机关领导人员分工负责、共同完成的。正确地掌握文书管理程序,对于避免行文混乱,加速公文流转,从而提高机关管理职能和办事效率,有着十分重要的意义。

机关文书的管理要遵循准确、迅速、时效和保密的原则要求,严格按制度办事。主要做到三个方面:

(1) 切实保证收文制度的有序进行。行政机关的收文程序十分复杂,包含的主要步骤有:第一,收文,一般由机关收发室负责,收发人员在收到文件后,应立即按送件人的投递回执清单或送文簿检查验收,然后登记,最后送交指定的秘书人员根据权限拆封或上交。第二,拟办,指机关秘书部门在收阅文件后提出初步处理意见。第三,批办,指机关有关领导人,对拟办文件及秘书人员对文件提出的拟办意见,提出最后的处理意见。第四,承办,指机关的有关部门,根据批办意见,具体办理公文。第五,传阅,指组织有关人员阅读非承办性文件,目的是让有关人员了解上级精神或有关情况,一般由秘书部门派专人送阅。第六,催办,是指对文件承办的检查和督促。为了避免承办拖沓,造成文件积压,对需要办理并已下达办理部门的事情,适时地加以询问或催促,使其及时办理。第七,办复,即在公文办理完毕后,秘书部门将办理结果及时报告有关负责人,特别是具体负责批办的领导人,使之对文件的处理结果做到心中有数。办复是收文处理的最后一个程序。办复之后,也应将文件立卷归档。

围绕着这一收文过程,应建立起各种有效的文件管理制度,主要包括文件的收取和检查制度;文件的登记制度;文件的清退制度;文件的存放保管制度及文件的保密制度等。不少机关部门由于收发文的数量繁多,内容庞杂,种类有别,往往呈现出复杂零乱的状态,针对这种情况,应该按一定的原则把纷繁零散的文书材料整理成系统有序的分类案卷,以方便有关人员的查找和使用,同时为有价值的文书资料的存档做好准备工作。只要认真建立并实施这些制度,就能使文件的管理井然有序,安全保密,使用方便,为行政领导和业务部门及时提供可靠的依据。

(2) 认真做好行政机关的发文工作。行政机关内部的发文程序十分复杂,涉及的步骤主要有:第一,交拟或批办,即由机关领导人,如秘书长、办公室主任或秘书负责人,根据领导的意图将撰拟文稿的任务交给有关的拟稿人,这就叫交拟;如果是就某某来文指示所制的文稿,对来文说又叫批办。第二,拟议,拟稿人接受任务后,进入撰拟过程,主要是查找资料,进行文稿的总体构思,搜集整理材料,拟制写作提纲。第三,撰拟,即在构思成熟的基础上拟制文稿,撰写时应以高标准要求,成稿后要全面检查,严格修改,看内容是否符合政策,文字是否准确简练,标点是否恰当。第四,审核,指机关秘书部门或负责拟稿的业务部门负责人对撰拟的文稿进行审查和核定,是对文件的"把关",审核的目的主要是确保文稿不出差错,保证文件的严肃性和权威性。第五,签发,指机关主要领导人对已经审核的文件作最后审定,签署印发。第六,盖印、封发,文件签发、印制完毕后,需要加盖印章,根据签发文稿的发送单位、密级等要求再次进行检查,然后登记、封装、发出。第七,立卷归档。立卷是指对文件编卷、订册;归档是按档案部门的规定要求,把立卷文件移交档案部门管理。

围绕着这一发文过程,也应该建立严格的文件管理制度,基本要求包括:拟稿时根据实事求是的精神如实汇报,制止虚报瞒报的错误发生;拟好的文稿应通过严格的领导审批程序,杜绝不负责任的乱发文现象;文稿的缮印和校对工作力求清晰准确、精益求精;文稿的封发工作要求耐心细致、避免遗漏。

(3) 搞好立卷和归档工作。机关工作中形成的大量文件在办理完毕后要加以系统的整理,整理的最终结果是把零散的单份文件组合在一起,形成一个个文件数量不等的集合体,这些文件的集合体就叫做案卷。这种把零散文件组合成案卷的工作就是文书立卷工作。文书立卷的根本目的一是为了今后更好地进行文件的查考和利用,二是有利于文件的安全与完整,三是为档案管理工作奠定基础。

当然,机关工作中形成的文件材料很多,并不是所有文件都必须立卷归档,需要立卷归档的只是其中的精华部分。根据1987年12月24日国家档案局颁发的《机关文件材料归档和不归档的范围》规定,一个机关和单位文书立卷的具体范围是:第一,上级来文中针对本机关或本机关应当贯彻执行以及参照办理的文件;第二,本机关活动中产生的反映机关主要工作职能活动和基本情况,以及今后工作中需要查考的文件,包括这些文件的定稿、重要的草稿、讨论稿、修订稿;第三,下级机关报送的有关方针政策性、请示性的,或反映下级机关重要活动及重要情况的文件;第四,平行机关的与本机关业务有关或有参考价值的来文。

文书立卷的方法就是把需要立卷的文件,按照它们相互之间的某些共同特征组合成案卷,通常又称为"立卷特征",内容主要包括:按作者特征组卷、按问题特征组卷、按名称特征组卷、按时间特征组卷、按通讯特征组卷以及按地区特征组卷,等等。

二、机关档案管理

1. 档案管理的含义与作用。档案,是指具有查考使用价值,经过立卷归档保存起来的各种形式的材料,包括电文、会议记录、人事材料、技术文件、出版物原稿、财会簿册、印模图表、音像资料等。机关档案是机关活动的历史记录,是由机关文书有条件地转化而来的,是按照一定规律保存起来的文书资料,也就是说文书资料是档案的前身和来源,档案是文书归宿的精华,只有处理完毕后经过筛选,具有一定查考和利用价值的那部分文书及资料才能成为档案。

档案在机关管理中具有重要作用,主要表现在两个方面:

(1) 决策参考作用。一方面,档案是历史发展的原始凭证,现实是历史的继承和发展,档案对于解决现实问题,具有广泛的研究和参考价值;另一方面,行政机关档案材料完整,政策性强,具有很强的咨询作用,可作为行政决策的直接材料,为行政领导提供决策参考。

(2) 历史鉴证作用。档案是历史的真实记录,在查证研究历史事件,纠正处理历史遗留问题时,其凭证、依据作用是无可替代的;同时,由于行政机关档案具有很强的时间连续性,国家、社会、机关内部的重大事件多反映于此,因此可以作为编纂历史、地方志、机关志的历史资料。

2. 档案管理的主要内容及工作环节。机关档案管理的主要内容有:

(1) 指导、监督各文书部门或业务部门的归档工作;

(2) 按照档案工作管理的原则和方法,收藏、保管并开展档案的提供利用工作;

(3) 按规定将具有长远保存价值的档案向档案馆移交;等等。

机关档案工作的具体内容一般说来包括档案的收集、整理、鉴定、保管、提供利用和统计六个方面。其工作环节大致如下:

(1) 收集。即做好机关内文件的归档工作,档案部门要经常与文书部门和业务部门取得联系,了解处理完毕的文件是否收集齐全,指导并帮助他们进行整理分类和保管,到了一定时候,档案部门必须收集机关内分散保管的文件材料,统一归档。

(2) 整理。即进一步了解和检查档案收集的数量和质量,并为档案的全面鉴定奠定基础。档案整理工作的内容一般包括区分全案、分类、案卷的编立和排列、编制案卷目录等方面。

(3) 鉴定。即对内容复杂、种类繁多、数量浩大的档案进行"去粗存精"的甄别,根据它们的不同价值,确定不同的保管年限,把需要永久保存的档案妥善地保存好,而把已到保管期限或不需要继续保管的档案加以销毁,从而使保存的档案具有较高的质量,更好地利用有价值的档案。

(4) 保管。即日常维护档案的完整与安全的工作。各种档案在长远的岁月里必然遭致自然因素的损毁,为此,保管档案要有一定的物质条件,对档案库、档案柜、档案的包装材料要有一定的要求,还要运用各种技术手段和现代化设备来保护档案。此外,在日常的档案保管过程中,应建立严格的库房管理制度,防盗、防火,堵塞一切可能失窃的漏洞。在档案的搬运中,应防止机械地磨损和污染;平时还要对档案进行定期和不定期的检查,等等。

(5) 利用。即随时向行政领导及机关工作人员介绍所保存的档案内容和实际情况,根据需求,及时、准确地查找出有关档案供查考使用。在服务的方法上,要多为档案的利用者编制各种参考资料,如分类目录、重要文件卡片等,另外,有条件的机关档案室可开辟阅览室,也可提供一些档案的外借等等。

(6) 统计。即对档案在收进、移出、整理、鉴定、保管和利用中表现出来的数量进行调查分析,以了解档案的规模与水平,为分析、研究档案和档案工作提供可靠的根据,机关档案室要定期进行分析研究,分析不同对象对档案工作的不同需求,掌握某些重要档案的使用频率和效果,以发现成绩与不足。

第三节 会议管理

一、会议的含义与类型

1. 何谓会议？所谓会，是聚合、会合的意思；议，是商议、议事的意思，合起来就是指讨论和研究问题。因此，会议是指把人们组织起来研究商讨问题的一种社会活动方式。

会议作为一种社会历史现象，人类很早就运用它解决各种重大问题。现代社会中会议几乎成了人们离不开的重要活动方式，从来没有开过会的成年人很难找到，而不开会的行政机关则肯定是不存在的。在目前，召开会议仍是各级行政机关实施行政管理的重要手段之一。

会议之所以被人们广泛运用，主要在于它的有利作用，即它的功能。会议的功能是具体的、多方面的，但最本质的功能在于：它能以多向即时传递信息的方式，有效聚合分散的意志和智慧，深化或统一认识，沟通感情，处理事务。具体来说，会议在信息沟通方面的优势表现在：可以使信息沟通快捷方便，不必"一对一"逐个进行交流，而能同时向多方面传播讯息，而且各方能即刻做出反应，节约时间，有较高的沟通效率；信息传递过程更可靠，信息失真度低，因为即刻的反馈可以及时消除误解；面对面交流，可借助情感力量和心理因素提高沟通效果。更为重要的是，会议可以有效地聚集集体的智慧和力量，而集体的智慧和力量要远远高于、大于个体智慧和力量的总和。因此，会议的功能使其具备了其他信息交流工具、其他工作方式所没有或所不足的优势，它特别适用于深化和统一人们的认识，沟通感情，处理事务；同时也特别适用于形成决策，指导或布置工作，协调关系，互通情况，联络感情，实现讯息近距离多向传递等。

2. 会议的种类。一般说来，根据不同的标准，可以将会议划分为许多不同的种类。比较常用的划分种类有：

(1) 根据会议的作用不同，可以把会议分为五种类型，即立法作用的会议；行政手段作用的会议；上传下达、部署任务作用的会议；宣传教育作用的会议和理论研究作用的会议。此外，会议还有咨询、纪念的作用等。

(2) 根据会议的规模来分，有大、中、小三种类型。大会一般指500人以上到上万人参加的会议;中会指 100 人到 500 多人参加的会议;小会,如班组会、小组会等,一般指几个人到几十个人参加的会议,但最少不能少于 3 人,两个人不能叫开会,只能叫交换意见或谈话。

(3) 根据会议的内容来分,可分为以下四种类型:一种叫综合性会议,它要讨论和研究多方面的问题,如我国的各级人民代表大会就是这类;第二是专业性会议,它是专门研究某个部门工作的会议,如国际商会年会、全国教育工作会议等;第三是专题性会议,只就某一个议题进行专门讨论,如高等学校招生工作会议、邓小平理论研讨会等;第四是一事一议的会议,即为解决某一个具体问题而召开的会议,如校庆纪念活动筹备会议等;第五是咨询性的会议,如党政领导为一些重大问题邀请党外人士及专家学者进行的座谈会等。

在机关行政管理工作中,经常召开的会议主要有以下几类:

(1) 例行会议。主要指行政机关日常召开的工作会议和办公会议等。这类会议主要用于领导成员之间交流各自分管工作的情况,相互通气,研究上级的有关指示,领会文件精神实质,制定本单位具体贯彻实施的办法、措施,讨论处理重大问题等等。

(2) 联席会议。就是在开展某项较大规模活动或建设某项重大工程时,如涉及到若干单位和若干方面,有关部门就有必要一起开会讨论共同协商解决问题。这种会议可以由上级主管部门或上级机关出面组织召开,也可由上级机关根据工作任务的内容,指定某一个单位负责牵头主办。

(3) 布置总结会议。是指行政机关在年度、季度或月度开始之前,对下属的工作内容进行安排和布置具体工作的会议;以及在每个年度、季度和月度结束以后,对下属部门的工作效果和工作成绩进行总结的会议。

(4) 经验交流会。是指上级行政机关在总结一段时间的工作情况以后,对表现好的下级部门进行表彰和鼓励,专门召开由全体机关成员参加的会议,请工作表现出色的单位介绍工作经验,从而在全系统中交流推广;同时,行政领导部门往往还要指出本单位存在的主要问题,敦促有关部门迅速解决。

(5) 座谈会。常常用于行政领导就某些重要问题想多听取一下各方意见的场合。座谈会的形式可以多种多样,有征求某一问题解决方法的会议,也有讨论某一专题问题的会议,还有各种小型的纪念会、讨论会、调查会等等。

(6) 电话会议。随着远程通讯技术的日益先进,原先由中央机关召集各地有关部门和领导赴京召开的一些会议可以通过电话会议的方式进行,各省、市、自治区也常常通过电话会议的方式布置各项工作。目前,电话会议常用于领导机关向下属机关布置某一紧急任务时采用,它不但可以节省时间,而且可以避免有关人员因长途往返而浪费精力和行政经费,对提高行政效率有很好的作用。

(7) 紧急会议。这往往是在特殊情况下召开,会议讨论的内容是紧迫要求解决的重大问题,如防汛救灾紧急会议,重大伤亡事故发生后的现场紧急会议等,目的是在尽可能快的情况下,动员各方面的力量加以协调,迅速、妥善地做好善后事宜。

二、会议的组织

在我国各级政府的工作中,大量的会议事务通常由办公厅(室)来承担。机关内部经常召开的各种类型的会议,究竟哪些一定要开,哪些是可开可不开,哪些是没有必要而不应当开,哪些可以合并起来开?某一会议究竟需要请哪些部门的人员参加,才能既精简又收到实效?对于这些问题,有关会务人员必须事先认真进行考虑,加强管理,对确有必要召开的会议,必须综合协调,统筹安排。在安排会议特别是规模比较大的会议时,一定要做好充分的准备,最重要的是确定会议的中心议题,即准备解决的主要问题和所要达到的目的,并围绕会议中心议题进行调查研究、科学论证,以了解人民群众的意见和反映。

一般内容重要、规模较大、时间较长的会议,都可以分为三个阶段进行组织和安排,各阶段的要求如下。

1. 会前的准备阶段。为使会议达到预想的效果,会前要做好充分的准备,仓促开会必然会影响会议的效果。会前的准备工作包括:

(1) 确定会议主题,明确这次会议究竟要解决什么问题;

(2) 制定好会议预案,主要内容有会名、会期、会场、出席范围、会议票证、会场布置、会议议程等,特别是议程安排,一定要紧凑有序,这是保证会议有条不紊进行的前提;

(3) 起草文件材料,组织发言文稿,会上将要分发讨论的材料要准备好人手一册,并在会前印好送到与会人员手中;

(4) 准备好会议通知,印上会名、会期、开会时间和地点、出席对象、入场凭证、筹办单位等内容,并及时发送至与会者手中,使其早做准备;

(5) 搞好会议的服务工作,除布置好会场外,还要安排好与会人员的接待工作,包括交通、食宿、医疗和参观访问等,这是保证会议顺利进行的物质条件。

2. 会议进行阶段。主要工作包括：

(1) 会议开始后,首先要检查、核对与会人员,特别是立法性质的会议,还要进行代表资格审查,发现问题要采取措施,妥善处理;

(2) 汇总情况,编写简报。即把分组讨论情况和整理好的提案及时送交大会主席团会员提案审查委员会,编写会议简报要少而精,供领导者掌握会议的进程和存在的问题,以便及时部署工作,使会议顺利进行;

(3) 做好会议记录,包括大会报告和小组发言等。

3. 会议结束阶段。主要工作有：

(1) 回收有关文件；

(2) 整理会议记录,或根据会议需要,形成大会决议或会议纪要；

(3) 立卷归档,即把会议过程中的一整套材料进行分类立卷,最后归档；

(4) 安排与会者做好离会返回的工作。

三、提高会议效率

会议是领导工作的一种重要方法,但不是唯一的方法,更不是工作的目的,但随着社会的发展和行政机构的膨胀,会议数量和规模也日益膨胀。如我国目前各级机关会议泛滥的情况比较普遍,每年全国各级行政单位的会议开支总额都达十亿元之巨。近几年,相当多的会议把会址选在风景名胜地,在旅游旺季时导致客流急剧增加,严重加剧了交通部门的压力;有的会议以所谓"以会养会"的名义,对与会单位乱摊派、乱收费。所有这些现象都使得研究会议的发展规律,提高会议效率这一问题越来越受到重视,简化会议已成为社会各阶层人士的共识。那么,如何提高会议效率呢? 一般来说,基本措施有两个。

1. 严格控制会议数量,简化会议程序。这就是说,为了切实减少会议数量,必须建立健全严格的会议审批制度。能不开的会坚决不开,可以合并开的就合并召开,可以派少数代表参加的会就不要把有关人员都集中起来。一般情况下,能用公文、电报、电话等形式解决的问题,就不必要召开会议。能当场拍板解决的问题,就不用开会讨论。要切实改进工作方法和作风,一切活动力求从简,注意实效。各种会议,除了直接主管的领导外,不要请其他主要领导出席讲话、接见及照相等。开会时一定要简单扼要,发言者必须事先做好充分准备以节省时间,并且通过算经济账的方法节约会议开支,把会议开好开活。

2. 努力改进会风,提高会议效率。改进会风,就是要破除封建主义的官场习气和盲目攀比的心理,如唯有上级领导到会才显示会议规格高,唯有最高领导讲几句才显得会议内容重要等等。为了提高会议效率,最重要的是必须提高会议发言的效率。日本大企业家土光敏夫认为:"办企业就得讲效率,会议不应当用来作冗长的报告,这些报告会前分发材料就行了,会议是进行讨论的地方",他提出"会议律"的五个提倡:"开会要提倡争论,提倡各抒己见,提倡全体发言,提倡不超过1小时,提倡站着开。"外国企业家的建议应该对我们有所启发。一般说来,会议发言应该讲求实效,努力做到一般会议发言要限定时间;不请多位领导作重复性发言;保持良好的会场纪律,保证发言具备良好的收听效果;不借开会名义请客送礼、游山玩水等等。

第四节 机关事务管理

一、机关事务管理的含义

机关事务管理,也叫后勤事务管理或总务管理,是指机关管理部门掌管机关专业和职能部门以外的其他事务管理,它一般包括生活事务、环境管理事务、财物管理事务和接待事务等方面。具体来说,其范围包括机关的办公处所、领导和干部的生活用房、财物、车辆、宾馆招待所、食堂、托儿所、礼堂、会场以及机关的内外环境美化、清洁卫生等等。机关事务管理所涉及的内容虽然庞杂琐碎,但它是机关管理的有机组成部分,是为机关领导和干部职工提供必要的工作和生活条件,保证机关专业和职能部门正常运转,提高行政效率的物质基础。

在行政管理体制正在不断进行改革的今天,机关事务部门旧有的"包得过多,统得过死"的管理体制,以及单纯依靠行政命令的管理方法及落后的管理手段,显然同目前面临的新任务是极不适应的。特别是随着我国经济体制改革的顺利进行,社会上的第三产业正在蓬勃发展,各种所有制类型的商业、服务业企业纷纷利用各自的优势,开发各种灵活多样的服务门类,从总体上对机关事务管理部门原先拥有的服务对象展开了激烈的竞争。在这股强劲的竞争势头中,那些高消耗、低效率的机关后勤服务部门无法继续生存下去了。目前,以高校后勤服务社会化改革为代表的机关事业单位后勤管理体制改革正在各地蓬勃开展,各级政府部门本着社会分工专业化和等价交换的原则,引进大量的社会化服务企业为机关和其他部门提供优质高效的服务,并取得相应的报酬。这一趋势正在不断地完善和深化当中。

在我国的行政部门中,负责机关事务管理的工作机构主要包括:国务院办公厅下设的机关事务管理局;省、直辖市政府机关设秘书长领导下的机关事务管理局;一般的县、市设立行政处或行政科;乡、镇以下的基层单位在办公室里设事务员或由文书兼管事务工作;在企、事业单位和人民团体视职级大小分设总务处或总务科等。

二、机关事务管理的主要内容

1. 生活事务管理。主要包括房产管理、车辆管理、食堂、浴室、招待所、幼儿园的管理等。

房产管理主要涉及机关办公用房和生活用房的建筑、分配、管理和维修等内容。目前,较大的机关事务管理机构大多专设基建处,有专职人员管基建和房屋分配等。随着我国住房制度改革不断发展的进程,行政机关传统的福利分房制度正在逐步向取消实物分房、实现货币化分房和通过发放一定数量的住房补贴,鼓励行政人员购买商品房的方向发展。原先的行政机关住房管理部门也纷纷转换职能,从住房管理和分配机构向国有资产管理机构的职能过渡。

车辆管理的任务主要包括两个方面:一是各种车辆的购置登记、调配使用、维修保管和油料领用等;二是对司机的教育管理和肇事处理等。

食堂、浴室、招待所、幼儿园的管理看上去虽然繁琐,但关系重大,这些工作若做得好,使机关干部饭吃得满意,子女安排得妥帖,能极大地改善干部职工的情绪,解除他们的后顾之忧,提高工作的积极性;反之,则可能会挫伤干部和职工的积极性。目前,这类部门的管理正在向社会化管理的方向发展,如引进社会化餐饮服务企业到行政机关开设大众化餐厅;把原先的机关招待所通过承包经营的方式转换为向社会服务的独立核算企业;通过和社区管理部门合作,把机关幼儿园改制成向社会公开招生的公办或民办幼儿园等等。

2. 环境管理。包括办公室布置、标语的张贴、使用国旗与国徽、公牌的制挂、园林绿化、环境卫生和安全保卫等方面,总的要求是整洁、幽雅和美观,以体现出行政机关应有的精神面貌。

机关环境一般情况下可以划分为硬环境和软环境两种。硬环境包括办公室所在地、建筑设计、室内空气、光线、颜色、办公设备及办公室的布置等外在客观条件。软环境包括机关办公室的工作气氛、工作人员的个人素养、团体凝聚力等社会环境。制约办公室环境的因素很多,主要有自然因素、经济因素、人的素质修养因素等。在当前,加强办公室的环境管理主要涉及以下一些工作:

(1) 加强机关办公室硬环境的建设。比如说,搞好办公室的绿化,做到室外绿树成荫、芳草铺地;室内空气新鲜,花卉飘香。又比如,办公室内有适当的光线照明,有与环境相称的墙壁颜色,保持肃静和安宁的声音环境,以使工作人员在一种轻松愉快的环境下工作。此外,办公室中的用具设计要精美,坚固耐用,适应现代化的要求,如办公桌椅要能自动升降,以适应工作人员的身体高度;办公室内应设置各种垂直式档案柜、旋转式卡片架和来往式档槽,以便保存必要的资料、文件和卡片等,便于随时翻检。要定期做好机关内部的清洁管理工作,如在重要的节假日前组织卫生大扫除,组织安排好本单位的卫生保洁制度等等。

(2) 加强机关办公室软环境的建设。例如,加强办公室内部人际环境的建设,花较大的力气建立工作人员之间良好的人际关系,使工作人员在既定的目标下,充分发挥个人所长,彼此配合默契,形成机关内部一种融洽的凝聚力;在办公室内,培养工作人员树立一种良好的心境,努力克服各种消极情绪,逐步形成较稳定的精神状态和良好的工作作风,从而使每个人都做到精神振奋、心情舒畅,为完成共同的组织目标而做出自己的贡献。

(3) 加强机关办公室安全环境的建设。安全环境是整个办公室安全措施的总和。其内容大致包含三个方面:

第一,人身安全。办公室工作人员在工作中为了贯彻党的方针政策,保护广大人民群众的利益,有时会不可避免地触及到少数人的利益,假如遇到个别思想不端、行为不轨的人,办公室工作人员的人身安全就有可能受到威胁。因此,行政机关要加强门卫登记制度,重要部门要安排武装警卫人员值班,以保证办公场所及人员的安全。

第二,财产安全。办公室的设备、文件、档案以及仓库、金库等是国家的财产,应该实行严格的安全防护措施,以防止盗窃、拐骗、窃密现象的发生。除了要有严格的制度作为保障外,还要购置必要的保险设备,并配有专人和专职部门负责这项工作。特别是机密文件的保护,更要从细、从严,必要时要配备武装警卫人员守护,从外围加强安全措施。

第三,防火安全。办公室内存贮有大量的档案与信息资料,如果不慎失火,会给国家造成不可弥补的损失。所以办公场所要特别注意防火,除制定并严格执行安全防火制度外,还要设置防火、灭火及避雷装置,做到有备无患。

3.财物管理。包括机关的行政开支管理和机关物资管理两方面内容。

(1)行政机关财务管理的重点在于管好行政经费的使用。机关行政经费的管理主要指对本单位行政经费的领拨、开支的计划、分配、控制和监督活动,其主要内容是围绕着行政任务的完成,以资金运转为管理客体而开展的各项财务活动。它包括预算管理(单位预算编制、执行和调整)、财务管理(支出管理、收入管理、定员定额管理、费用开支标准)、财务活动分析及财务监督四个方面,构成一个有机的整体。目前,较大的机关事务管理机构专设财务处,负责有关的行政费用的收付管理工作。机关财务管理必须在严格遵守财务规定的前提下,管好经费的使用,奉行精打细算、厉行节约的原则,努力节减不必要的行政开支,把钱用到最需要的地方。同时,要做到量入为出,留有余地,按计划、制度、规定用款;大力加强财务监督,对违反财务制度的收支坚决予以制止。

(2)物资管理包括物材的购置、保管、使用、维修和稽核等,主要涉及到的办公器材包括办公桌椅、笔墨纸张、空调电扇、电话传真、打字机、复印机、电脑等,应该通过合理的制度和科学的方法做到物尽其用,避免积压和闲置。

4.接待事务管理。行政机关的接待事务是指行政机关工作人员对来自上级、平级和其他相关组织的来宾以及外国友人的参观访问进行接洽与招待,是一种有着公共关系职能的具体活动。办公室接待不同于一般的生活接待、值班室接待,也有别于某些机关的信访接待。来访者的身份、使命往往各不相同,有的应邀而来,有的专程来访,有的顺道路过,有的事前联系,有的突然而来。一般来说,一项接待工作包括五个要素:

(1)来访者,即接待对象,可以是来访个体,也可以是来访团体;

(2)来访意图,即来访者企望达到的目的;

(3)接待者,即对来访者进行接洽招待的工作人员;

(4)接待任务,即根据来访者情况而确定的接待方针和安排,多由接待计划来体现和确定;

(5)接待方式,即接待的规格、程序、方法等。

在这五个要素中,办公室接待人员扮演着十分重要的角色,他们既是本单位或领导的代表,又是各种接待事项的具体办理者。办公室人员对来宾接待工作的好坏,直接反映出一个单位的工作作风和外在形象,也直接体现了办公室人员本身的素质、能力、水平和形象。因此行政机关工作人员必须十分重视和切实做好接待事务管理工作。

在接待工作过程中,接待人员应该始终坚持几项基本原则。

(1) 诚恳热情。诚恳热情的态度是人际交往成功的起点,也是待客之道的首要内容。热情、友好的言谈举止,会使来访者产生一种温暖、愉快的感觉。因此,对于来访者,不管是上级机关来的,还是下级机关来的,也不管其身份、职位、资历、国籍如何,都应平等相待,诚恳热情,不卑不亢,落落大方。那种"门难进,脸难看,话难听,事难办"的衙门作风要坚决革除。

(2) 讲究礼仪。我国是礼仪之邦,接待活动作为一项典型的社会交际活动,务必以礼待人,体现办公室人员较高的礼貌素养。接待人员在仪表方面要衣着得体,和蔼可亲;在举止方面要稳重端庄、从容大方;在言语方面要语气温和、礼貌文雅;避免各种虚情假意、矫揉造作的做法。

(3) 细致周到。接待工作的内容往往具体而琐碎,涉及到许多方面的部门和人员。这就要求接待人员开动脑筋,综合考虑,把接待工作做得有条不紊、善始善终。例如,要根据相应的规格和礼节,妥善安排好来访者的住宿、吃饭、开会和旅游等事项,使客人感到宾至如归,处处感到方便随意。假如某一个环节未加考虑,就容易使客人感到不安或不便,以至影响对本单位良好的印象。

(4) 按章办事。许多单位都制定有接待方面的规章制度,行政机关接待人员必须严格遵照执行。例如不得擅自提高接待标准;重要问题随时请示汇报;对职责范围以外的事项不可随意表态;不准向客人索要礼品;如对方主动赠送礼品,应婉言谢绝,无法谢绝的要及时汇报,由组织处理。要根据不同国家、地区、民族的风俗习惯来区别接待来访者等等。

(5) 俭省节约。接待工作在某种意义上是一项消费活动,需要人力、物力、财力的投入。行政机关接待人员应厉行节约,精打细算,勤俭务实,不搞形式主义、讲排场、摆阔气、大吃大喝、奢侈铺张的不正之风,尽可能少花钱多办事。

接待事务管理的一般程序,根据接待对象的不同可以分为两种类型:一是接待来访个体,基本程序包括打招呼、接受名片、向领导引见、送别等等。二是接待来访团体,基本程序包括拟订接待方案、搜集背景材料、掌握迎候时间、安排领导约见、负责组织参观游览、安排宴会、住宿和送别等。

三、机关事务管理的现代化

1. 机构设置的现代化。要实现机关事务管理的现代化,首先要涉及的就是行政机关管理体制的现代化。其中,机构设置是管理体制在组织形式上的重要体现。行政机关的事务管理要实现现代化,必须确立合理的组织结构,并在此基础上建立起精干和高效的机关管理体制。

现代行政机关组织机构的设置是随着办公厅(室)工作任务的变化、工作职能的演变和办公手段的发展而不断调整和完善的。办公厅(室)的工作要实现规范化、科学化和现代化,必须严格遵循以下一些基本原则。

(1) 目标一致原则。一个系统的首要关键是确定目标,目标既是提高行政效能的前提条件,也是团结和鼓舞行政人员同心协力完成工作任务的根本动力。行政机关的机构设置,应该紧紧围绕着行政组织的最终目标,把总目标分解成每个部门和每个人员的具体工作目标,强调从实现整个系统的根本目标入手,用目标来权衡利弊得失,强调小局服从大局,按照整合的要求来安排机构的设置,做到机构与机构之间在实现组织目标过程中的连续性和统一性。

(2) 职、责、权一致原则。这里的职是指职务,责是指责任,权是指依据任务所赋予的权力。职、责、权一致原则要求机构设置以工作任务为依据,因事设职,一个萝卜一个坑,贪多增设和盲目缩小都不利于任务的完成。在现代化的行政机关内部,每个成员的职责都十分明确,并在其职责范围内处理各种有关的问题,机构内不设有职无权的岗位,每个人之间的分工十分明确,在任何情况下都能按照分工标准找到经办人员,真正做到事事有人负责,人人各司其职,各行其权。此外,为保证职、责、权的有效行使,行政机关应对每个工作人员行使权限和是否尽职、尽责的情况进行考核和监督,并根据考核的实绩,有功者奖,有过者罚。

(3) 效率原则。机构设置的根本目的在于实现既定目标,要实现目标就必须讲究效率,特别是在当今高科技迅速发展的信息化时代,企业不讲效率就无法竞争,就会面临破产和倒闭的危险;行政机关不讲效率就会对国家和人民的利益造成重大损失。因此,在行政机关的机构设置时必须认真考虑如何设置机构才有利于提高工作效率的问题。以前行政机构内部机构臃肿、人浮于事的做法是与效率原则相违背的。为了避免这些现象的出现,实现机构设置的现代化,在机构设置时应切忌因人设事,而要根据任务的繁重程度,考虑现代科学管理的原理来设置有关的部门。尤其是针对以往行政机关信息传递缓慢,影响办事效率的弊病,建立一整套完善的信息收集和反馈系统,以保证信息反馈速度加快,办事的线路与过程大大缩短,办事效率大大提高。

(4) 精简原则。一般行政机关的机构设置是根据单位体制、规模、业务范围大小,以及工作特点而进行的。因此,在机构设置的过程中,应在明确机构总目标和总任务的基础上,本着合理与精简的原则进行机构的设置。为从根本上克服官僚主义和机构臃肿的现象,关键的一点就是要在行政机构内部引进竞争机制,根据工作实绩实现优胜劣汰,把那些素质差、工作能力弱的人员分流出去,实现机构精简的目标,保证行政机构的活力。

(5) 分层管理原则。一般说来,行政机关的各层次及各部门的组织是一个完整的统一体,正如人体内部各个器官和生理系统一样,任何局部都是有机整体的组成部分,它们各自发挥不同的管理功能,互为条件,互相配合,形成一个有机的统一整体。在具体运作过程中,每个管理层应当实行逐级指挥、逐级负责的制度。对每个管理者来说,一个人只有一个特定的上级,每个人只能从自己的上级那里接受指令,也只能向自己的上级请示报告并向其承担责任。各个层级之间层层负责、分级管理、上下配合、左右协调,在上下层级任务发生矛盾时,强调下级服从上一层级总任务的要求。当然,在一些特殊情况下,如发生重大灾害和重大事故,或出于控告直接领导人的违法乱纪行为的原因,下级人员可以越级指挥和越级请示报告;同时,上级为了进行调查研究和了解情况,也可以直接越级深入基层,但这种情况下,上级领导不应直接干涉基层部门的指挥和管理工作,也不应直接决定和解决基层的日常事务问题。只有这样,才能在行政机构中形成制度化的管理原则,保证机构设置按照现代化的要求进行。

要实现机构设置的现代化,仅仅只关注机构设置本身的问题还不够,还必须努力实现机关管理的制度化和规范化,也就是说,在行政机关各部门中建立相应的规章制度,如工作制度、责任制度、考核制度和奖惩制度等,做到有章可循、有法可依。这些规章制度既要具有稳定性和延续性,又要根据形势和环境的变化不断加以充实和修订,使其更能满足机构设置现代化的需要。

2. 人员配备的现代化。行政机关的工作效果常常是和工作人员的办事能力和办事效率联系在一起的。要实现机关事务管理的现代化,必须加强人员配备的现代化,也就是要加强行政人员的素质教育,实现行政人员群体结构的优化,提高行政人员的办事能力。

在行政人员个体素质结构方面,主要强调的是知识结构(包括基础知识、专业知识和相关知识)、能力要求(包括基础能力、一般技巧和特殊技能等)、道德素质(基本要求包括服从领导、埋头苦干、公道正派和严守机密等)、心理条件(包括人的品格、情绪、意志、个性、思维和兴趣)等等。

在实现行政人员群体结构优化方面,要注意到每个人年龄因素、知识因素、个性因素和文化因素的不同,认真贯彻群体互补的原则,努力实现机关内部群体结构中梯形的年龄结构、合理的知识专业结构、多类型的智能结构和协调的气质性格结构,同时贯彻行政人员经常调整流动的原则,鼓励行政人员积极流动,使他们开阔视野,增长见识,充分发挥自己的才干。

在提高行政人员办事能力方面,应着重培养的是行政人员的参谋能力、承办能力、协调能力和表达能力。参谋能力是指行政人员为领导出谋划策,进行决策咨询和智力辅助的能力;承办能力是指行政人员及时、准确、优质、高效地完成领导交办的事项的能力;协调能力是指行政人员根据领导的意图,积极主动地沟通各方面的信息,调节各种关系,与各部门、各单位商讨事项,协同步调一起进行工作的能力;表达能力一方面是指行政人员应具备较强的口头表达能力,另一方面是指行政人员具有较强的文字表达能力,既要能熟练起草各种公文,又要善于根据领导者的不同要求,写出不同风格的发言稿,还要提高写作的速度和质量,做到言简意赅,表达生动。

3. 办公手段的现代化。当今世界已经进入了信息时代,新的技术革命冲击着人类社会的一切领域,对办公手段也产生了重大影响。各级行政机关只有抓紧时机,努力改革陈旧的办公手段,采用先进的办公设备,运用现代化的技术方法,才能顺应时代发展的步伐,才能更有效地完成行政机关的既定目标。

实现办公手段的现代化,简单说来,就是努力实现办公自动化。行政机关办公自动化的主要内容就是普遍采用电子计算机进行管理。由于电脑具有迅速、准确、储存量大、沟通范围广等优点,因此最适合广泛应用于行政机关管理中。此外,无线电传真机、电传打字机、高速复印机、高保真录音录像设备和移动通信装备等已经成为现代化办公机构的必要工具,成为开展日常办公业务所不可缺少的重要手段。行政管理手段的现代化,是实现机关事务管理现代化的物质基础,它可以大规模地取代日常繁杂的事务性工作,大大提高处理事务的速度和质量,避免行政人员在"文山会海"中消耗大量的工作时间,从而大大提高了行政效率。

目前,办公手段现代化的进程朝着建立信息网络和发展信息高速公路的方向加速前进,有了信息高速公路,行政领导者可以通过电脑自行检索,取得大量的数据和有用的信息,精通电脑的行政人员也能利用电脑迅速加工和研究信息;大量的行政会议可以不开,而改为远程通讯形式的电脑会议;大量的行政文件将通过网络进行传输和处理。由此可见,在信息技术高速发展的新时代,行政机关的管理工作将进入一个崭新的发展阶段,并为完成行政机关的组织目标,更好地为公众服务创造出全新的局面。

【案例】

计算机在行政管理中的应用几乎已经是管理现代化的一种标志了,但近来发生在某行政单位的事使人们不禁对这种说法产生了疑问。前两年,该单位购进了大批计算机设备,发到各职能部门。随后,各职能部门又利用拨款申请上的便利,各自购进了一批型号不一的计算机。不说人手一机,也八九不离十。相应的工作也开展起来了,如派人出国考察,派人出去学习,请专家传授有关知识,进行计算机扫盲教育等。不久,变化就让人们都感觉到了:到了月底,会计科让人们拿到了一张由计算机打印出来的工资条;以前由人工抄写的报表也变成计算机打出的了;计算机还可以帮助起草文件,尽管最后还是要将打印稿交机关打字室再打一遍。当然,更明显的感觉还有,那就是计算机还可以用来供娱乐之用,如玩电子游戏,而且往往在上班时间就可以公开进行(机关的制度是不允许在上班时间玩的)。

一些特殊现象,一些怪事情也出现了:第一,开机不足。让人称奇的是,一方面计算机操作员没事干,另一方面有些文件、报表还得由人来写作、制作;第二,各种型号的计算机都有,但相互之间缺乏协作,甚至缺乏协作的基础,没有统一接口,不便于联网形成信息系统,信息也不能共享,内容大同小异的报表还是从不同的部门飞向基层单位,基层单位仍旧一份份重复填报,一个一个部门地对付;第三,人为造成计算机软硬件的损失,不懂行的人违反规定乱敲乱摸,不断造成机件失灵、软件系统崩溃,工作中的失误增多;第四,机关办公费用增长惊人,单位事务的成本高得要命,写一份文件常常要反反复复打许多次,最高记录是一份文件最终完成后,每张纸值5元钱;第五,机关的纪律开始松懈,在上班时可以用电脑玩游戏的不成文的"新规则"实际实施之后,几十年从未出现过的上班时间下棋、打扑克问题也比较普遍地出现了。

　　有感于问题的严重性,该单位领导决定进行一次全体工作人员参加的大讨论,统一认识,解决存在的问题。讨论中有相当部分的人主张停止使用计算机,理由是它干事花费太高,根本不值得,而且工作质量没有保证,计算机打的统计报表总让人不放心,秘书起草的文件挺好,计算机打的字看上去就不舒服。还有什么硬件、软件开发等问题,谁也说不清,道不明。因此,不用计算机最爽快。

　　请问:1. 这个实例说明了哪些问题?行政机关运用计算机开展工作时怎样才能克服该单位出现的类似问题?
　　　　2. 在行政机关规划办公自动化系统时,应当考虑哪些方面的因素?

复习思考题

1. 机关和机关行政的含义是什么?
2. 机关行政的地位和作用表现在哪些方面?
3. 机关行政的原则和职能是什么?
4. 机关文书管理的作用表现在哪些方面?
5. 机关之间的行文有哪几个方向?
6. 档案在机关管理中的作用和内容包括哪些方面?
7. 会议的种类有哪些?会议的组织要求是什么?
8. 机关事务管理的主要内容和要求是什么?

第十四章 行 政 方 法

【提示】

　　一年前,38岁的姜良由原来区文化局局长被提升为某市文化局副局长,分工负责干部、人事、宣传、教育、财务和办公室工作,成为该局有史以来最年轻的副局长,他几乎全身心都投入了工作。每天工作十余小时,连节假日都不休息。下面就是他一天较有代表性的工作纪实。

　　7:30 到办公室,开始批阅文件;8:25 去市政府大礼堂参加局先进生产工作者表彰大会;10:00 回办公室与干部处处长商量京剧院院长和党委书记的人选问题;10:50 到杂技团检查工作;12:00 用午餐,与杂技团负责同志商谈人才培养问题;13:10 返回办公室,向宣传处负责同志布置关于加强理论学习的宣传工作;14:00 听取保卫处长关于交响乐团仓库失火处理意见;15:00 去医院探望因病住院的京剧院副院长王兴龙同志;16:00 接待群众来访;17:00 审批工会活动计划;18:00 去和平宾馆参加文化局一家基层单位与外商合作的合同签字仪式,并参加晚宴;20:30 返家,起草明天由他主持的局思想工作交流会的发言稿。

　　姜良的工作日程基本上天天如此。总感到时间不够用,工作也越积越多,怎么也干不完,而且工作绩效也不像在基层那样突出。为此,姜良感到苦恼。根据姜良同志的一天工作纪实,能否找出问题的根源呢?

　　行政方法是指各种能够实现行政职能、完成行政目标、保证行政活动顺利进行的专门方式、手段、措施等。它是管理活动的主体作用于管理活动的客体的桥梁。在行政管理中,一般常用的方法有行政的、法律的、经济的和社会学、心理学的方法,以及系统工程和现代自然科学方法等,本章涉及的行政方法是管理方法论的探讨。行政方法是管理技巧运用的基础。

第一节 行政方法概述

一、行政方法的涵义

行政管理方法,是指能够保证行政活动朝着预定的方向发展,达到行政管理目的的各种专门的方式、手段、技术措施等等的总称。它是管理活动的主体作用于管理活动的客体的桥梁。行政机关对国家事务实施管理时,必须运用一定的方法。人们进行行政管理的活动过程,也就是各种管理方法的应用过程。

由于在行政管理活动中,各种客观规律的性质、作用、特点和条件的不同,因此行政管理的方法也具有多方面的内容和形式。行政管理对象的多样性,决定了行政管理方法的多样性。各种行政管理的方法既互相区别又互相联系,它们的总体构成行政管理的方法体系。

各种行政管理方法的产生和发展,以及它们的具体应用,都是由社会事务管理活动的需要所决定的,采取什么样的合理方法,取决于管理对象的性质和发展规律,有什么样的管理对象,就必须有相应的管理方法。一旦社会管理活动的内容发生了变化,行政管理的方法及其应用也就要随着发生变化。管理方法如果不符合管理对象的性质和发展规律,那就不可能使管理对象沿管理者原定的方向发展,达到管理预期的目的,甚至出现某些无法预料的情况。

二、行政方法的分类

对行政方法的分类,可以按行政信息沟通的特点、决策者、精确程度、适合领域等方面进行。

1. 按行政信息沟通的特点分类。信息是行政的纽带,行政活动实际上也就是行政信息沟通或反馈的过程。根据行政信息沟通的特点进行分类是对行政方法的最本质的分类。影响行政信息沟通接受率的主要因素有权威性、利益性、价值观等。

(1) 按权威性沟通特点的要求。权威性沟通的特点是指行政信息对接受者具有强制性的约束力,信息接受者对信息内容及其要求必须服从和照办,不得讨价还价和打折扣。权威性沟通要求运用行政领导和法律的方法,以便保证行动的统一。

(2) 按利益原则沟通特点的要求。利益原则沟通的特点是指行政信息的沟通依赖于信息接受者的利益,因此要使信息接受者的行动结果与其利益结合起来,管理信息的沟通才能有效。为此要求运用经济的方法和咨询顾问等参与的方法。

(3) 按理想性沟通特点的要求。理想性沟通的特点是指靠信息内容刺激接受者的精神愿望,使其按管理的要求进行各种活动。为此,要求运用宣传教育和思想工作的方法,启发信息接受者的觉悟,使个人目标尽可能地与组织的目标相符合。

2. 按管理者的内容和性格分类。管理者在行政过程中起主导作用,因此行政方法的选择也是因人而异的。

(1) 专制的方法。即以个别人或个别集团的利益为出发点,实行个人独断政策,强迫行政对象按管理者个人的意志行动。这实际上是高度集中的行政领导方法。

(2) 民主的方法。行政决策是以组织全体成员的共同利益为基础,鼓励每个组织成员发表意见和看法,使大家来决定管理问题。

(3) 民主集中制的方法。在广泛征求组织成员意见的基础上,集思广益,由主要领导集团决定重大问题,由主要行政者全权指挥贯彻。

3. 按分析和解决问题的精确程度分类。

(1) 定性的方法。着重于问题的特性与变化趋势的分析和判断,提高解决问题的层次和水平。

(2) 定量的方法。运用数量分析,以尽可能精确的数量进行描述和分析,从而明确管理问题的程度,提出解决问题的定量标准,要求运用运筹学等数学方法。

第二节　行政管理的主要手段

一、行政手段

行政手段是指依靠行政机构和领导者的权力,通过强制性的行政命令,直接对管理对象发生影响,按照行政系统来管理的方法。行政管理系统一般采用命令、指示、规定、指令性计划、规定规章制度等方式对系统进行控制。

1. 行政手段的特性。

(1) 权威性。行政手段能否运用和贯彻的程度,取决于行政手段的权威性,即不容置疑的性质。

(2) 强制性。要求人们在思想上、行动上、纪律上原则性地服从统一的意志,而不顾及人们是否赞成,一经决定,就要贯彻到底。

(3) 稳定性。行政管理系统具有严密的组织机构、统一的目标、统一的行动、强有力的调节和控制,对于外部因素的干扰具有较强的抵抗作用。因此,行政手段具有相对稳定性,不会轻易变动。

(4) 时效性。行政手段的实施往往只对某一特定时间和对象有用。具有一定的时效性,随对象、目的、时间等条件变化而变化。

(5) 具体性。行政手段从行政指令的对象到指令的内容都是具体的,具有特指性。

(6) 保密性。行政手段实施过程中的行政指令和计划等指标具有较强的保密性,不许信息随便外流。

(7) 垂直性。行政管理手段是通过行政系统、行政层次来管理的,因此,基本上是"条条"的管理,采取纵向直线传达指令。下级只服从顶头上司,低一层次只听上一层次实行垂直性传递信息,横传的命令一般无效。

2. 行政手段的结构、分类和程序。

(1) 结构。行政手段的结构主要按管理的系统结构分为四个一般的层次。

① 经营层。即最高领导层。其根本任务是通过预测分析,作出正确的经营决策,确定目标、政策、方针。

② 管理层。即中级领导层。将决策变为指令性信息,发布管理命令、指令,作出指令性计划。

③ 执行层。贯彻上一层次的管理命令、指示、计划等,使之具体化,推动操作层运转。

④ 操作层。接受指令,具体地完成上级下达的某一项任务。

(2) 分类。行政手段由于社会制度不同,运用领域、目的、方式不同而有不同的类别。

① 按性质划分有民主型、专制型、假民主型、民主集中型四种行政方法。

② 按形式划分有全民式、宗法家长式、封建衙门式、长官意志式、领导与

群众结合式五种行政方法。

③ 按下达方式分有命令式、制度式、计划式和总结指导式四种行政手段。

3. 行政手段的优缺点。优点方面表现为：① 集中统一，这决定了行政手段是管理的基本方法；② 便于管理职能的发挥，原因在于强有力的行政领导；③ 是实施各种管理方法的必要手段；④ 能处理特殊的问题，原因在于其针对性强；⑤ 灵活、快速见效。

缺点方面表现为：① 管理效果直接受领导水平的影响。因其为"人治"，故很大程度上取决于领导者的知识水平、经验、管理艺术和道德修养；② 不便于分权。分则乱，因集权造成有职少权无责的现象；③ 不利于发挥子系统的积极性；④ 横向沟通困难，矛盾多；⑤ 信息传递迟缓，失真严重。

4. 适用范围和实施技巧。行政手段是管理活动中最古老的也是最基本的方法。管理的特征之一就是权威性。没有一定的权威和服从，管理职能就无法实现。因此，以权威和服从为特点的行政方法，就是执行管理职能的根本手段。其适用范围最广，适应性最强，无论是社会管理、军事管理、经济管理，还是科研、文化、教育管理，各个领域的管理都离不开行政手段。因此，行政手段是一切组织体所不可缺少的手段。

如何运用行政手段呢？毛泽东曾提出："必须达到精简、统一、效能、节约和反官僚这五项目的。"为此应从以下几个方面努力：

第一，要突出目标导向。目标是一切管理活动的依据，既是出发点又是最终目的。目标明确才能加强行政指令的权威性。

第二，要适当集权。大权在握，小权分散，强调下级服从上级，但又不要多头领导，以免指令分散。

第三，要按系统原则建立一套严密的组织机构，保证集权的实现。

第四，要处理好跨度和层次的关系，行政指令不要一竿子插到底，而是下达在本跨度内，然后通过层次逐级下达。各层次干各层次的事。

第五，权责要一致，有权力就要承担责任，明确每一个人执行指令的责任与权力。

二、经济手段

经济手段是指按照客观经济规律的要求，运用各种经济手段，调节各方利益关系，刺激组织行为动力的管理方法。

1. 经济手段的特性。

(1) 利益性。这是经济手段最根本的特性,要求按照物质利益原则,把组织成员的物质利益关系,与其工作成果联系。

(2) 调节性。不同的生产关系有不同的利益关系,不同的组织和不同的组织成员也有不同的利益关系,经济手段就是要调节不同的利益关系,使之与整体组织有效运转相协调。

(3) 制约性。在宏观管理中,它表现为国家运用各种经济杠杆来制约企业以及各种具有独立经济利益的组织体的各种活动;在微观管理中,它表现为企业及各种组织体通过各种经济手段来制约组织成员的活动。

(4) 多样性。不同部门、不同地区、不同时间、不同工种等等不同的管理活动所采取的经济手段及其运用都是不同的。

(5) 技术性。运用经济手段需制定各种经济技术指标,这要求以广泛的技术知识为基础。

(6) 公开性。经济手段是公开的,以便进行对比和激励,充分调动组织成员的积极性。当然,在某些特定情况下也具有一定的隐蔽性,如发红包等。

2. 使用经济手段需具备的基本条件。

(1) 组织体必须具有独立的经济利益,否则,组织体运用经济手段的动力就会不足,组织成员的工作成果也难以和组织利益挂上钩。

(2) 要有合理的定额标准,这是经济手段实施的基础。否则,难以衡量优劣,无从奖惩。标准是否合理,直接影响经济手段的效果。

(3) 各种经济手段要协调配套。经济手段往往不能孤立使用某一手段,需要健全各种手段,形成配套,并且相互间要协调。

(4) 需要相应的经济立法,制定各种条例、规章制度以及其他管理方法的配合。

3. 经济手段的种类和作用。经济手段的运用范围可分宏观和微观两个方面。在宏观管理中,国家可运用价格、税收、信贷等经济手段,管理国民经济。

(1) 发挥价格杠杆的作用。价值规律在市场上的调节作用,主要是通过价格变化影响商品生产者的经济效益,从而影响他们的经济活动来实现的。其作用表现为:指导生产、指导消费、调节部分国民收入的分配。

(2) 发挥税收杠杆的作用。国家根据经济发展的需要,制定不同的税种和税率,以体现对企业或个人的某种经营活动在政策上的鼓励或限制,从而影响和调节它们的经济活动。税收作用主要表现为:调节生产和流通,调节企业的利润水平,促进边远和落后地区的经济发展,调节对外贸易,调节各种经济成分和个人的收入。

(3) 发挥信贷杠杆的作用。银行信贷通过利息率、贷款额、归还期等机制,合理组织和分配社会资金,调节企业和社会其他各种经济活动。其作用主要表现为:调节生产和流通,促进企业加强经营管理,促进边远和落后地区的经济发展,促进产品出口。

在微观经济管理中,企业或其他组织采用经济手段,就是要把组织中各层次、各成员的利益与其工作成效、生产成果,乃至整个组织的成果联系起来,促使大家关心自己的工作,关心本组织体及整个组织的成果,通过工资、奖金、罚款等形式进行。

(1) 工资。我国现阶段实行的是国家统一规定的工资等级制度,具体分为管理人员和技术人员的职务等级工资制,工人等级工资制。目前许多企业正在实行浮动工资制的改革。

(2) 奖金。奖金是超额劳动的报酬,奖金应当不仅与个人的工作努力相联系,还要与所在组织层次以及整体组织的成果相联系。奖金可采用多种形式,如综合奖、超额奖、单项奖、协作奖、技术革新奖、建议奖、经营管理奖等等。

(3) 罚款。用经济手段管理企业,要有奖有罚,奖罚并用。罚款可用于各种需要制止的情况,如管理不善以至亏损、工作失误以至事故、违反规章制度、延误生产进度等等。

4. 经济手段的优缺点。优点方面:由于经济手段是直接建立在物质利益原则的基础上,因而能够从根本上调动各方面的积极性,使组织的工作成效便于衡量。同时,利用经济制约关系便于实行分权的组织管理,发挥各方面的主动性和创造性。

缺点方面:运用经济手段有时会有一定的副作用,容易产生见钱不见人等拜金主义的现象,并且也易导致利益目标分散、混乱。同时经济手段也有一定的局限。例如,在非赢利的组织体系中就有一定的限度。从个人需要层次来讲,当基本物质需要有了相当满足后,更高层次的精神需要就上升,以致经济手段的效用递减。

三、法律手段

法律手段也就是人们常说的"法治"。这里作为管理方法来讲的法律手段,不仅仅指国家法律的制订与实施,还泛指各种组织团体的管理系统所制订和实施各种类似法律性质的社会规范。

1. 法律手段的特点和作用。法律手段的特点:

(1) 强制性。法律手段作为组织体明确的行为准则,对全体组织成员均具有强制性约束力,也就是"在法律面前人人平等",人人都必须遵守的行为准则。

(2) 规范性。规定组织成员在一定情况下,可以做什么,应当做什么和不可做什么,不应当做什么。同时,又通过这种指引,作为评价组织成员行为的标准。

(3) 概括性。法律制约的对象是抽象的、一般的人,而不是具体的、特定的人。同时法律是明确的,不是含糊不清的,任何人都可以据以衡量是非。

(4) 稳定性。法律在同样的情况下可以反复适用,而不是仅适用一次。并且法律一经制定,就不能随意改变;法律条文的解释也是统一的,具有一定的稳定性。如需修改则须经过一定的手续和程序。

(5) 可预测性。法律以符号信息的形式来表达,由于这些信息的存在,组织成员有可能预见到组织对自己的和他们的行为会有什么样的反应。人们事前可以估计到自己或他人的行为是合法的还是非法的,会有什么样的后果等等。

法律手段在管理中的作用:

(1) 保证必要的秩序。管理的关键在于信息和人、财、物的合理沟通,而使用法律方法来进行管理,把沟通方式用法律的形式规定下来,就可以建立起法律秩序。它可以使管理体系中各个子系统明确自己的职责、权利、义务,使它们之间的沟通渠道畅通,并正常发挥各自的职能。使整个管理系统自动有效地运转。

(2) 使管理系统具有稳定性。由于法律手段具有概括性和稳定性的特点,它能把现有的各种管理关系固定下来,使管理系统具有一定的稳定性。这种稳定性是各种事物存在和进行有规律运动的基础,有利于管理系统的发展。

(3) 调节各种管理因素之间的关系。它是法律手段在管理中的主要作用,能自动调节各种组织(及其各个下属构成单位之间)纵的和横的关系。

(4) 对管理系统的发展有促进或阻碍的作用。法律规范的合理与否,决定着管理秩序的合理与否。法律规范如果是稳定的合理的管理秩序,就对管理系统的发展起促进作用;反之,则起阻碍作用。

2．法律规范的结构和分类。法律手段是运用法律规范及类似法律规范性质的各种行为规范进行管理。结构通常由条件、规则、奖惩三部分组成。

（1）条件——就是法律规范中指出的运用该规范的条件和情况的那一部分。只有合于那种条件，出现了那种情况才能适用该规范。

（2）规则——就是行为规则本身。也就是法律规范中指出的允许做什么，禁止做什么，或者要求做什么的那一部分。这是法律规范的最基本的部分。

（3）奖惩——就是法律规范中规定的遵守或违反该规范时，将要承担什么样的法律后果的那一部分，也就是受到奖励或制裁的方式。

法律规范可以进行各种不同的分类，按其本身不同的特点有如下分类：

一是按照法律规范表现形式不同，可以分为义务性规范、禁止性规范和授权性规范，还可以分为强制性规范和任意性规范。

二是按照法律规范内容的确定性程度，可以分为确定性规范和非确定性规范。

三是按照制定机关和法律效力的不同来区分法律、法令、条例、决议、命令、守则、合同、标准、规章制度及其他规范性文件。

运用以上这些不同的法律规范来进行管理就构成了各种不同的法律手段。

3．法律手段的运用。从横的方面看，法律手段在原则上适用于社会管理的各个领域，对经济管理、科学管理、教育管理等领域都是适用的。由于法律手段有概括性、稳定性等特点，因此，它只适宜于处理某些共性的问题，而不宜于处理特殊的个别问题。使用法律手段需具备的基本条件主要有：① 法律的内容要与整个组织体内的道德舆论水平相适应，偏低则不起作用，过高将会造成司法的困难；② 树立法制的权威性需要有效的法律机构和体系来保证法律的实施。

组织体中各种法的制定，要注意不可超越阶段，脱离现实的各种条件，必须防止主观任意性；要符合客观事物的发展规律，选择正确的法律调整方法，对不同的管理系统和不同的管理对象，应当使用不同的法律调整方式；要把原则性和灵活性结合起来，以提高法律规范的适应性。法律规范的实施要强调"严"字，即从上到下严格执行，不能有例外。法律规范的解释要保持同一性，不能随心所欲。要注意法律手段由于灵活性或弹性较小，容易管理僵化，不便于处理特殊的问题和及时处理管理中出现的新问题。而且由于其具有强制性,有时会不利于管理系统发挥其积极性、主动性和创造性。因此,要与其他手段结合运用,如与偏重于"人治"的行政手段相结合,加强灵活性;以思想教育手段开路,以经济手段相配合等等。

四、思想教育手段

思想教育手段是指通过对一定精神观念的宣传,从理性方面激发人们的理想,使之成为人们组织行为的动机,从而为实现组织目标而努力的方法。

1. 思想教育手段的特性。

(1) 目的性。这是思想教育手段的首要特性。不同类型的组织有不同的目的性,特别是不同的社会制度决定了组织一般目的性的不同。目的性决定了这一方法的具体内容、工作重点和性质。

(2) 科学性。思想教育手段要符合客观规律的要求,内容上的真理性和形式上的艺术性要结合起来。

(3) 启发性。思想教育手段的作用形式是非强制性的,主要靠启发人们的觉悟,促使人们自觉地采取符合组织目标的行动。当然,思想教育会形成某种组织气氛和舆论压力,这是一种内在强制性,而非行政手段和法律手段所表现的是外在形式上的强制性。

(4) 艺术性。思想教育手段形式多样,不拘一格,灵活多变,不守常规。完全因人、因事、因时、因地而异。

(5) 长期性。由于人们观念、理想、愿望的形成周期较长,同时又处于不断变化之中,因而需要长期不间断地鼓励,所以思想教育手段的运用是个长期不懈的努力过程。

2. 思想教育手段的种类。思想教育手段的种类很多,形式多样,灵活不拘,大体上可分为以下几类。

(1) 灌输。组织中的各类成员不可能自发地产生组织共识,必须主动地、经常性地从正面宣传组织的目标、方针和政策,使组织所需要的精神观念为组织中各类成员所理解,形成有利于组织体的主导气候和正统观念。

(2) 疏导。根据组织成员的思想和行为活动基本规律的要求,针对一定时期组织中的有关思想倾向,进行疏通和引导工作。疏通就是广开言路,集思广益;引导就是在疏通的基础上循循善诱,帮助人们实事求是地认识和分析问题,提高人们的思想觉悟,把人们的思想引到正确的方向。

(3) 说理教育和形象教育。这是根据人类思维活动分为抽象逻辑思维和具体形象思维两种基本类型而进行思想教育的两种基本形式。运用概念进行判断推理,以逻辑论据对客观事物的本质和规律作出科学论证的教育方式叫说理教育。凭借形象思维创造各种栩栩如生、奕奕传神的生动形象,描绘丰富多彩的生活图画,以显示现实生活的本质的教育方式叫形象教育。这两种形式的区分是相对的,只有具有正确而深刻的思想内容的形象教育,才能得到良好的教育效果。同样,只有寓说理于形象之中,通过生动活泼的事例,才能使说理教育具有吸引力。

(4) 感化教育。通过语言的劝导,形象的感染和行动的影响,激起受教育者产生共鸣,使其思想行为逐渐向教育者所要求的方向转化的一种教育方法。人的情感有两种职能,一是调节职能,不同的情感可以驱使人采取积极或消极的态度;二是信息职能,相互交流思想或情绪的方式。这是感化教育的心理学根据。感化教育是教育学上积极期待原理的应用、广义的感化教育是指建立组织体中相互尊重、信任、关心和支持的各种人际关系。狭义的感化教育主要是指对后进成员、犯错误甚至失足的成员采用"动之以情"的一种教育方法。一个人在动了感情以后发生的转变,往往比较牢固,纵有反复,也易重上正轨。

(5) 养成教育。把教育寓于组织的各项工作和活动中,侧重于通过实践活动,在自然熏陶和潜移默化中培养思想品质和行为习惯。中国古代就有养成教育的思想。《礼录·文王世子》曾提到"立太傅少傅以养之"。宋朝著名思想家、教育家朱熹提出:"养,调涵有熏阿,候其自化也。"养成教育贵在严格要求,启发自觉,并做到坚持不懈,持之以恒。

(6) 对比教育。运用比较的思维方法和心理活动过程中的对比对象而采用的思想教育方法,使用对比教育要注意思想性和科学性,要注意积极比较,防止消极比较。如在同志关系中,要通过比较学人之长、补己之短,奋发向上、急起直追;不要以己之长比他人之短,满足现状,停滞不前。对比要注意可比性、全面性和比较材料的真实性、准确性,把各种比较有机地结合起来。

(7) 典型示范。通过具有典型性的人物或事例,强调或反对一定的思想、作风和作为,吸引、鼓舞和推动职工学习先进、帮促后进,反对各种错误倾向,典型是能够代表一般,而又比一般有突出的地方,具有强烈的宣传、说服和感染作用。典型示范是促使群众性自我教育的好方式。

(8) 家访。家庭是社会的细胞,职工生活的安定与否,情绪的高低,生产任务完成得好坏,以及一些问题的产生和解决,往往与职工家庭有间接或直接的联系。家访实际上是深入职工的家庭和社会生活,一方面解决有关困难,解除后顾之忧;另一方面缩小社会感情差距,争取职工所处生活圈的各种积极因素的支持。

(9) 谈心。这是个别深入谈话的思想教育方式。组织成员的思想个性,是在各自不同的社会环境、物质生活、文化教育中接受不尽相同的影响,从事不尽相同的社会实践活动而形成的。思想教育要从对象的特点出发,因人而异,对症下药。谈心就是遵循这一思想工作规律的有效方法。搞好谈心要注意以下三点:一要诚恳,不要居高临下,要平等待人,真诚相见;二要知心,要有针对性,将心比心,以心换心,建立心理上的亲近感,引起思想感情的共鸣;三要耐心,要让对方说话,使他感到你在认真听取他的倾诉,要善于等待,不要急于求成,不怕反复。

(10) 工作竞赛。这是利用信息动力以激励组织成员的工作热情。信息动力来源于人类的进取心,即向上心、好胜心等。尤其是在物质生产领域,工作竞赛(即劳动竞赛)是很有效的宣传教育方法之一。比学赶帮超是社会主义劳动竞赛的主要内容。对于劳动竞赛,要公开报道,要保证劳动成果的可比性、要保证先进经验得到科学总结和切实推广。

3. 思想教育手段运用的技巧。思想教育手段的运用必须以此六条基本原则为准绳和依据。

(1) 理论联系实际的原则。思想教育手段运用的前提是要有正确的思想观念和理论体系为指导。同时要与组织的实际情况和实际问题挂钩,反对理论脱离实际,搞"假、大、空",要注重实效。

(2) 民主的原则。就是相信群众,搞"群言堂",使大家开动脑筋,积极发表意见,确立"主人"意识。

(3) 思想教育工作要结合业务工作一道去做的原则。组织中的一切思想教育工作都要围绕组织的业务活动去进行,而后者则要前者作引导和保证。

(4) 表扬和批评相结合,以表扬为主的原则。表扬与批评起着疏导作用,不可偏废。但表扬是正向引导因素,起积极作用,批评是负向抑制因素,易引起逆反心理。因此,从量上讲表扬应多于批评;从质上讲表扬与批评都要准确、公道。从时空方面来看,时机和场合的选择要适当,通常表扬场合宜大,批评场合宜小。

(5) 提高思想认识同关心、解决职工实际问题相结合的原则。马克思说:

"人们奋斗所争取的一切,都同他们的利益有关。"唯物主义重视物质利益原则。当人们的社会需要、劳动需要、物质和文化生活需要同现实发生矛盾时,会引起情绪波动,甚至产生思想问题。因此,在思想教育中要主动关心组织成员切身的物质利益和其他方面利益的实现和发展。

(6) 身教同言教相结合,身教重于言教的原则。这是提高思想教育工作有效性的重要方法。"上行下效",历来如此。如果律己不严,则难以律人,说话没有分量,各种思想教育手段的运用就缺乏基础。

在运用各种思想教育手段时应注意以下问题。

(1) 灵活运用"禁"与"导"。事物都是相辅相成、相互依存、相互变化的矛盾统一体,禁与导这对矛盾则是思想教育工作的两个侧面。当人们还不能完全自觉地约束自己,而我们又不能让许多错误的东西自由泛滥时,就需要采取一些"禁"的办法。应当用"规"、"纪"、"法"等禁的手段,对某些东西加以限制。"导"就是从人们的思想实际出发,按照思想发展的客观规律,采取有效的办法,使真理导入。"导"是启发内在因素,让人们自己选择正确的志向和人生道路。要做好思想教育工作,必须灵活运用"禁"与"导",两者结合,以"导"为主。

(2) 保持思想教育工作的"弹性"。首先是时间的放松,不要操之过急、"欲速则不达",要注意工作质量即实效,要允许有一个思想转变过程,有些思想问题需要"冷处理",暂时挂起来,一张一弛,张弛结合。

其次是形式的变换,各种思想教育方式的运用交替进行,或经常改变方式的组合运用,使有形的思想工作与无形的思想工作结合起来,寓教育于闲谈、娱乐、趣味之中。

再次是环境的选择。思想教育工作存在一种触景生情的效应。人处在不同环境会产生不同的情绪,进行思想教育时要正确选择和创造适当的环境。在根据不同的需要选择相应的场合与气氛,利用时过境迁情绪转换的作用等等。

(3) 注意研究思想教育工作中的"抗药性"问题。思想教育手段如果运用不当,会使被教育者产生反感,使思想教育的内容难以接受,甚至抵制,并使以后的思想教育工作也难以开展。一般来讲,造成"抗药性"的原因有如下几个:一"多",教育次数繁多,流于形式;二"空",讲大道理空洞无力,教育不切实际;三"老",因循守旧,拘泥于过时的老套套;四"乱",缺乏连续性和稳定性,朝令夕改。解决"抗药性",必须换"汤"换"药"。

第三节 行政技术

一、社会学方法

所谓管理学中的社会学方法，就是指将社会学的研究成果和研究方法运用于管理实践中去，进一步提高管理效率和职工群众的积极性。每一个企业或单位中，不仅有"人—机关系"、"人—事关系"，还有"人—人关系"。在这众多关系中，人是最活跃、最能动的因素，而社会学方法就是要协调好人与人之间的关系。其主要内容有以下六种。

1. 针对管理中出现的问题或亟须研究的课题，组织和实行各种社会研究和调查，收集大量的第一手资料，进行系统分析（包括定性或定量的分析），并在此基础上提出有关建立和完善管理体制的建议，提出提高职工生产效率和促进职工全面发展的建议，从而不断把管理工作导向新的水平。

2. 注意研究企业或单位中职工的地位与作用、权利与义务，揭示调动职工积极性的内在规律。社会学方法在研究这类问题时，十分注意与人们活动的社会环境联系起来，既要看到科室、车间这些微妙环境的独特作用，又要联系整个社会的宏观环境，进而揭示其客观规律。

3. 选择对不同群体相应的管理方法以及影响群体内部行为的方式。运用有效手段把群体的各个成员组织起来，协调一致地活动，动员他们着眼于总体目标，提高每个人的责任感。还要建立、健全和推行群体内应该共同遵守的行为准则。

4. 针对个体和群体的行为动机，提出激励的有效措施，以挖掘人们的潜力。

5. 让职工参与制定有关合理配备和使用干部、改善领导班子结构、改善领导成员之间关系的措施，为建设结构合理的高效率的领导班子出谋献策。

6. 让职工参与制定企业或单位社会经济发展综合计划，并对其中出现的各种社会学问题加以研究，提出建议。

社会学方法的具体措施，是通过社会调查技术，把社会学家与企业或单位的专门人员结合起来共同工作，从而为解决管理中存在的问题提出可行性方案与建议。

二、心理学方法

所谓心理学方法,就是指应用心理学的理论成果与研究方法,了解和分析劳动者集体和个人的心理活动特点,并按照人们的心理规律加以管理的方法。

人们在进行任何一种活动中,都要依据其内在的心理活动。管理工作要符合人的这种心理活动的规律,就必须考虑人们的"心理效应"问题。职工在生产因素或非生产因素影响之下,所形成的不同心理状态,都可能影响职工的生产或工作效率,影响管理者的管理效率。因此,在这方面利用心理学的一些理论和方法,有助于提高管理效果,更好地执行管理的职能,提高职工的主人翁责任感与创新精神。

管理的心理学方法,主要包括五个方面。

1. 人事管理与心理学方法。包括工作人员的选拔、招聘与录用,以及工作人员的评价和培训等问题。工作人员的选择、招聘与录用,一般要通过心理测量等手段,鉴定出该人的心理特点与所要担任的工作要求相一致。工作人员的培训主要是根据心理学的理论与方法,选择最为有效的方式,把必要知识与技能传授给新职工。

2. 组织管理与心理学方法。首先要研究职工的行为动机,以及企业或单位如何满足职工的动机和各种需要,以充分发挥出他们的积极性。其次要注意领导者的工作方式,领导作风会对职工产生什么样的影响,进而提出如何改进领导作风的建议和选择领导者的办法。最后还要研究生产或工作的各种组织方法造成的心理气氛,以及如何使用正式组织与非正式组织的目标达到整合等问题。

3. 工程管理与心理学方法。主要是劳动过程中的人—机关系问题。比如,从人们的心理需要出发,去布置工作场地的照明、气温、颜色、音乐,安排作息表。克服工作单调所造成的职工心理的疲劳。这要调查分析并进而预防职工工伤事故的各种心理、生理因素,比如,机器设计如何既保证技术要求,又符合人的心理、生理特点等等。

4. 销售管理与心理学方法。主要研究各类消费者的各种不同消费心理特点与购买行为特点,研究如何改进包装和外形设计,如何有效地利用广告,使其更具吸引力、影响力和敦促力。以进一步开拓市场,扩大销售,提高经济效益。

5.运用心理学方法进行管理,要注意采用心理学研究的一系列具体技术,如心理试验法、观察法、问卷调查法、投射试验等等。

总之,运用心理学方法进行管理,可以使管理方式和手段更加合理,使人们能够心情舒畅地投入到社会主义事业中来。这对于搞好管理工作是十分必要的。

三、网络计划技术

网络计划技术,也称计划协调技术和计划评审技术。在我国,华罗庚教授把它称为统筹法。这是在计划管理中,通过绘制、求解网络图来确定和实施计划的一种科学方法。其具体方法、步骤如下。

1. 把所要完成的任务(工程、项目等)分解为各道工序,并确定各道工序的所需时间,然后按照工序之间的联系和前后顺序列成工序表。

2. 用线段、节点和其他符号来表示工序名称、所需时间以及各工序的先后顺序和相互关系,构成网络图。

3. 通过计算时间参数,求出网络图中的关键路线和关键工序。

4. 根据任务(工程、项目等)的不同要求,在网络图上对计划进行调整,使之达到时间优化(即在一定的成本和资源条件下,使工期为最短);或资源优化(即在保证工期的情况下,使人力、物力资源的消耗为最少);或成本优化(即在保证工期的情况下,使费用为最省)。

5. 选择最优方案付诸实施,并在实施过程中严格按网络图进行控制和监督。也就是要在抓好关键路线的基础上,合理调配人力、物力和财力,协调生产(工程)进度,控制施工费用(成本),保证按预定的目标完成任务(工程、项目)。

网络计划技术自20世纪50年代以来,应用范围不断扩大。概括起来,主要集中在以下几个方面:① 各种新产品的试制和改进计划;② 生产技术准备计划;③ 技术改造和技术革新计划;④ 单项工程、大型产品(如船舶、重型机械等)的生产计划;⑤ 工艺装备生产计划;⑥ 各种设备的安装、改装和维修计划;⑦ 各种基本建设工程的施工计划;⑧ 各种复杂的工作安排;⑨ 各种资源开发项目的规划安排;⑩ 科研项目、生产项目和其他各种复杂的任务。然而,网络计划技术不是"万事通",它也有一定的局限性,比如,对于重复的工程项目和大批量生产来说,就体现不出它的优越性。

四、系统工程方法

系统工程是以研究大规模复杂系统为对象的一门新兴边缘学科。它运用自然科学中的有关思想、理论、方法和手段,根据系统总体的协调的需要,对整个系统的构成要素、组织结构、信息交换和反馈控制等功能,进行综合分析、设计、试验、实施,以最充分地发挥人力、物力和财力的潜力,实现系统的整体综合优化。用系统工程来解决各种管理问题,一般具有如下特征。

1. 全局性。系统工程在着手解决问题时,强调把研究对象看做是一个系统,并把研究过程也看做是一个整体。它先分析整个过程是由哪些工作环节所组成的,尔后进一步分析各个工作环节之间的联系,以及信息的传递路线和反馈关系等,从而编制出系统过程的模型,把全部过程严密地联结成一个整体。最后,全面地考虑和改善整个工作过程,以便使整个管理系统实现综合优化。由2万多家企业、120所大学和研究所、400多万人员参加的阿波罗登月计划,就是运用系统工程方法获得成功的。

2. 综合性。系统工程致力于运用各门学科和技术领域内所获得的成就。有人说,它是一门运用数学、管理学、经济学、社会学、心理学等多学科知识,在充分调动人的积极性的基础上,以最小的消耗取得最大效益的组织管理技术。这就意味着,要使管理系统达到整体优化,管理人员必须综合掌握多学科知识。据统计,日本丰田汽车公司人均每年生产汽车60—70辆,而美国同行人均每年只能生产汽车20—30辆,论技术和设备,两者差不多,为什么差距如此之大?经过比较分析,人们发现,很重要的一个原因是丰田汽车公司管理人员素质好,知识面广。

3. 可行性。系统工程强调从实际出发,从多种可用的方案中,选择与当时当地主客观条件相适应的可行方案。我国宋代丁渭负责重建被焚皇宫的工程,就是一个典型的系统工程。当时,要在短时期内重建被焚皇宫,有三大难题:一是城内取土烧砖难;二是大石料、木材运进来难;三是建筑垃圾处理难。丁渭经过系统分析,制订了这样一个施工方案:先把皇宫前大街挖成一条河与城外大河接通,这样笨重的建筑材料就可以用船运到工地;同时,将挖河所得的土就地烧制成砖;皇宫建成后,再将一切建筑垃圾填河成街,恢复原来面貌,在当时没有起重设备和大功率陆上运输工具的条件下,这一方案真可谓一举三得,显然是最切实可行的方案。

4. 最优性。系统工程要求在满足一定目标的前提下,作出最佳决策,以保证从各方面看都是最满意的方案。前几年,西安建立了一个大型炼焦厂,年产 5 万立方米煤气。结果有三种分配方案:冶金局提出,用它来炼钢,可以节省 1 万吨煤;化工局主张,用它来制造氮肥,可以节省 15 000 吨煤;公用事业局经过定量计算之后提出,如果把 5 万立方米煤气用来给居民使用,就可以省 3 万吨煤。这样,既可用其中的 1 万吨供钢铁厂,又可用其中的 15 000 吨供化肥厂制造氮肥,还多出 5 000 吨,并且使 3 万居民用上煤气,有利于改善环境污染。这就是用系统工程的最优性原理的典型例子。

五、现代自然科学方法

我们这个时代最伟大的创造,是创造了一系列认识世界和改造世界的方法,第二次世界大战以后发展起来的系统论、信息论、控制论(有人称之为"三论"),不仅直接推动了现代科学技术的进步,而且为人们提供了科学的管理原理和管理方法。近十几年来,人们在深入研究复杂系统过程中建立起来的耗散结构论、协同论、突变论(有人称之为"新三论"),把人类对客观世界的系统认识推进了一个新阶段。也可以说,这是继"三论"之后,科学方法论的又一次革命。同"三论"一样,"新三论"之间的联系也是相当紧密的。首先,普里高津的耗散结构论把研究对象从以往的封闭系统扩展到开放系统产品。平衡态扩展到非平衡态,提出了"非平衡为有序之源"的理论;接着,哈肯的协同论通过研究完全不同的系统之间所具有的共同特征(系统内部诸子系统在一定条件下的协同作用),提出了"平衡也可能成为有序之源"的论点;与此同时,托姆的多变论为系统从无序到有序的突变,提供了精确的教学工具,它通过耗散结构论、协同论同系统论联系起来,从而对一般系统论的发展起到了推动作用。毫无疑问,它们也为现代化管理学提供了原理和方法,由于这些原理与方法主要借助于现代自然科学的研究成果,所以我们把它们称之为现代自然科学方法。下面,简要介绍耗散结构论和协同论的原理和方法。

1. 耗散结构论的原理和方法。耗散结构,是指在远离平衡区的非平衡状态下,系统可能出现的一种稳定化的有序结构。耗散结构论的创造人是比利时布鲁塞尔学派的首领普里高津教授,他经过二十多年的研究,在 1969 年召开的"理论物理与生物学"国际会议上,正式提出了这一理论。

耗散结构论的研究对象是开放系统,而客观世界的各种系统(无论是有生命的,还是无生命的),实际上都是与周围环境有着相互依存和作用关系的开放系统。可见,这一理论涉及的范围之广,在科学史上是罕见的。无论是物理、化学、生物、地学、天文、环境、医学、农学、工程技术,还是社会、经济、文化、历史、管理等领域,都可以应用它的研究成果。这一理论从诞生到现在的短短十多年中,已在各方面取得一系列可喜的成果。人们称这一理论是20世纪70年代科学的"辉煌成就之一"。普里高津本人也由于对这一理论作出的重大贡献而获得了诺贝尔奖金。

耗散结构论告诉我们:① 对于开放系统来说,当外界参量达到一定的临界阈值时,系统内便会出现新的有序结构,而且是突然出现的;② 这种新的有序结构,只有在不断与外界交换物质、能量和信息的情况下,才能继续维持下去;③ 这些新的有序结构一旦形成,就具有很强的抗干扰能力和发展生机,它不会因外界条件的微小的变化而消失。相反,它能够适应外界条件的变化而自行组织(当然,这种变化都是指外界参量没有达到一定的临界阈值)。

上述原理告诉我们,一个富于生机的系统必定是开放系统。管理系统也一样,它要具有活力,就必须坚持开放,加强与外界的物质、能量与信息交换,特别是信息交换。奥地利物理学家玻尔兹曼认为,"熵是一个系统失去了信息的度量"。一个系统有序度越高,意味着熵值越小,信息量越大。"知识"即信息,它能指令能量转换,物质循环,如果用信息量代表知识量,那么熵即代表"无知"的程度,在一个管理系统内,知识和信息量大,就意味着熵值小,系统有序;反之,则说明熵值大,系统混乱。正是从这一意义上,有人把管理过程(计划、组织、指挥、控制)理解为不断减少熵的过程,即负熵过程,可以这样来理解:

(1) 计划负熵。计划是最为重要的管理工作,使人们在活动过程中得以有序化、有目的地一步一步进行,大大提高了人、财、物和信息资源之间的协调性,并降低以至消除了人们在改造自然和社会的活动中的盲目性和不确定因素。可见,计划具有明显的负熵作用。

(2) 组织负熵。组织有两层含义。一层是指对管理对象的组织、这种动态含义的组织,把原先分散的、互不相干的、杂乱无章地存在着的管理对象组合在一起,并使这种组合按照我们的需要产生出整体性的功效,为既定的目标服务。这种组织职能,显然降低了管理系统中的熵值。二是指管理组织机构的设置,这种静态含义的组织,必须有利于管理者进行上传下达的管理,有利于协调、控制。如果一个组织机构设置不合理,或者组织机构臃肿、领导多头、政出多门、互相扯皮,使下属无所适从,工作混乱,就会造成增熵,或者因为领导幅度过宽、层次过多,使下属不能及时得到上级的意见,各级领导也不能及时得到来自下级的反馈意见,也会造成增熵。可见,组织机构的设置,也具有负熵的作用。

(3) 指挥负熵。指挥的负熵作用是通过管理指挥的统一性特点表现出来的。指挥的目的是要使整个单位里的人、财、物和信息资源在统一和协调中得到合乎目的的结合,指令明确地上传下达,大大消除了管理过程的不确定性,这显然是一种负熵作用。

(4) 控制负熵。各种事物的组合、变化和发展往往有多种可能性。为达到预定的目标,增加其确定性,人们采用多种多样的手段对管理对象进行控制、干预,尽可能使事物按我们预想的方向发展变化,减少事物的盲目性,可见,控制职能可以说是直接的负熵。

从以上的分析中,我们可以看到,管理的诸项主要职能都具有明显的负熵特性。对于一个现代管理者来说,难道不能从这一特征中,找到管理的有效手段吗?

2. 协同论的原理和方法。协同论,也称为协同学,是20世纪70年代发展起来的一门新学科。创始人哈肯是联邦德国斯图加特大学理论物理学家。协同论的研究对象是由大量子系统组成的复杂系统。哈肯认为,在一定条件下,诸子系统之间的相互作用和协合,会使整个系统形成一种具有特定功能的自组织结构。在宏观上,这种结构或呈现为时间上的有序,或呈现为空间上的有序,或呈现为时间——空间上的有序。

同耗散结构论一样,协同论也是一门应用范围很广的学科。哈肯教授在华讲学时,曾与我国学者胡传机先生一起讨论过协同论在经济学中的应用问题。哈肯认为,在经济学中应用协同论,对于发展中国家的经济振兴具有特别重要的意义。因为发展中国家需要突破传统经济学的框框,用新的经济理论来改善组织管理。哈肯指出,"协同学究竟能否应用到经济学上去?从观察中我们很快就可以看出,这儿所遇到的问题与其他的学科是一样的。经济系统也是一个很复杂的系统,其中有很多相互作用着的子系统。这些子系统是人,由于这些人经营才能的发挥使这些子系统集合起来,构成了工厂、交通系统或通信系统等各种各样的社会系统。很显然,协同论也适用于各种管理系统。"具体地说,协同论的原理与方法可以为现代管理学提供哪些启示呢?

（1）在管理系统中，协同是内因，开放是外因。内因和外因同时作用，内因是主要的；协同与开放同时作用，协同是主要的；协同保证系统的整体性，从而使管理系统具有整体大于部分之和的放大功能，协同与开放又是相互促进的，因为要开放，就会遇到竞争，而系统在外遇到竞争时，其内部的协合力就会增强。从某种意义上说，对外竞争是促进内部协合的动力。很多事实告诉我们，一个管理系统如果对外没有竞争目标（即不能一致对外），那么往往会在系统内部产生竞争，从而破坏系统的协同作用，削弱系统的整体功能。

（2）为了提高管理系统的协同力，管理者不仅要依据环境的变化和本系统的情况，确立系统的总体目标，而且要围绕着总体目标确定诸子系统的恰当比例。比例不当，整体作用就不好，功能放大作用也就难以达到。为此，管理组织的设计，必须以形成自组织为目标。下面一段话，是哈肯对组织与自组织的理解。

组织。例如，考虑一个工人的集体，如果按照经理给出的外部的指令，每个工人以一定的方式活动，那么我们就称它为组织，或更准确地讲，它有组织的功能。在生产某些产品中所需的协作活动，来源于这种协调行为，这是不讲自明的。

自组织。如果不存在给出的外部指令，工人按照相互默契的某种规则，各尽其责而协调地工作，那么这一与前相同的过程，我们称之为自组织。

很显然，组织与自组织的重要区别在于：组织的指令是外部输入的，自己是不能自由活动的；而自组织是自己自动组织起来的，指令是由内部发出而共同工作的实体。这是一种围绕着共同目标自由组合的有生命力的有机体，如果我们的管理系统能够达到自组织状态，其效力会怎样呢？

第四节 公 共 关 系

一、公共关系的涵义

公共关系就是指利用宣传和传播的手段使一个社会组织和它的公众相互了解和适应的一种管理活动和管理职能，也就是一个组织或企业为取得和增进自己内部和外部社会公众的信任、支持，为发展这一事业而创造最佳的社会关系环境所采取的一系列科学决策行动，建立自身组织的良好形象。

二、公共关系的基础与作用

我们可以确认：① 公共关系是一种"公众关系"；② 公共关系是一种传播活动；③ 公共关系是一种管理职能，并以此来概括公共关系活动的基础。

公共关系是一种公众关系。在公共关系学的范畴里。"公众"一词是有特定含义的，经过对公共关系活动的研究，可以得出这样一个定义：所谓公共关系学中的"公众"，就是任何面临共同问题而形成的社会群体。因为这类群体所遇到的同一个问题，成为把这类社会群体联结起来的一股力量。除此以外，他们之间不存在任何联系。从这一定义中我们可以看到公众具有三个最基本的性质：同质性、群体性、可变性。公众的形成是因为公众成员遇到了共同的问题，而且这问题将对公众成员的生活、工作产生影响。例如：上海"甲肝"暴发，给上海几十万市民的生活带来健康威胁。在这种情况下，上海的市政府有关部门就必须尽快采取措施处理好由"市民"形成的特定公众。很显然，这一特定公众的形成起因于突然出现的同一问题而把市民暂时联系起来的同质性。公共关系指与群体打交道，而不是仅仅与一个人或两个人发生关系，体现了其群体性，所以它同那种"走后门、拉关系"有着本质上的区别，也是庸俗"关系学"的鲜明对立物和有效取代物。公共关系中的公众始终处在变化之中，某个群体今天是某个社会组织的公共关系的对象公众，明天可能就不是了，说不定后天又是别的组织的公众，这又体现了其可变性。形成一个问题就会有对象公众，问题一旦解决了，这个公共关系意义上的公众也就随着消失。前述事例中，如果市政府解决了"甲肝"暴发这一问题。市民所面临的共同问题也就解决了，不存在了。那么市民也就不再是市政府有关此事的公众了。

公共关系是一种传播活动。人们往往会误解：凡是不好办的事，都可由公共关系来解决，都想依靠、指望公共关系来协调处理各种问题。事实上，这种想法是不切实际的。公共关系的活动是有限度的，它只能运用传播的手段来协调组织与公众之间的关系。超出了这个范围就不是公共关系人员力所能及的了。传播主要强调双向的信息传递，运用社会学、心理学的原理和方法，科学地分析各种社会关系。及时地、准确地、有效地向公众传递自己的信息，随时将公众的意见收集、整理作出反馈。它与"宣传"不能混为一谈，宣传的特征是单向传递信息。

公共关系是一种管理职能，由于各种组织的结构不同，其公共关系部门的建制也有多种,有的作为一个职能部门独立存在,有的完全属于管理子系统(即人事、经理部门)的一部分。

但不管什么类型的建制,公共关系部门或人员的自身重要任务就是要尽可能及时和准确地向组织决策者提供关于公众的信息,及时地提供咨询、建议;准确地向外界、公众传递组织决策者的信息和意图,以避免、克服决策的人格化和直觉判断所造成的失误。所以说在公共关系学的视野中,决策者只是决策系统一分子。当组织的决策一旦完成,就进入了实施阶段,并对公众产生影响,为了使组织的这一决策得以实施且又得到公众的理解、支持,公共关系人员必须站在"管理子系统"和"公众"的中间,做好信息疏通、解释和宣传工作。公共关系也就是起着组织与公众之间的"中介"地位,从而使它成了管理职能的一部分。

三、公共关系的原则

1. 以事实为基础。对一项以公共关系为对象的事来说,首先考虑的不应是技巧,而是对事实进行准确地了解,通过各种办法收集所需正面与反面的资料、依据,找出与对方存在的不平衡、不协调的足够事实。客观真实、全面、公正地制定活动计划是非常重要的。

2. 以公众为研究对象。公众都是因情景而形成的,一个具体的问题就会引出一种特殊的公众。对于公共关系人员来说,不仅要注意公众的纵向变化,还要对公众的横向联系及对自身组织与环境相互平面上的公众分布情况做到心中有数。在考虑某一公众的时候,要注意到两个因素,人数的多少和成员关系的亲密程度。这两个因素都会直接影响到从知晓公众到行为公众的转变。对公众的了解和研究是必不可少的。

3. 以公众利益为出发点,就是对公众负责。对公众负责,就是对由组织行为而引起的特殊"公众"负责。一个组织成了社会的实体,它也面临了许多社会问题,使组织的性质发生了很大的变化,所以它的任务不仅是为组织的目标服务,而且还要对公众,对社会负责,要妥善解决处理好由于自身的原因而引起的问题及后果。再由公众、社会作出评论、裁决。公共关系人员在这个过程中起着"中介"的作用,在组织与公众之中起着双向信息传递、解释交流的重要作用,以取得公众、社会的谅解、理解和支持。

4. 公共关系学在西方已有许多年的历史,由经验得知,进行现代公共关系活动,不能单凭直接经验来进行,必须要以科学为指导,以现代科学技术的理论方法,与人文社会科学的理论方法进行互补,开展调查研究,以此作为判断问题解决问题的重要依据。

四、公共关系的任务

前期调查研究是整个公共关系活动计划过程中最基础的一个步骤,它通过收集内部和外部公众信息的手段,去粗取精,正确评价其优、缺点,根据问题的轻重缓急进行排列。在现有条件下,积极为自身造成公共关系活动的机会,为自己假设可能会遇到的障碍,并为今后的工作活动尽可能地铺平道路。经过前面一系列的调查研究、收集信息,确定题目时就应针对需要解决的问题确立公共关系活动的目标和对象"公众",选择传播渠道和信息,如联络感情,在组织与公众间建立起某种联系,形成最佳传播通道。也可根据公众的心理策划一些大型或中小型的新闻发布会、聚会等各种活动,以使传播手段充分达到最佳效果。确立了活动的背景和内容,其费用预算和时间安排应有缜密的策划并上报上级决策者。

确定了公共关系的目标,并制定了活动计划以后,就要研究构成整个公共关系活动的中心环节。要考虑到如何采取迎合对象公众的爱好来进行传播活动,才能为对象公众所接受,产生预期的效果。首先要选择制造对象公众惯用的传播媒介进行信息输入,使它们无形中成为其自己的想法和概念,产生预期的效果。要达到这一目的,需要了解对象公众的社会、文化、心理等方面的特点,才能激发他们的兴趣和热情,特别要注意的是在这期间须慎重地把握表达方式,如合适的遣词造句、行文格式、传播时间等,多用中性词语,尽可能避免触及那些较为敏感的领域或问题。

接下来就是要评价工作效果,公共关系人员应从中回顾到此活动计划实施得如何。总结衡量计划实施的作用如何。在这期间还应把这次活动中的资料再收集起来进行公正地分析比较。从中取得经验与教训,然后向决策部门报告分析结果,以制定下一步的公共关系目标及决策。

五、行政机构的公共关系

1. 由于现代化、社会化大生产给社会生活带来日趋复杂化的局面,使政府与组织变得越来越庞大复杂,国家对各方面事务的指导、管理、服务、协调、监督、保卫等职能日益多样化、专业化,需要处理的信息大量增加,现代行政机构实际上起着信息总汇的作用。同时,行政机构还面临着各阶层、各界的公众,这要求行政机构应特别注意通过与各阶层、各界的公众之间的双向信息交流来建立并维护良好的相互了解和信任的关系,树立行政机构在各界公众中的良好形象和信誉,重视公共关系,以科学的信息交流系统来沟通与各界的联系,虚心听取各界的意见要求,向各界宣传政府的方针政策,使行政工作能得到各界的谅解和支持,密切与各界的关系,树立良好的信誉。

社会主义中国的行政机构具有为人民服务的崇高宗旨,坚持从群众中来、到群众中去的良好风气。这实质上就体现了良好公共关系的原则,我们要总结经验,在新形势下注意加强与各界的双向沟通,更积极、主动地完善公共关系工作。

2. 各级行政机构公共关系的根本出发点就是明确政府机关为人民服务的准则。行政机构所面临的最重要的公众就是广大人民群众。运用公共关系的双向信息交流形式,能随时了解人民群众的生活状况、思想感情、意见要求,并不断把政府有关决策的信息传递、解释给人民群众,使之得到各界公众最广泛的理解与支持。杜绝机构重叠,人浮于事,职责不明,互相扯皮的官僚主义积弊,为国家政策的推行创造最佳的气氛和环境。

3. 行政机构公共关系工作的主要内容,参照国内外的实践经验,可以得出以下的几项内容:

(1) 行政机构对外信息发布功能。行政机构对外信息发布功能是通过各种信息媒介渠道,将国家政府的各项活动和重大事件、政府采取的措施信息(涉及国家安全及重大机密事务除外)尽量向社会各界群众开放和公布。让社会各界群众了解其中情况,同时采取种种措施,让社会各界群众及其代表有机会参与国家政府的各项活动。并经常通过正式与非正式的传播渠道,主动向社会各界、群众提供政府信息,定期向人民代表大会汇报工作,接受人民的质询;定期举办新闻发布会,向新闻媒介提供材料等等。

(2) 行政机构的信息收集功能。行政机构行使信息收集功能的主要工作有:认真听取社会各界、群众对政府各部门工作及人员的意见和要求,了解收集各界公众对政府各项政策法令的意见和评价,注意新闻媒介与各界舆论的报道和评论及其他的意见,把这些信息分析整理加工后,作为政府决策的参考资料。

【案例】

　　A局的张副局长受王局长的委托,负责主持该局中级技术职称的考核定级工作。根据上级的指示精神,这项工作从下月一日正式开始,到月底结束,一共30天时间。他感到时间很紧,任务很重。张副局长召集有关处室负责人和各基层单位领导开了几次会议,听取他们的汇报和建议,胸中逐渐有了数。他沉思良久,确定主要有这么几项工作要做,并确定了每项工作完成的时间。

　　一、审核全局要晋升中级技术职称的人员名单(4天)
　　下达填写晋升申报表的名单(7天)
　　各单位报送晋升报表卡片并加盖局的钢印(10天)
　　逐级下达批复(4天)
　　二、各类专业考试命题(7天)
　　下达通知印卷密封(5天)
　　专业考试(1天)
　　阅卷评分(4天)
　　确定晋升分数线,填表评议,下达批复(4天)
　　三、英语统一命题(7天)
　　下达通知印卷密封(4天)
　　英语统考(1天)
　　阅卷评分(5天)
　　审核评议下达批复(4天)
　　四、组织拔尖考核准备工作(7天)
　　拔尖对象实践考核评分(12天)
　　下达批复(2天)
　　五、综合考试考核成绩,确定晋升的正式名单(3天)
　　下达正式通知(2天)

　　然后他又采取了计划评审法(PERT),拟订了一张晋级考核工作的运行图,要求各部门密切协作,严格执行运行图对具体日期的规定,结果到了月底如期圆满完成了任务。

　　请问:您能用网络计划技术制定这份工作计划吗?请试绘制。

复习思考题
1. 行政方法的涵义是什么?
2. 行政管理的主要手段有哪几种? 各自的利弊是什么?
3. 行政技术有哪些种类?
4. 行政管理中的公共关系原则有哪些?

第十五章 行政效率

【提示】

广东省东莞市政府有一个高效率的机构：对外加工装配办公室。在那里，半天可签成一个协议，第二天就可进设备。这种办事速度，令习惯于高节奏的港商也为之咋舌。行政效率在行政管理中处于怎样的地位呢？

讲求效率是行政管理学的根本目的。研究行政管理学的目的就在于探寻行政任务完成得又好又快而开支又最省的办法，也就是提高效率。然而效率又是行政管理学中长期悬而未决的难题之一。因为很难找到一个为大家所乐于接受的全面而公允的估计效率的方法。如何提高行政效率？如何科学地测量行政效率？如何坚持有效的行政管理？这些都是本章所要研究的重点问题。"时间就是金钱，效率就是生命"，这应该成为我们社会主义国家行政管理的要求。

第一节 行政效率概述

一、行政效率的涵义

要弄清什么是行政效率，首先要明确什么是效率。所谓效率，原指一种机械在工作时输出能量与输入能量的值，是一个数量的概念。我国学者一般认为是工作时所付出的劳动与所得到效益的比率。它的内容有三：一是数量，即人力、财力、物力等方面的支出；二是节省时间，在相同的时间里做更多的事，或指做相同的事耗时最少，完成任务速度快；三是工作质量高，富有成效。

现代西方学者认为，效率是投入与产出、努力与效果、支出与收入、消费与获得彼此之间的比率。在众多的效率中,有三种效率特别重要:一是工程效率,即所用物量与新产物质量的比率;二是经济效率,即支出金钱与获得收入的比率;三是社会(行政)效率,即人的耗费与产生功能的比率。他们关于效率的定义可概括为一句话,即以最少的劳力、费用获得最大的效益。

行政效率,是指所获得的行政效果与所消耗的人力、物力、财力和时间的比率。即在单位时间和空间内开展行政活动,所获得的改造客观世界和主观世界的效果,与所付出的物质和精神代价的比率。以最少的代价获得最佳效果的,效率就高;反之,则低。

由于行政工作有许多复杂抽象的行政事务,有许多无形的东西,无法用数字来计算其效率。因此,有不少学者又提出从效能的观点来衡量效率高低,即从行政管理的社会效果来衡量,看是否成功地完成了工作任务,实现了预定的目的;看是否创造出了最好的成绩和纪录;看是否及时解决了问题和困难。一个政府,只要在最大程度上促进了社会经济、文化和公共福利事业的发展,就算有效率。如果其决策符合客观规律,机构运转正常协调,指挥灵活有效,办事迅速、准确、无误,所耗时间、人力和物力越少,效率就越高。

行政管理学上效能与效率并重,存在着目标与管理、"政"与"治"的关系。效能统帅、制约效率;效率服从、服务效能。二者互为条件,相辅相成,不可偏废。讲效能不讲效率,实现效能没有正确的手段,则"劳民伤财",难以实现政府的目标;相反,讲效率不讲效能,工作就失去正确的方向,"唯利是图",不择手段,则效率越高,负值越大,得不偿失。因此,行政效益是行政效能与行政效率的总和,缺一不可。同时,无论哪一级政府、部门提高效能和效率,都要服务于国家和社会发展的总目标,不得以小损大。如果为了提高一个单位的效益,而不顾或损害国家和社会的效益,结果必然要受到社会舆论的批评,直至受到法律的制裁。

效率必须是目的和手段的高度统一,否则就无效率可言。如果一个公司只以赚钱为目的,不择手段,不顾企业的信誉,损害国家和社会公共利益,那它最终不仅不能达到赚钱的目的,反而要受到法律的惩罚。可见抛开社会道德,用非法的手段是难以最终获得高效率的。提高效率的真谛,在于运用先进的科学方法,适应人的需要和特点,顾及社会因素及其各方面的影响,充分发挥和利用人的内在潜能。

由于上述原因,所以在衡量行政效率时,不能单纯地看投入与产出之比。对行政部门来说,投入少,产出多,不一定效率就高。它要求规范化、制度化,主要看投入与产出的计划性、有效性和服务性,是否按预算、编制、法规办事,是否对人民、国家和社会有益,要作定性和定量的全面分析,不能重数量轻质量。考核政绩主要看质量,看实际效果。过去,我们衡量一个地方政府的工作绩效,常常看工农业总产值增长多少,这是不全面的,因为工农业总产值重复因素很多,有时看来增长速度快,但实际上可能投入多,产量少,净增值小,为社会创造财富并不多,也就是说,虽然总产值增长快,但成本高,效益差。不仅如此,如果政府集中人力、物力、财力于生产部门,忽视公共设施、社会福利和服务事业的建设,轻视非生产部门的作用,不是全面发挥政府的应有效能;那么,其结果是物质生产难以搞上去,更难以满足人民群众日益增长的物质和文化的需要。所以,我们应该认真地总结并汲取那种不讲效率的经验教训,为尽快地、全面地提高行政效能和效率而努力。

二、研究行政效率的意义

行政效率是行政学的中心,是行政管理的归宿,是检查行政工作的标尺,因此,研究行政效率具有十分重要的意义。

1. 只有高效率的行政管理,才能促进社会经济和文化事业的发展。
2. 只有提高行政效率,才能迎接世界新技术革命的挑战。
3. 只有提高行政效率,才能充分显示我国社会主义制度的优越性。如果不尽快改善行政管理和其他方面的管理,就不可能创造比资本主义更高的劳动生产率,就难以满足人们日益增长的物质和文化生活的需要,社会主义制度的优越性就难以充分显示出来,社会主义现代化也难以实现。所以,从根本上来说,提高行政效率是充分发挥社会主义制度优越性的问题,必须引起我们足够的重视。
4. 只有提高行政效率,才能使各项改革卓见成效。目前,我国正在进行政治体制和经济体制的各项改革。无论是精简机构,分清权责,才职相称,收支平衡,还是克服官僚主义,其根本目的都是为了提高行政效率。因此,行政效率是衡量改革成败的标准之一。

第二节 影响行政效率的因素

一、影响行政效率的主要因素

行政效率是行政管理中若干因素的综合反映,影响行政效率的因素有很多,就行政工作要素而言,在我国,导致行政效率不高的主要因素有以下四点。

1. 行政组织方面的因素:如缺少编制法规,机构设置不合理,管理幅度不当,职责分工不清,层次职位不明,岗位责任制不能行之有效,推诿扯皮,人浮于事等等。

2. 人事管理方面的因素:如某些国家工作人员基本素质较差,学历、经历、能力与职责有些不相称;录用、培训、考核、奖惩、升降、淘汰和退休等干部制度不健全;嫉贤妒能的封建意识严重;能进不能出、能上不能下的现象还十分普遍。

3. 管理方法方面的因素:如重形式,讲排场;事无巨细,开会成病;多头多脑,政出多门;层层划圈,议而不决,决而不行;大事管不住,小事管不活等等。

4. 机关工作方面的因素:如工作方法陈旧,手工作业,繁琐哲学,文联主义,信息不灵,闭门造车,公文旅行,等等。

因此,尽快实现行政组织合理化,人财物和机关管理科学化,时间应用经济化,已是一个亟待研究解决的问题。

如果从行政层次来分析,影响各个层次的行政效率的外部因素基本上是一致的;一是社会因素,包括战争、政治、法律、团体、文化、风俗、舆论、观念,以及生活水平等,二是自然环境,包括气候、温度、湿度、地域以及工作条件等。但内因各不相同。影响组织效率的因素包括:组织结构,领导人员的才能及领导方式,干部的精神面貌,集体观念及智能水平等;影响管理效率的因素包括:权责分配,管理幅度,制度和方法,工作责任制和考核、奖惩制度,工作人员的"四化"程度,上下关系和沟通协调等等;影响执行效率的因素包括:机构精简,干部士气,能力和技艺,以及群众的心理等。

二、绝对效率和相对效率的关系

所谓行政工作的绝对效率，是指通过精简机构、增加经费及人员而提高的效率；所谓行政工作的相对效率，则指通过提高行政工作者的素质和能力，简化工作程序，运用现代科学技术设备和先进方法而提高的效率，前者是通过组织上采取行政命令手段而达到的目的，后者是通过组织上采取教育以及技术手段而达到的目的。

行政工作的绝对效率也可称为当前的、近期的效率，具有短期见效的特点；行政工作的相对效率也可称为经常的、长远的效率，具有不断扩大效率的特点，前者处于稳定状态，属于渐进式；后者处于活跃状态，属于实变式。

在行政工作中，绝对效率和相对效率相辅相成，缺一不可，不能顾此失彼。只有提高绝对效率，才能为提高相对效率提供有利条件；同样，只有提高相对效率，才能促进绝对效率的提高。否则，就不可能从根本上提高工作效率。绝对效率是有限的，相对效率是无限的。我们要立足于相对效率，以相对效率提高绝对效率，以绝对效率保证相对效率不断提高，使行政工作遵循效率规律进行。

第三节 管理者的效率

一、领导者如何提高工作效率

领导者要提高本部门工作人员的工作效率，首先必须提高自己的工作效率。为此，必须做到：采用民主的领导方式，提高领导艺术，有效地使用时间和精力；有解决问题、正确决策的能力；善于协调和维护人与人之间的有益关系；写作能力强，演讲效果好，善于运用会谈艺术；能充分调动广大干部的积极性。其中，能否采用民主的领导方式，是提高行政效率的关键。

一般来说，以人员为中心的民主领导方式比以工作为中心的集权方式效率要高。这是因为，采取民主领导方式的领导者不持单纯的任务观点，而是把主要精力用于调动群众的积极性，认真倾听下级的意见，让干部参与计划与决策,尽可能地满足职工要求,使大家自觉自愿地发挥才干,为实现组织目标而努力。同时,领导者能相信群众,尊重群众,经常和群众打成一片,上下信任,并采取民主的监督制度,使人人参加并接受监督,发现问题,大家热情相帮,领导者善于帮助干部总结经验,不轻率地批评人、惩罚人。总之,领导者同上级、平级、下级保持良好的关系,工作效率就高。

二、科学地利用时间

当前,行政机关浪费时间主要有如下五种表现。
1. 召开一些根本没有作用或作用很小的会议;
2. 互相扯皮、卡壳、兜圈子,不是互相协作、谅解、商量拍板;
3. 机构臃肿,人浮于事,文山会海,公文旅行,拖拉疲沓;
4. 无意义的交谈,漫无边际的闲扯;
5. 经常迎来送往,招待上级和四方来宾。

要提高工作效率,关键在于科学地利用时间,其办法有以下四种。

1. 统筹法。充分地开发,合理地统筹,有效地管理自己的时间,包括长期和短期安排,要把所有时间都用在必要的"开支"上,整体时间完成重要任务,零星时间做日常小事,在精力旺盛的时候干重要的事,反之就干轻松的事,使自己紧张而又愉快地、富有节奏地进行工作。

2. 序列法。把自己的工作、学习和其他事务分别轻重缓急,按月、周、日、小时的先后顺序安排,逐件落实。用时有序是节约时间、提高效率的要诀。国外有关专家提出工作三分法,即把最重要的、急迫的工作列为 A 类;首先集中精力办好此类事;把次要的事列为 B 类;一般的事列为 C 类。如果 A 类事情复杂,工作量大,就分为若干阶段,依次进行;如果有人打电话催问 C 类事,就可把这件事列为 B 类;如果有人找上门,就把此类事列为 A 类。只要完成 A、B 两类工作,就完成了 80% 的任务。

3. 组合法。"一寸光阴一寸金",应该把零星时间集中起来,化零为整,掌握利用时间的主动权。同时,要充分利用闲暇时间进行文娱体育活动,增强体质,保持清醒的头脑,以"逸"促"劳",增进工作效率。这样,就可以使有限的时间发挥更大的作用。

4. 统计法。根据自己的工作日记,对每周、每月、每季、每年的时间利用情况进行统计,从中总结出效率高的经验和效率低的教训,找到浪费时间的原因,探索和掌握提高时间利用率的规律。例如,苏联昆虫学家柳比歇夫从26岁至82岁,在56年的时间里坚持运用时间统计法,一日小结,一月大结,一年总结。事事都计算时间的"成本"。正因为如此,他不仅学有建树,而且还能积极参加社会活动和文体活动,每天还能保证有10小时睡眠。可见,时间的潜力是很大的,关键在于自己善不善于挖掘和使用。

三、提高行政效率的主要途径

1. 观点正确,择优决策。要提高行政效率,首要的一环是要以正确的观点,择优决策。正确的决策是成功的一半。为此,要让广大干部在统一的目标指导下,参与计划和决策,集中大家的智慧,并建立一套完整的、科学的信息反馈系统,动员群众为实现组织的目标而主动地、创造性地工作。

2. 建立合理的组织机构,创造良好的工作环境。应根据任务来定机构、定人员,实现科学分工,明确各级组织及其干部的权力和责任,并通过思想教育和经济手段,激励干部的工作热情,鼓励进取精神,从组织上、思想上保证提高工作效率。

3. 采取科学的管理手段和有效的工作方法。抓好关键工作以带动其他工作,建立工作卡片,讲究操作动作,简化工作程序,实行工作标准化,并应用现代技术装备。

4. 加强时间观念,定期检查核算。对时间进行事前"预算",事后"决算",准确掌握工作进程,提高时间利用率。在工作中,先重后轻,先急后缓,先主后次,抓住有利时机多办事,把本地区、本部门、本单位的工作与客观外界联系起来,善于横向比较,建立新的工作程序,及时修正和调节原计划。

5. 提高人员素质,调动干部的积极性。提高效率关键靠人,应高度重视领导干部和工作人员的知识更新和职业培训,制定在职或离职培训计划,促使干部学习现代化的管理知识和先进经验,提高干部的能力,充分发挥每个工作人员的特长。

6. 善于经常地总结经验教训。每办完一件事,及时认真地总结经验教训,进一步认识行政工作的规律性,稳妥地处理各种问题,有利于提高工作效率,正如恩格斯说的,"无论从哪方面学习都不如从自己所犯错误的后果中学习来得快。"

总之,要提高行政效率,一是要有正确的决策及其执行;二是要机构设置合理,工作体制协调;三是要求干部有较高的素质和良好的工作作风;四是要有科学的办事程序和必要的技术手段及物质基础。

第四节 衡量行政效率的方法

一、衡量行政效率的主要方法

行政效率主要是针对国家机关工作的绩效而言,范围广泛,纵横交叉,难以用经济数值来衡量,而要针对各级政府各个部门的不同要求,采取不同的方法,从组织的功能、目标的实现等方面来进行测量。即在衡量组织功能、目标的基础上,选择一些项目进行统计评价,并建立表示因果关系的数学模型,来考核和检查行政效率。

衡量行政效率,应根据调查数据进行类比分析:① 从职务类别看人与事是否相称,以事定位,以位定人,看职权是否统一,工作责任制和岗位责任制是否科学化、法制化;② 确定工作质量标准是否从现实可行的先进水平出发,具有内在的激励与竞争因素,工作统计表格(如工作分配表、工作进度表、工作报告表等)是否合理,数据是否可靠;③ 在职人员熟悉业务的程度如何,培训、考核、工资、晋升等制度是否调动积极性,能否促进人员素质的提高;④ 公文处理的程序和时间是否规范,渠道畅通与否;⑤ 办公用品能否保证及时供应,品种齐全,又不造成积压浪费;⑥ 行政开支是否做到少花钱多办事,办好事,控制会议经费、差旅费和社会集团的购买力,杜绝不合理的开支和请客送礼、私分财物等不正之风;⑦ 工作计划是否实行目标管理,讲究经济效益和社会效益;⑧ 成绩及费用(包括单位费用、人平费用、事平费用等)的比例,是否符合正常标准。

当然,衡量行政效率,既有费用和功能上的标准,又有组织与管理上的要求,前者较实,后者较虚,但后者与整体效率、长远效率关系密切,不可忽视。因此,在衡量行政效率的时候,应该注意标准的科学性,尽可能明确、具体、实事求是。要纵观前后,横看左右,全面正确地认识不同地方、部门、层次和机关的共同性和特殊性,把数字反映与事实综合起来,对比分析,得出正确的结论。同时,要及时通报考核情况,表彰先进,鼓舞人心,揭露邪恶,吸取教训,使考核收到实效。

二、组织效率、管理效率和执行(基层)效率

组织效率即上级领导机关的工作效率。测量组织效率,不仅要考察组织、管理等因素,更要考察根本指导思想是否先进,各项方针政策是否正确,国家是否繁荣昌盛,经济是否迅速发展,是否安定团结,人民是否安居乐业;如是,效率就高,否则效率就低。

管理效率,即指中层行政机关的效率,应着重考察其组织机构是否健全,管理制度是否合理,管理程序是否科学。也就是说,不仅要考察费用和功能,而且要重视组织与管理,不能忽视长远的影响。以免出现"后遗症"。

执行(基层)效率,即指基层单位的行政效率,其测量方法有以下几种。

1. 行政费用法。即通过行政费用支出的效果来测量效率高低。它包括:① 单位费用法。凡行政成果可用数字表现出来的,先算出每一项目的行政费用,然后以此作为比较效率高低的依据;② 人平负担法。算出本地区行政经费开支多少,按人口平均每人多少,人平负担重的机关工作效率低,相反则高;③ 事平费用法:凡工作人员完成的工作量可用数字表示出来的,按其工资算出每件工作平均所耗的费用,以此作为衡量干部工作效率的高低。

2. 行政统计法。即编制多种统计表,包括工作分配表、工作进度表、工作报告表等,对此行政工作所用人力、时间和物资等,为计算效率提供可靠的依据。例如:从工作人员职务类别统计看人事是否相称,从工作成绩统计看行政成就大小;从工作人员工龄、学龄统计看干部的素质、贡献和待遇是否相宜;从公文处理的速度看程序是否合理;从公物领用统计看物品有无浪费;从机关经费统计看行政费用是否节约;从行政计划实施进度统计看执行计划是否得力,等等,切实考查机关及其工作人员的工作成绩和所存在的问题。

3. 行政计分法。抓住行政要素,分项确定记分标准,拟定行政要素效率考核表,谁的总分多,谁的效率高。

4. 行政功能法。规定每种行政功能的主要和次要目标,如卫生行政目标包括防疫、防病、消毒灭菌、公共和个人卫生、计划生育、保健等项目。每个项目又分为理想的和必须达到的标准,分别确定最高和最低分数线,同时确定主要目标和次要目标之间所占分数的比例,按照实际情况计算每种行政功能实得的分数,用来比较行政效率的高低。

第十五章　行政效率

三、衡量行政效率的要点

衡量行政效率必须注意以下几点。

1. 标准性。即事前对各项工作必须制定合理的目标和标准,并尽可能地明确、具体、作为测量效率的依据。

2. 全面性。即必须用全面正确的观点进行分析,既要考虑机关干部的意见,又要观察社会上的反响;既要看到有形的物质产品,又要观察无形的思想觉悟;既要了解具体的事实,又要重视精神面貌的变化;既要了解过去的情况,又要把握现实的效果,还要分析对未来的影响;只有纵观前后,横看左右,既定量又定性,全面分析,才能得出正确的结论。

3. 区别性。由于地方、部门、层次、机关不同,效率标准也就不同,所以测量效率不能用一个模式,对具体工作应作具体分析,才能令人心悦诚服。

4. 可靠性。要广泛听取群众的意见,搜集各方面的材料,防止有些人抱着私人的感情和偏见,对亲者偏心夸张,对疏者存心贬低,或虚报成绩,报喜不报忧。应该把数字、反映意见和真凭实据结合起来,进行实事求是的分析,以求其精确性。

5. 严肃性。应该把考察结果公布于众或作内部通报,让大家察功过,辨是非,判优劣,明赏罚,使贤有所励,智有所长,恶有所规,惰有所戒,从而提高广大干部的积极性,为国谋利,为民造福,争取创造第一流的行政效率。

【案例】

A局的办公室有工作人员六名,其中正副主任各一人,干事四人。多年来,办公室主任老王一直主持办公室的日常工作,副主任老张平时与办公室其他四名干事一样,从事一些具体工作。当办公室碰到一些较重要的事情时,一般总是由老王、老张两人商量后再布置下去。总的来说,办公室的工作在这几年里开展得还是比较顺利的。

随着经济体制改革的深入发展和业务活动的开展,办公室的工作任务日益增多。繁忙的工作常常使得四名干事精疲力尽。老王感到,办公室的工作长期这样干下去总不是办法,不仅大家的身体可能搞垮,而且工作质量也会受影响,况且按照编制来看,办公室还可以增加三名工作人员,于是老王向组织部门提出了增加办公室人员的要求。

对于办公室提出的增加人员的要求,组织部门是同意的。组织部门早就感到要加强办公室的力量,只是一下子还没有找到合适的人选,现在经老王这么一提,更感到充实办公室力量的必要和迫切了。组织部门经过讨论研究后,决定在全局范围内先物色一名年纪较轻、政治素质好、有文化的同志,把他充实到局办公室的领导班子中去,以加强办公室的领导力量,以后有机会再物色两名人员,充实办公室其他方面的力量。功夫不负有心人。不久,物色到了老赵。老赵长期从事专业技术工作,在工作中勤恳踏实,任劳任怨,曾两次被评为市劳动模范,1980年入了党,年纪才四十出头。当组织部门征求有关同志对老赵的意见时,大家都觉得老赵政治上先进、技术上过硬,除了口头表达能力较差以及交际能力较弱外,没有其他明显的不足之处。组织部门的同志在多方听取了群众的意见后,感到老赵是一个合适的人选。组织部门把老赵的情况上报党委并经党委讨论同意,下文任命老赵为局办公室副主任。为了进一步搞好办公室工作,在老赵到办公室工作后没几天,老王就召集了办公室全体人员开会。老王在会上先介绍了老赵的一些情况,然后谈了自己对搞好办公室工作的三点意见:① 理顺办公室的工作关系,由他统筹整个办公室的工作,原由他分管的办公室的一部分工作现在移交给老赵分管。② 干事小李、小陆的工作要向老赵汇报。另外两名干事的工作要向老张汇报。如果工作中遇到问题,也应主动请示,老赵或老张解决不了时,再请示老王。③ 为了更好地贯彻民主集中制的原则,今后办公室的重大事情都由老王、老张、老赵三人共同商量研究决定,不搞一言堂。

　　老赵调到局办公室以后,工作积极性很高,他努力学习业务,待人热情和气,很快就得到大家的好评。老王呢,多了一个帮手,许多会议可以不必亲自出马了,许多文件也不必亲自审批了,顿时感到轻松了许多。但是,局办公室在具体的工作中不仅仍然存在着一些问题,而且还出现了一些新问题。这些问题是:① 干事们比以前更忙得不可开交了。② 办公室内部上下左右之间的沟通不通畅了,信息不如以前灵了。③ 办公室内一些急需处理解决的事,由于得等到老王、老张、老赵三人一起来商量决定,因而常常耽误了时间。老赵本人也感到很苦恼,虽然他到办公室后努力学习业务,但对办公室的工作仍感千头万绪,不知从哪儿着手好,原有的专业知识在这儿一点也派不上用场。其中最使他害怕的是开会,每逢遇到由他主持会议或即席发言时,他总感到无所适从,不知说些什么才好。另外,他与干事们商量具体工作时,干事们常常是各抒己见,争论激烈,而老赵呢,总觉得各有道理,尽管他反复权衡干事们所

第十五章 行政效率

提意见的利弊得失,但还是拍不了板,这样做的结果,自然是不了了之,往往搞得大家不欢而散。这样情况反映到组织部门,组织部门的同志感到很纳闷,为什么把一个各方面素质都较好的人充实到办公室去后,办公室的办事效率和质量不但没提高,反而还出现了一些新问题,组织科的同志就此事也展开了热烈的讨论。

请问:办公室增加了人员,为什么没能收到预期的效果?

复习思考题
1. 行政效率的涵义是什么?
2. 影响行政效率的主要因素有哪些?
3. 提高行政效率的主要途径是什么?
4. 怎样衡量行政效率?

参考书目

1. 孟德斯鸠：《论法的精神》，张雁深译，商务印书馆 1961 年版。
2. 保罗·萨缪尔森、威廉·诺德豪斯：《经济学》，高鸿业等译，商务印书馆 1979 年版。
3. 汉密尔顿等著：《联邦党人文集》，程逢如等译，商务印书馆 1982 年版。
4. 弗里蒙特·卡斯特、詹姆斯·罗森茨韦克：《组织与管理》，李柱流等译，中国社会科学出版社 1985 年版。
5. 伯纳德·施瓦茨：《行政法》，徐炳译，群众出版社 1986 年版。
6. 丹尼尔·雷恩：《管理思想的演进》，孙耀君等译，中国社会科学出版社 1986 年版。
7. 威尔逊：《行政学之研究》，李方译，载《国外政治学》1987 年第 6 期。
8. 马克斯·韦伯：《新教伦理与资本主义精神》，于晓等译，三联书店 1987 年版。
9. 联合国教科文组织行政管理问题专家会议论文汇编：《公共行政管理：不同社会文化环境的若干问题》，金庸健译，中国对外翻译出版公司 1987 年版。
10. 古德诺：《政治与行政》，王元译，华夏出版社 1987 年版。
11. 加布里埃尔·A·阿尔蒙德、小 G·宾厄姆·鲍威尔：《比较政治学：体系、过程和政策》，曹沛霖等译，上海译文出版社 1987 年版。
12. 唐·赫尔雷格尔等：《组织行为学》，中国社会科学出版社 1988 年版。
13. R·沙曼：《组织理论和行为》，郑永年等译，广西人民出版社 1988 年版。
14. R·斯蒂尔曼：《公共行政学》，李方等译，中国社会科学出版社 1988 年版。
15. 约翰·肯尼思·加尔布雷著：《权力的分析》，陶远华等译，河北人民出版社 1988 年版。
16. 诺兰：《伦理学与现实生活》，姚新中等译，华夏出版社 1988 年版。
17. 普拉萨德等：《行政思想家评传》，朱国斌等译，广东高等教育出版社 1988 年版。

18. C·帕金森：《帕金森定律》，潘焕昆等译，台湾中华企业发展中心 1989 年版。
19. 塞缪尔·亨廷顿：《变化社会中的政治秩序》，王冠华等译，三联书店 1989 年版。
20. 詹姆斯·布坎南：《自由、市场和国家——80 年代的政治经济学》，平新乔、莫扶民译，上海三联书店 1989 年版。
21. 菲德勒·加西亚：《领导效能新论》，何威等译，三联书店 1989 年版。
22. 奥雷·尤里斯：《最佳管理方法精选》，舒榕斌等编译，上海人民出版社 1989 年版。
23. 斯图亚特·S·内格尔：《政策科学百科全书》，林明等译，科学技术文献出版社 1990 年版。
24. 马丁·阿尔布罗：《官僚制》，知识出版社 1990 年版。
25. 乔尔·阿伯巴奇等：《两种人：官僚与政客》，陶远华等译，求实出版社 1990 年版。
26. 经济合作与发展组织秘书处：《危机中的福利国家》，梁向阳等译，华夏出版社 1990 年版。
27. 约翰·罗尔斯：《正义论》，谢延光译，上海译文出版社 1991 年版。
28. 大岳秀夫：《政策过程》，傅禄永译，经济日报出版社 1992 年版。
29. 斯蒂芬·科维：《立身之本——高效者的七种习惯》，孙庆洪等译，新华出版社 1992 年版。
30. 威廉·爱·洛克腾堡：《罗斯福与新政：1932—1940 年》，朱鸿恩等译，商务出版社 1993 年版。
31. 和田英夫：《现代行政法》，倪健民等译，中国广播电视出版社 1993 年版。
32. 洛克：《政府论》，叶启芳等译，商务印书馆 1993 年版。
33. 亚当·斯密：《国民财富的性质和原因的研究》，郭大力、王亚南译，商务出版社 1994 年版。
34. 奥斯特罗姆：《美国行政管理危机》，江峰等译，北京工业大学出版社 1994 年版。
35. 罗伯特·赖克：《国家的作用——21 世纪资本主义的前景》，上海市政协编译组等编译，上海译文出版社 1994 年版。
36. 查尔斯·沃尔夫：《市场或政府——权衡两种不完善的选择》，谢旭译，中国发展出版社 1994 年版。

37. 世界银行：《东亚奇迹——经济增长与公共政策》，财政部世界银行业务司译，中国财政经济出版社 1995 年版。
38. 孔茨等：《管理学》，郝国华等译，经济科学出版社 1995 年版。
39. 罗伯特·考特等：《法和经济学》，张军等译，上海三联、上海人民出版社 1995 年版。
40. R·科斯、A·阿尔钦、D·诺思等：《财产权利与制度变迁——产权学派与新制度学派译文集》，上海三联书店、上海人民出版社 1996 年版。
41. 理查德·H·戴：《混沌经济学》，傅琳等译，上海译文出版社 1996 年版。
42. 叶海卡·德罗尔：《逆境中的政策制定》，王满传等译，上海远东出版社 1996 年版。
43. 欧内斯特·盖尔霍恩、罗纳德·M·利文：《行政法与行政程序法概要》，黄列译，中国社会科学出版社 1996 年版。
44. 戴维·奥斯本、特德·盖布勒：《改革政府——企业精神如何改革着公营部门》，周敦仁等译，上海译文出版社 1996 年版。
45. 劳伦斯·彼德：《彼德原理》，中国文联出版公司 1996 年版。
46. 詹姆斯·麦格雷戈·伯恩斯：《领袖论》，刘李胜等译，中国社会科学出版社 1996 年版。
47. 世界银行：《1997 年世界发展报告——变革世界中的政府》，蔡秋生等译，中国财政经济出版社 1997 年版。
48. 世界银行：《新世纪的发展挑战——2020 年的中国》，世界银行中国代表处组织，中国财政经济出版社 1997 年版。
49. 廉·韦德：《行政法》，徐炳等译，中国大百科全书出版社 1997 年版。
50. 中国监察学会秘书处编译：《国外公务员从政道德法律法规选编》，中国方正出版社 1997 年版。
51. 沃伦·布兰克：《领导能力的九项法则》，夏善晨等译，上海人民出版社 1997 年版。
52. 彭和平等编译：《国外公共行政理论精选》，中共中央党校出版社 1997 年版。
53. 查尔斯·汉普登、特纳等：《国家竞争力》，徐联恩译，海南出版社 1997 年版。
54. 菲利克斯·尼格罗等：《公共行政学简明教程》，郭晓来等译，中共中央党校出版社 1997 年版。

55. 斯蒂格利茨：《政府为什么干预经济》，郑秉文译，中国物资出版社 1998 年版。
56. 马克斯·韦伯：《经济与社会》，林荣远译，商务印书馆 1998 年版。
57. 国家行政学院国际合作交流部编译：《国外行政改革述评》，国家行政学院出版社 1998 年版。
58. 曾繁正等编译：《财政管理学》，红旗出版社 1998 年版。
59. 国家行政学院国际合作交流部编译：《西方国家行政改革述评》，国家行政学院出版社 1998 年版。
60. 卡拉姆·亨德森：《亚洲在衰落？》，朱宝宪等译，机械工业出版社 1998 年版。
61. 塞缪尔·亨廷顿：《文明的冲突与世界秩序的重建》，周琪等译，新华出版社 1999 年第二版。
62. 丹尼尔·郁金、约瑟夫·斯坦尼斯罗：《制高点——重建现代世界的政府与市场之争》，段宏等译，外文出版社 2000 年版。
63. 蔡麟笔：《参与式的领导行为和行政绩效之研究》，台湾幼狮文化事业公司 1973 年版。
64. 张润书：《行政学》，台湾三民书局 1979 年版。
65. 林水波、张世贤：《公共政策》，台湾五南图书出版公司 1980 年版。
66. 张金鉴：《各国人事制度概要》，台湾三民书局 1981 年版。
67. 左潞生：《行政学概要》，台湾三民书局股份有限公司 1981 年版。
68. 中国管理现代化研究会：《管理现代化研究和实用教材》，湖南人民出版社 1981 年版。
69. 魏宏森：《系统科学方法论导论》，人民出版社 1983 年版。
70. 黄孟藩等：《决策的科学方法》，海洋出版社 1983 年版。
71. 张金鉴：《行政学新论》，台湾三民书局股份有限公司 1984 年版。
72. 吴挽澜：《行政学新论》，台湾幼狮文化事业公司 1984 年版。
73. 张金鉴：《人事行政学》，台湾三民书局 1984 年版。
74. 杨柏华、明轩：《资本主义国家政治制度》，世界知识出版社 1984 年版。
75. 夏书章：《行政管理学》，山西人民出版社 1985 年版。
76. 龚祥瑞：《比较宪法与行政法》，法律出版社 1985 年版。
77. 邹钧：《日本行政管理概论》，吉林人民出版社 1986 年版。
78. 姜圣阶等：《决策学基础》，中国社会科学出版社 1986 年版。

79. 杨锡山：《西方组织行为学》，中国展望出版社1986年版。
80. 孙彤：《组织行为学》，中国物资出版社1986年版。
81. 朱光磊：《以权力制约权力》，四川人民出版社1987年版。
82. 王名扬：《英国行政法》，中国政法大学出版社1987年版。
83. 王沪宁、竺乾威：《行政学导论》，上海三联书店1988年版。
84. 刘俊田等：《四书全译》，贵州人民出版社1988年版。
85. 黄国光：《儒家思想与东亚现代化》，台湾巨流图书公司1988年版。
86. 孙荣等：《行政管理学概论》，同济大学出版社1988年版。
87. 黄达强：《行政学》，中国人民大学出版社1988年版。
88. 王名扬：《法国行政法》，中国政法大学出版社1989年版。
89. 李方著：《行政管理学纲要》，劳动人事出版社1989年第二版。
90. 伍启元：《公共政策》，商务印书馆（香港）1989年版。
91. 罗志如等：《当代西方经济学说》，北京大学出版社1989年出版。
92. 张龙等：《机关行政研究》，中国广播电视出版社1990年版。
93. 张金鉴：《行政学典范》重订第4版，台湾行政学会1990年版。
94. 老子：《道德经》，安徽人民出版社1990年版。
95. 全国人大常委会办公厅研究室编：《国外廉政法律法规介绍》，中国民主法制出版社1990年版。
96. 叶光大等：《贞观政要全译》，贵州人民出版社1991年版。
97. 桑玉成、刘百鸣：《公共政策导论》，复旦大学出版社1991年版。
98. 林德金等：《政策研究方法论》，延边大学出版社1991年版。
99. 刘熙瑞：《现代管理学基础》，高等教育出版社1991年版。
100. 何晓明等：《现代管理理论与方法》，中国社会科学出版社1992年版。
101. 张金马：《政策科学导论》，中国人民大学出版社1992年版。
102. 张觉：《韩非子全译》，贵州人民出版社1992年版。
103. 杨海坤：《行政法与行政诉讼法》，法律出版社1992年版。
104. 姜明安：《行政诉讼法学》，北京大学出版社1993年版。
105. 梁小民：《高级宏观经济学教程》，北京大学出版社1993年版。
106. 应松年：《行政行为法》，人民出版社1993年版。
107. 王寿林：《社会主义国家权力制约论》，东北财经大学出版社1993年版。
108. 罗荣渠：《现代化新论》，北京大学出版社1993年版。
109. 田培炎：《公务员制度的理论与实践》，中国社会科学出版社1993年版。

110. 徐颂陶：《〈国家公务员暂行条例〉释义》，人民出版社1993年版。
111. 刘瀚等：《依法行政论》，社会科学文献出版社1993年版。
112. 王绍光、胡鞍钢：《中国国家能力报告》，辽宁人民出版社1993年版。
113. 姜明安：《外国行政法教程》，法律出版社1993年版。
114. 张国庆：《当代中国行政管理体制改革论》，吉林大学出版社1994年版。
115. 吴定、张润书、陈德禹、赖维尧：《行政学》第二卷，台湾空中大学1994年版。
116. 毛林根等：《现代管理技术》，上海人民出版社1994年版。
117. 刘俊生：《现代管理理论与方法》，中国政法大学出版社1995年版。
118. 李景鹏：《权力政治学》，黑龙江教育出版社1995年版。
119. 曹志：《资本主义国家公务员制度概要》，北京大学出版社1995年版。
120. 曹志：《中华人民共和国人事制度概要》，北京大学出版社1995年版。
121. 王名扬：《美国行政法》，中国法制出版社1995年版。
122. 林钟沂：《政策分析的理论与实践》，台湾瑞星图书公司1995年版。
123. 张文贤等：《管理伦理学》，复旦大学出版社1995年版。
124. 罗豪才：《中国行政法教程》，人民法院出版社1996年版。
125. 王惠岩：《行政管理学》，吉林大学出版社1996年版。
126. 李晓：《东亚奇迹与"强政府"》，经济科学出版社1996年版。
127. 萧武桐：《行政伦理》，台湾空中大学1996年版。
128. 罗豪才：《行政法学》，北京大学出版社1996年版。
129. 刘德生：《中国人事行政制度概述》，中国社会科学出版社1996年版。
130. 刘怡昌等：《中国行政科学发展》，中国人事出版社1996年版。
131. 赖维尧等：《行政学入门》，台湾空中大学1996年版。
132. 赵其文：《人力资源管理》，台湾中华电视股份有限公司1996年修订版。
133. 徐颂陶、徐理明：《走向卓越的中国公共行政》，中国人事出版社1996年版。
134. 时和兴：《关系、限度、制度》，北京大学出版社1996年版。
135. 吴岩：《领导心理学》，中央编译出版社1996年版。
136. 夏书章：《行政效率研究》，中山大学出版社1996年。
137. 徐家良：《公共行政学基础》，杭州大学出版社1997年版。
138. 林子英等：《难解的方程式——行政权力划分和配置》，暨南大学出版社1997年版。

139. 张国庆：《现代公共政策导论》，北京大学出版社 1997 年版。
140. 陈庆云：《公共政策分析》，中国经济出版社 1997 年版。
141. 凌云等：《情商》，企业管理出版社 1997 年版。
142. 宋承先：《现代西方经济学》，复旦大学出版社 1997 年版。
143. 胡庆康、杜莉：《现代公共财政学》，复旦大学出版社 1997 年版。
144. 曹富国等：《政府采购国际规范与实务》，企业管理出版社 1998 年版。
145. 马国贤：《财政学原理》，中国财政经济出版社 1998 年版。
146. 陈共：《财政学》，中国人民大学出版社 1998 年版。
147. 孙钱章：《现代领导方法与艺术》，人民出版社 1998 年版。
148. 黄少军、何华权：《政府经济学》，中国经济出版社 1998 年版。
149. 周志忍：《当代国外行政改革比较研究》，国家行政学院出版社 1999 年版。
150. 刘智峰：《第七次革命——1998 中国政府机构改革备忘录》，经济日报出版社 1998 年版。
151. 毛寿龙、李梅、陈幽泓：《西方政府治道变革》，中国人民大学出版社 1998 年版。
152. 施雪华：《政府权能理论》，浙江人民出版社 1998 年版。
153. 任晓：《中国行政改革》，浙江人民出版社 1998 年版。
154. 王伟等：《中国韩国行政伦理与廉政建设研究》，国家行政学院出版社 1998 年版。
155. 张松业等：《国家公务员道德概论》，国家行政学院出版社 1998 年版。
156. 应松年：《行政法学新论》，中国方正出版社 1999 年版。
157. 赵国俊、陈幽泓：《机关管理的原理与方法》，中国人民大学出版社 1999 年版。
158. 孙荣：《办公室管理》，复旦大学出版社 1999 年版。
159. 马国泉：《美国公务员制和道德规范》，清华大学出版社 1999 年版。
160. 厉以宁：《超越市场与超越政府》，经济科学出版社 1999 年版。
161. 应松年：《外国行政程序法汇编》，中国法制出版社 1999 年版。
162. 《邓小平文选》第 3 卷。
163. 《中华人民共和国行政诉讼法》。
164. 《中华人民共和国国家赔偿法》。
165. Thomas S. Kuhn, The Structure of Scientific Revolutions, chicago: University if

Chicago Press, 1962.

166. Robert Simmons, et al., ed., Public Administration, NY: Alfred Publishing Co., 1977.
167. Robert T. Golenmbiewski, Public Administration as a Developing discipline, New York: Marcel Dekker, 1977.
168. Grover Starling, Managing the Public Sector, Homewood, Illinois: the Dorsey Press, 1977.
169. Dwight Waldo, The Enterprise of Public Administration: A Summary View, Novato, California: Chandler & Sharp, 1980.
170. Jeffrey Pfeffer, Power in Organizations, Boston: Pitman Publishing Inc., 1981.
171. Michael M. Harmon, Action Theory for Public Administration, New York: Longman, 1981.
172. Robert T. Golenmbiewski, Public Administration as a Developing discipline, New York: Marcel Dekker, 1977.
173. Jong S. Jun, Public Administration: Design and Problem Solving, New York: Macmillan, 1986.
174. James Bowman et al., ed., Ethics, Government, and Public Policy, NY: Greenwood Press, 1988.
175. Kathryn G. Denhardt, The Ethics of Public service, Westport, Connecticut: Greenwood Press, Inc., 1988.
176. Peter H. Rossi and Howard E. Freeman, Evaluation: A Systematic Apprach, 4th ed., Newbury Park, CA.: Sage, 1989.
177. W. Jack Dumcan, Great Ideas in Management: Lessons from the Founders and Foundations of Managerial Practice, Oxford: Jossey-Bass Publishers, 1990.
178. Gary L. Wamsley eds., Refunding Public Administration, Newbury Park California: Sage, 1990.
179. Robert B. Denhardt, Public Administration: An Action Orientation, Pacific Grove: Brooks/Cole Publishing Company, 1991.
180. Robert Denhardt, Public Administration: An Action Oriontation, Pacific Glove, CA: Brooks/Cole Publishing Company, 1991.
181. Dwight waldo, the Enterprise of Public Administration, Novato, CA: Chandler & Sharp Publishers, Inc., 1992.

182. Michael Armstrong, Preformance Management, London: Sage, 1994.
183. John P. Burns (ed.), Asian Civil Service Sytems: Improving Efficiency and Prductivity, Hong Kong: Times Academic Press, 1994.
184. Organisation for Economic Co-operation and Development (OECD), Performance Management in Government: Performance Measurement and Results-Oriented Management, Public Management Occasional Papers 1994, No.3.
185. Joseph Zinnerman, Curbing Unethical Behavior in Government, Westport, Connecticut: Greenwood Press, Inc., 1994.
186. Jacky Holloway, Jenny Lewis and Geoff Mallory (eds.), Performance Measurement and Evaluation, London: sage, 1995.
187. Martin Cave, Maurice Kogan and Robert Smith (eds.), Output and Performance Measurement in Government: The State of the Are, London: Jessica Kingsley Publishers, 1995.
188. Amy Gutmann and Dennis Thompson, Ethics and Politics: Cases and Comments, Chicago: Nelson-Hall Publishers, 1997.
189. Harold Koontz and Heinz Weihrich (1998), Management, 9th edition, New York: McGraw-Hill.

图书在版编目(CIP)数据

行政学原理/孙荣,徐红编著. —上海:复旦大学出版社,2001.10(2022.8重印)
ISBN 978-7-309-02961-1

Ⅰ. 行… Ⅱ. ①孙…②徐… Ⅲ. 行政学 Ⅳ. D035

中国版本图书馆 CIP 数据核字(2001)第 051994 号

行政学原理
孙 荣 徐 红 编著
责任编辑/邬红伟

复旦大学出版社有限公司出版发行
上海市国权路 579 号 邮编:200433
网址:fupnet@fudanpress.com http://www.fudanpress.com
门市零售:86-21-65102580 团体订购:86-21-65104505
出版部电话:86-21-65642845
江苏句容市排印厂

开本 787×960 1/16 印张 20 插页 2 字数 298 千
2001 年 10 月第 1 版
2022 年 8 月第 1 版第 19 次印刷
印数 98 301—99 400

ISBN 978-7-309-02961-1/D·183
定价:45.00 元

如有印装质量问题,请向复旦大学出版社有限公司出版部调换。
版权所有　侵权必究

复旦大学出版社出版

复旦博学·MPA 系列

1. 当代中国公共政策(第二版)   刘伯龙、竺乾威主编
   定价:31.00 元

2. 公共行政学(第三版)   竺乾威主编
   定价:34.00 元

3. 公共行政学经典文选(英文版)   竺乾威、〔美〕马国泉编
   定价:48.00 元

4. 行政法学(第二版)   张世信、周帆主编
   定价:33.00 元

5. 公共经济学(第二版)   樊勇明、杜莉编著
   定价:35.00 元

6. 领导学原理——科学与艺术(第三版)   刘建军编著
   定价:40.00 元

7. 政治学(第二版)   孙关宏、胡雨春主编
   定价:30.00 元

8. 组织行为学   竺乾威、邱柏生、顾丽梅主编
   定价:33.00 元

9. 定量分析方法   张霭珠、陈力君编著
   定价:29.00 元

10. 公共政策分析   张国庆主编
    定价:35.00 元

11. 土地资源管理学   刘卫东、彭俊编著
    定价:30.00 元

12. 比较公务员制度   周敏凯著
    定价:28.00 元

13. 行政伦理：美国的理论与实践　　　　　　　　　　〔美〕马国泉著
　　　　　　　　　　　　　　　　　　　　　　　　定价：34.00元

14. 公共管理学　　　　　　　　　　　　　　　　　　庄序莹主编
　　　　　　　　　　　　　　　　　　　　　　　　定价：35.00元

15. 公共行政理论　　　　　　　　　　　　　　　　　竺乾威主编
　　　　　　　　　　　　　　　　　　　　　　　　定价：45.00元

16. 公共部门人力资源管理　　　　　　　　　　　吴志华、刘晓苏主编
　　　　　　　　　　　　　　　　　　　　　　　　定价：39.00元

17. 政府绩效评估与管理　　　　　　　　　　　　　　范柏乃著
　　　　　　　　　　　　　　　　　　　　　　　　定价：35.00元

复旦博学·政治学系列

1. 当代中国政治制度　　　　　　　　　　　　　　　浦兴祖主编
　　　　　　　　　　　　　　　　　　　　　　　　定价：19.00元

2. 政治学概论（第二版）　　　　　　　　孙关宏、胡雨春、任军锋主编
　　　　　　　　　　　　　　　　　　　　　　　　定价：32.00元

3. 新政治学概要（第二版）　　　　　　　　　　王邦佐、王沪宁等主编
　　　　　　　　　　　　　　　　　　　　　　　　定价：30.00元

4. 政治营销学导论　　　　　　　　　　　　　　　赵可金、孙鸿著
　　　　　　　　　　　　　　　　　　　　　　　　定价：32.00元

5. 选举政治学　　　　　　　　　　　　　　　　　　何俊志编著
　　　　　　　　　　　　　　　　　　　　　　　　定价：27.00元

6. 西方政治学说史　　　　　　　　　　　　　　　浦兴祖、洪涛主编
　　　　　　　　　　　　　　　　　　　　　　　　定价：20.00元

复旦博学·国际政治与国际关系系列

1. 当代西方国际关系理论　　　　　　　　　　　　　倪世雄等著
　　　　　　　　　　　　　　　　　　　　　　　　定价：48.00元

2. 近现代国际关系史　　　　　　　　　　　　　　　唐贤兴主编
　　　　　　　　　　　　　　　　　　　　　　　　定价：40.00元

3. 当代中国外交(第二版) 颜声毅著
定价:38.00元

4. 国际政治学新论 周敏凯著
定价:25.00元

5. 全球化时代的国际关系(第二版) 俞正樑著
定价:30.00元

6. 中国国际关系理论研究 赵可金、倪世雄著
定价:39.00元

7. 国际关系与全球政治——21世纪国际关系学导论 俞正樑著
定价:30.00元

8. 中国先秦国家间政治思想选读 阎学通、徐进编
定价:30.00元

9. 国际关系:理论、历史与现实 邢悦、詹奕嘉著
定价:47.00元

复旦博学·公共管理基础系列

1. 行政学原理 孙荣、徐红编著
定价:28.00元

2. 政府经济学 孙荣、许洁编著
定价:24.00元

3. 土地资源学 刘卫东等编著
定价:50.00元

其 他 教 材

1. 秘书写作 杨元华、孟金蓉等编著
定价:36.00元

2. 社会心理学 孙时进编著
定价:29.00元

3. 办公室管理 孙荣主编
定价:20.00元